浙江省高职院校"十四五"重点教材

实用航海体育

第 2 版

主　编　滕海颖　马旭君
副主编　包海丽　刘大炜
参　编　汪益兵　沈　蕾　谢贤华
主　审　黄永良

机械工业出版社

本书是浙江省高职院校"十四五"重点教材,是根据航海类专业特点和通用体育的要求编写的一本适用性强、涉及面广、训练方法详细的实用航海体育教材。本书针对学生未来从事海上工作所需专业身体素质、专业技能和工作生活环境,选择相应的具体训练内容、训练方法和训练手段。通过本书的学习,学生不仅能提高身体素质和社会适应能力,还能提高专业技能,养成终身体育锻炼的习惯。本书内容对已经在船上工作或即将上船工作的海员有着较强的实用价值。

本书内容包括:航海体育理论、海员身体素质与能力训练、航海专业技能训练、拓展训练与攀岩运动、求生与救护、航海休闲体育和附录。

本书可以用作航海类高等院校体育公共基础课的教材,也可以用作对企业中的海员进行相关培训的教材,同时还可以作为了解和参与全国海员技能大比武的参考书。

本书配有电子教案,凡使用本书作为教材的教师可登录机械工业出版社教材服务网(http://www.cmpedu.com)下载,或发送电子邮件至 cmp-gaozhi@sina.com 索取。咨询电话:010-88379375。

图书在版编目(CIP)数据

实用航海体育/滕海颖,马旭君主编. --2 版.
北京:机械工业出版社,2024.6. --ISBN 978-7-111
-76071-9
Ⅰ. G874
中国国家版本馆 CIP 数据核字第 20249ST549 号

机械工业出版社(北京市百万庄大街22号　邮政编码100037)
策划编辑:赵志鹏　　　　　责任编辑:赵志鹏　刘益汛
责任校对:张勤思　张　薇　封面设计:马精明
责任印制:刘　媛
北京中科印刷有限公司印刷
2024年9月第2版第1次印刷
184mm×260mm・18 印张・445 千字
标准书号:ISBN 978-7-111-76071-9
定价:59.80 元

电话服务　　　　　　　　　网络服务
客服电话:010-88361066　　机　工　官　网:www.cmpbook.com
　　　　　010-88379833　　机　工　官　博:weibo.com/cmp1952
　　　　　010-68326294　　金　书　网:www.golden-book.com
封底无防伪标均为盗版　　机工教育服务网:www.cmpedu.com

前　言

党的二十大报告作出"发展海洋经济，保护海洋生态环境，加快建设海洋强国"的战略部署，将海洋强国建设作为"加快构建新发展格局，着力推动高质量发展"的有机组成和重要任务，习近平总书记强调"海洋是高质量发展战略要地"，赋予海洋强国建设更高站位和新的使命。

良好的体格和优秀的体能是船员在航海工作中的基本素质。因此，专门针对航海领域的《实用航海体育》教材对于航海专业学生的职业发展和未来的职业成功至关重要。教材编写组以中共中央办公厅、国务院办公厅印发的《关于全面加强和改进新时代学校体育工作的意见》，教育部印发的《全国普通高等学校体育课程指导纲要》《高等学校体育工作基本标准》为依据组织了此次修订。

本书旨在帮助航海专业学生通过系统性的知识学习和实践操作掌握航海体育技能，提高身体素质，发展运动技能，增强体能水平，培养团队合作精神和应对紧急情况的能力，并为他们未来的航海工作做好准备。

本书具有实践性强、综合性强的特点，并在团队合作意识培养、智能化应用、树立海洋保护与环境意识、促进合作与交流能力等方面有着优势。这些特点和优势有助于提升航海专业学生的体育素质和专业能力，适应航海行业的发展和全球化竞争的需要。

本书基于海员日常工作和生活状态，把体育运动中最基本的力量、速度、耐力、柔韧、灵敏训练的内容融入航海活动之中，系统性地介绍了航海体育的基本理论与实践技能，包括航海体育理论、海员身体素质与能力训练、航海专业技能训练、拓展训练与攀岩运动、求生与救护、航海休闲体育六个模块。为以新形态教材形式帮助课程教学质量得到实实在在的提高，本书每个教学模块都精心制作了教学视频，并设置互动环节，编者将不断更新教学内容和教学资源，以适应新形势的发展。

本书在修订过程中得到了浙江海洋大学黄永良教授和傅纪良教授的鼎力支持，并提供了相关的参考资料和照片等素材；还得到了舟山市青少年体校游泳队和浙江国际海洋职业技术学院航海专业教师团队的大力帮助，在此一并表示感谢。本书在修订过程中参阅了历年来各种版本的航海体育教材，借鉴和参考了相关研究成果，在此，对这些教材原作者表示衷心的感谢！

由于编者水平有限，书中难免会有疏漏和不足之处，恳请读者、同行、专家批评指正。

编　者

二维码索引

视频

序号	名称	二维码	页码	序号	名称	二维码	页码
01	滚轮侧转技术		74	08	爬绳梯		88
02	滚轮转圈技术		74	09	平结		90
03	立定漂浪		77	10	缩帆结		91
04	浪木前三步后三步		79	11	丁香结		91
05	180度转体		79	12	"8"字结		91
06	爬杆		85	13	杠棒结		92
07	爬绳		86	14	缆绳活结		92

(续)

序号	名称	二维码	页码	序号	名称	二维码	页码
15	水手结		93	24	水中行走练习		113
16	单套结		93	25	呼吸训练		114
17	双套结		94	26	浮体训练		114
18	系缆活结		94	27	蛙泳身体姿势		116
19	各种绳结欣赏		94	28	蛙泳腿		116
20	撇缆绳		96	29	蛙泳手臂		117
21	划桨操艇实训		100	30	蛙泳配合技术		117
22	皮艇水上划桨练习		110	31	爬泳身体姿势		118
23	皮艇划桨技术		110	32	爬泳腿部动作		118

(续)

序号	名称	二维码	页码	序号	名称	二维码	页码
33	爬泳手臂动作		118	42	攀岩基本装备		143
34	爬泳配合技术		120	43	攀岩训练		144
35	仰泳配合动作		122	44	间接救护器材		151
36	侧游泳技术		123	45	侧泳拖运法		152
37	反蛙泳技术		124	46	双手被抓解脱		153
38	潜泳技术		125	47	单手被抓解脱		153
39	求生跳水训练		130	48	后面颈部被抱解脱		153
40	拓展训练（一）		136	49	避免被搂抱解脱		154
41	拓展训练（二）		138	50	前面腰部被抱解脱		154

(续)

序号	名称	二维码	页码	序号	名称	二维码	页码
51	后面腰部被抱解脱		154	60	舟山船拳		211
52	上岸和运送		155	61	握拍动作		226
53	心肺复苏		156	62	基本站位姿势		226
54	海上救生设备		159	63	基本步法		226
55	各种入水姿势		163	64	发球技术		227
56	海钓基本装备		190	65	推挡技术		228
57	浮游矶钓		192	66	攻球技术		229
58	海钓及成果展示		193	67	搓球技术		230
59	初级长拳		200	68	发球抢攻战术		231

测验

序号	名称	二维码	页码	序号	名称	二维码	页码
1	测验：工作生活环境与特点对海员健康的影响		11	4	测试：海上求生		158
2	测验：急救的目的和原则		42	5	测试：方向辨认		160
3	测试：出血的急救		43				

目　录

前言

二维码索引

模块 1　航海体育理论 ……………… 1

子模块 1　海员的心理素质 ………… 1
　　任务 1　培养海员心理素质的目的与意义 ………………… 2
　　任务 2　海员心理素质训练 ……… 7
子模块 2　海员的健康与营养 ……… 9
　　任务 1　海员职业与海员健康 …… 9
　　任务 2　营养与健康 …………… 12
　　任务 3　营养保障与海员健康 … 15
　　任务 4　体育与海员健康 ……… 16
子模块 3　海员的保健 ……………… 18
　　任务 1　海员保健与体育疗法 … 18
　　任务 2　常用按摩手法 ………… 22
　　任务 3　身体穴位与按摩 ……… 26
子模块 4　晕船及其预防与治疗 … 39
　　任务 1　了解晕船知识 ………… 39
　　任务 2　晕船的预防与治疗 …… 40
子模块 5　急救知识 ………………… 42
　　任务 1　了解和掌握急救知识 … 42
　　任务 2　常用急救技术训练 …… 43
　　任务 3　常见伤病的急救训练 … 50
　　任务 4　常见运动性疾病的预防与处理 ………………… 57

模块 2　海员身体素质与能力训练 … 63

子模块 6　基本身体素质训练 …… 63
　　任务 1　力量素质训练 ………… 63
　　任务 2　速度素质训练 ………… 66
　　任务 3　耐力素质训练 ………… 68
　　任务 4　柔韧素质训练 ………… 69
　　任务 5　灵敏素质训练 ………… 70
子模块 7　航海专项身体素质与能力训练 ………………… 71
　　任务 1　抗眩晕能力的培养与训练 ………………………… 72
　　任务 2　攀爬能力的培养与训练 … 82

模块 3　航海专业技能训练 ………… 90

子模块 8　绳结操作技能与撇缆绳技能 ………………………… 90
　　任务 1　绳结操作方法与训练 … 90
　　任务 2　撇缆绳技术训练 ……… 95
子模块 9　划桨、驶帆与皮划艇技能 … 97
　　任务 1　划桨技术训练 ………… 97
　　任务 2　驶帆技术训练 ………… 102
　　任务 3　皮划艇技术训练 ……… 108
子模块 10　实用游泳技能 ………… 113
　　任务 1　水性练习与注意事项 … 113
　　任务 2　蛙泳技术 ……………… 116
　　任务 3　爬泳技术 ……………… 118
　　任务 4　仰泳技术 ……………… 121
　　任务 5　侧泳技术 ……………… 122
　　任务 6　反蛙泳与潜泳技术 …… 124
　　任务 7　踩水技术 ……………… 126
子模块 11　实用跳水技能 ………… 127
　　任务 1　了解竞技跳水运动概况 … 127
　　任务 2　海员实用性求生跳水 … 129

模块 4　拓展训练与攀岩运动 …………… 132

子模块 12　拓展训练 ………………… 132
　　任务 1　拓展训练的实质与意义 …… 132
　　任务 2　拓展训练的内容与方法 …… 135
子模块 13　攀岩运动 ………………… 139
　　任务　攀岩运动的起源与发展 …… 139

模块 5　求生与救护 …………………… 147

子模块 14　水上求生与救护 ………… 147
　　任务 1　水上求生 ………………… 147
　　任务 2　水上救护 ………………… 151
子模块 15　海上求生与救护 ………… 158
　　任务 1　海上求生 ………………… 158
　　任务 2　海上救护 ………………… 162

模块 6　航海休闲体育 ………………… 166

子模块 16　健身与健美训练 ………… 166
　　任务 1　健美运动基本知识 ……… 167
　　任务 2　健美运动基本训练方法 … 168
　　任务 3　健美运动训练 …………… 171
子模块 17　帆船、帆板与冲浪 ……… 179
　　任务 1　帆船、帆板运动 ………… 179
　　任务 2　冲浪运动 ………………… 185

子模块 18　海钓 ……………………… 189
　　任务 1　了解海钓知识 …………… 189
　　任务 2　海钓的方法与技巧 ……… 191
子模块 19　武术 ……………………… 194
　　任务 1　武术运动简介 …………… 195
　　任务 2　武术的基本功 …………… 196
　　任务 3　初级长拳第三套 ………… 200
　　任务 4　舟山船拳 ………………… 211
　　任务 5　搏击 ……………………… 222
子模块 20　乒乓球运动 ……………… 224
　　任务 1　乒乓球运动的基本知识 … 225
　　任务 2　乒乓球的基本技术 ……… 225
　　任务 3　乒乓球的基本战术 ……… 231
　　任务 4　乒乓球运动规则简介 …… 232

附录 ……………………………………… 236

附录 A　中国海员技能大比武
　　　　介绍 ………………………… 236
附录 B　第六届中国海员技能大比武
　　　　概况与比赛规程 …………… 237
附录 C　第六届中国海员技能大比武
　　　　项目设计及评分规则 ……… 240

参考文献 ………………………………… 277

模块1　航海体育理论

【航海文化提示】欧洲在文艺复兴和科学思想影响之下开创了大航海时代，人类社会由此进入海洋时代。航海文化和航海精神因航海活动的昌盛而成为现代社会的先进文化，其文化行为特征表现为以强健的身体、坚强的心理为基础进行的海洋探险活动。

中华人民共和国成立之后，通过几代人艰苦卓绝的努力奋斗，我国航海事业快速发展至世界前列，并走向昌盛。为实现中华民族伟大复兴，大批掌握科学理论和科学技术的具备强健身体和坚强心理的有良好航海文化修为的航海者积极投身我国海洋事业。

子模块1　海员的心理素质

学习与训练目标

1. 了解简单的航海心理知识。
2. 了解影响海员心理的主要因素。
3. 掌握调节海员心理的方法与训练手段。

心理素质是人整体素质的组成部分，是以自然素质为基础，在后天环境、教育、实践活动等因素的影响下逐步发生、发展起来的。心理素质是先天和后天的"合金"，它是一个人在思想和行为上表现出来的比较稳定的心理倾向特征，是人进一步发展和从事活动的心理条件和保证。海员心理素质指的是海员具备积极的、有效的心理活动，平稳的、正常的情绪状态，对当前和发展着的工作状态和自然环境有良好的适应能力。心理素质训练可以培养和锻炼海员的坚毅顽强精神，有利于调节自身功能和适应航海生活，以维护海员的身心健康。本子模块根据航海职业的特殊性、海员工作和生活的特点，采取行之有效的训练手段来对学生进行有针对性的心理素质训练，提高学生今后对航海职业的适应能力。

学习情境

特殊的工作环境，不一样的生活方式，这些因素会对海员的心理状态产生一定的影响。心理问题对于海员个体来说更容易发生。海员的主要心理问题表现为焦虑症、抑郁症、自杀或自残。部分海员心理问题较为严重，特别是甲板上海员的抑郁症、焦虑症、精神病等发病率高于普通海员。

通过以上描述，我们应该看到海员的心理问题相当突出。这就给在校的学生提出一个课题：如何更多更好地掌握相关的心理知识，为将来自己的工作和航海生活提供有效帮助呢？这就是我们学习内容的重点。

任务1　培养海员心理素质的目的与意义

一、海员的心理健康及心理障碍

(一) 影响海员心理健康的因素

由于航海远离家乡，在天水一色的大海上漂泊几个月甚至近一年，自然环境变化多端，危机四伏，而且活动范围狭窄，一年有80%以上的时间在船上这小天地里度过，所以海员的心理负荷极重。虽然值班制度规定轮流休息，但不可能有大的环境变化，而且值班交替循环、作息时间不一、生活节律无常。每航行两天，时差为一小时多，昼夜节律不断变化，季节不断迁移，导致海员生物钟节律变更频繁，因而引起焦虑、厌倦和种种疾病。

航行中船舶的噪声昼夜不停。虽然1980年国际海洋协商组织制定的标准规定：机舱内连续操作时噪声不得超过90dB，间歇操作时不得超过110dB，但实际情况往往超过这一规定，舱内噪声远远超过纺织、锻压车间。船上生活区与昼夜不停的主机、发电机和副机紧靠，它们产生的噪声和振动，持续作用于海员，引起听力下降和精神疲劳。低频噪声还会降低海员对单调工作的适应能力。船体的振动和摇晃，使海员经常处于颠簸和震荡之中，轻者出现前庭植物性神经综合征，重者则出现复视、意识模糊。

空气污染、酷热、光照不足等都会加重海员心理负荷，引起工作效率下降、视力疲劳、精神倦怠及其他不良反应。淡水缺乏、没有新鲜蔬菜、环境嘈杂等生活条件也会影响海员情绪和健康。

工作地点、社交场所和个人区域与船不能分开，是一成不变的。海员在船上几乎没有角色调适机会。以高级海员为例，在船上整个期间和所有场合，他都是海员的领导人。没有角色的变化是不利于心理健康的。固定工作中的上下级关系、刻板的作息时间表、不变的生活环境和舱位、天天见面的伙伴关系等形成了一种压力。此外还会发生海上事故，如船只在海上沉没、着火、爆炸、相撞、触礁和原因不明失踪。海员过重的心理负荷以及不良的工作状态，会威胁航海安全，反过来又形成对海员的心理压力。

(二) 海员的主要心理障碍

单调的工作、单调的环境造成海员的厌倦、疲劳、不安全感，他们情绪不稳，易激愤、攻击、争吵殴斗、冷漠、固执、退缩、迟钝，以及种种心理困扰，所有这些会引发不良行为和疾病。

酗酒通常与海员不适应航海工作有关。酒精破坏大脑功能，视觉、语言功能和运动平衡性与协调性都受损害，因酗酒而发生的事故占相当比例。酗酒者虽然酒中出现心满意足的欣快感，但责任感丧失，无视自身健康，对他人、家庭情感淡漠，毫不关心。停止饮酒就变得颓丧、嫉妒、易激愤。

海员中抑郁症较常见。主要症状是情绪低落、消沉沮丧、反应迟钝、思路闭塞和丧失工作能力，动作迟缓、活动减少，常有焦虑、气短、恶心、呕吐、无力的症状。严重的有自杀意向，且计划周密、行动隐蔽，如海员中"不明原因"的跳海。躁狂症和反应性精神病也时有发生，症状性精神病多表现为谵妄状态。

海员的心理障碍还与个性有关，个性是影响海员心理特征的重要因素。个性是一个人的行为方式、兴趣、态度、能力及才能等特征的综合，个性并不直接和智能相关，如同一个高度智慧的人并不一定能当好船长，一个开朗且善于和他人相处的人在学业上并不一定优异。但是"个性"和成就、才能同样重要。个性是由每个人在遗传、后天环境诸因素的长期相互作用下形成的。个性的类型多种多样，如心理学家马斯洛曾用回顾性的方法研究了美国历史伟人的言行事迹，按马氏法分析他们的个性特征，归纳为以下12点：尚实际、有创见、建知交、重客观、崇新颖、择善固执、具坦诚、爱生命、重公益、能包容、富幽默、悦己信人。美国用卡特尔（Cattell）16种人格因素测试量表评定出，飞行员更聪明、情绪稳定、自觉大胆、有控制、顽强、实际、能信任人、平静和不紧张。

海员热爱大海，深深地被远航中的浪漫主义所吸引，他详细了解航行中的各种危险与困难，能够不屈不挠地同大自然做斗争，热爱航海职业，胜任远航工作，一般认为，这样的海员训练有素、具有坚强个性。个性成熟的海员是一个统一的自我，具有一套完整的适应环境的方法，能够从过去别人与自己成功及失败的经历中吸取经验和教训，他的价值观念已经确立，性格是相当稳定的。当然，个性的成熟并不一定与年龄成正比，有相当多的青年海员处理海上突发情况老练成熟稳重。

有些海员不愿将自己内心的想法告诉别人，宁愿自己沉思默想，不爱交际，这也是无可非议的，但应该看到这些海员比较敏感，感情容易受到创伤，承受心理冲击容量较小。如发现有明显个性异常人员应及时给予心理治疗，并采取相应预防措施。

二、如何调节海员心理素质

航海高等院校担负着培养高级航海人才的任务，航海院校学生面临的是从陆地上二十多年形成的生活习惯中突然改变为海上的生活状态，事前的训练就更显得重要。所以要尽量在大学就读期间采取有效的训练方法，使他们对航海工作的实际适应性得到充分的提高，缩短毕业后工作适应期，这对海员自身和企业单位都大为有利。

（一）心理训练的目的与训练原则

心理训练的目的是通过各种方法和心理训练手段，使海员熟悉航海条件（包括海战等）中的各种不良因素和困难并与之适应。

1. 适应性原则

一般来说，心理训练后的海员能适应各种不利因素，具备克服心理负担的经验，尽可能地缩小平时活动的心理状态与应激活动时的心理状态的差别。

2. 自信心原则

培养海员对船舶装备的信心，对团队的信心，对高级船员（或指挥员）指挥能力的信心，以及对个人能力的信心。

3. 稳定性原则

协调和发展海员的意志品质及情感意志的稳定性，使他们善于控制情绪和自我管理。

4. 职业性原则

发展远洋航海职业思维，包括思维深度，效能逻辑性和批判性。培养、巩固和发展航海人员的特殊心理品质，如在面临危险、高度紧张、遭遇意外情况须承担责任和决策时的稳定性，处事不惊，不轻易做出悲观、急促的结论。培养海员积累从平时或待命状态准确迅速地转入高度紧张活动状态的经验，以及通过设置意外、新奇和变幻不定的情景，有效地锻炼全船整体的战斗稳定性和各部门的密切协同性。

5. 生存性原则

海员在海上随时可能会遇险。遇险者在大海和荒岛上赖以生存的一个重要条件是要抵御大自然的侵袭。低温、暴雨、风浪、海上生物的袭击及其他自然因素时刻威胁着海上遇险人员的生命安全。因此，平时就要训练海员无论遇到什么艰难困苦，都要充满生存的愿望与不屈不挠的意志，只要下定生存的决心，不放弃获救的希望，顽强地同自然现象做斗争，就会有生存下来的可能。

（二）心理训练的内容与形式

航海人员心理训练应根据每类人员的职务、职责、专业和条件具体安排，心理训练的形式也要多种多样。远航生活和日常值班对发展全体海员必要的信念、习惯、品质和心理特征起着重要的作用，能够直接地、有感染力地、具体地、持续不断地对海员施加心理影响，使其较顺利地养成和完善航海应具备的心理品质。为了获得并形成稳定的心理状态，心理训练的内容与条件设置应最大限度地接近航海实际和突发情景，创造一种能够足以引起海员内心紧张、恐慌，甚至恐惧或近似于绝望的状态，再设法诱导海员有效地对抗各种不利因素，采取一切可行措施，尽快适应特定环境。相对来说，外部模拟情景较易设置：船体剧烈振动，发生横倾、纵倾，各种噪声震耳欲聋，船舶通过狭窄水道或危险海域，炸弹与炮弹在身边爆炸，海水从船体弹孔或破损口大量涌入舱室，严重火灾，有毒有害气体大量泄漏，舢板在洋面上长期漂泊，能源、粮水中断，严重疾病，机械突击抢修等；而内部心理状态模拟比较困难，因为每个海员由不同情景产生的心理困难和克服困难的心理过程是不同的，海员对于未曾看到、听到和经历过的危险情景，肯定会产生强烈的情感影响，心理负荷必定加重。经常性的逼真的模拟训练能使海员投身于紧张战斗气氛，体验"实战"的困难并设法克服，以达到心理锻炼的目的。海上模拟训练还要注意设立新情况和意外情况，制造一些错综复杂的局面，使海员面临危险且必须从事冒险性较大的活动。要有意识地加强海员的责任感和独立性，将他们的心理负担保持在适当的强度并维持适当的时间。

远航船上的三类人的心理与技能训练应有所区别：

（1）以逻辑活动为主的人员 主要指高级船员（如船长、政委、大副、二副、轮机长等），要求训练他们在短时间内处理大量信息，同时接收视觉与语言信号，通过逻辑推理做出决定，并下达要求部属执行的命令。这类人员的职业活动属于紧张性、高度综合分析性和创造性的劳动，他们应该具备很高的心理、生理功能。

（2）以感官活动为主的人员 即各种装置和系统的观察人，主要指驾驶员、水手等。要求训练他们能排除各种干扰，将注意力持续地集中在各种仪器仪表上，并要不断判断各种读数，或者持续地接收单一的声或光信号，并对其进行鉴别、提取和传递。显然航海期间他们的视、听觉器官长期处于紧张状态。

（3）以感官、运动活动为主的人员 主要指轮机员和水手等。要求训练他们能够随时不断地接收和处理大量的传入信息，并进行准确迅速地判断，然后在动作上做出相应的反应，以确保船只的安全航行和部门工作的正常运转。他们的视、听觉器官和运动系统器官的负荷较大。

远航船的人员组成是一个有机的整体，等级森严、层层管辖但又各司其职，缺一不可。平时正常航行时，海员长时间处于这个惯性运动的固定的严肃的集体之中，每天接触的都是紧张、机械、要求高的工作和单调、乏味、寂寞的生活。然而当船舶的安全受到严重威胁时，则要求整体海员的心理活动和行为与应激环境完全适应，这是平时训练工作的重点。这些训练主要包括应激心理的充分动员、个性素质培养、加快克服心理适应不良的速度、海员在集体动作中角色的转变与协同、心理机能系统适应应激条件下的工作、适应应激条件（如对不利因素导致的消极影响具有充分的稳定性）、习惯性应激动作的心理定势等。只要经过反复多次的严格模拟训练与实际锻炼，海员充分适应各种恶劣环境是完全有可能的。心理训练还应该包括"远洋型思维"的训练，海员不仅要从近海活动中获得经验与认识，还应该根据远航船队的任务和世界各大洋域的特点获得解决各种问题的能力与办法。

（三）调节心理的方法

海员受其职业特点的影响，易患各种疾病和心理障碍，如果掌握和了解调节心理的方法，对于预防和治疗一些常见心理问题有一定的作用。调节心理的方法有体育疗法和心理疗法。以体育为手段，通过有针对性的、特殊的身体训练，达到改善生理、心理功能，治愈疾病，增进健康的一种方法，称为体育疗法。体育疗法的主要内容有：体操、步行、健身跑、气功、太极拳、按摩、器械作业和自然力锻炼等。此外，还可通过听音乐、聊天、写日记等方法进行调节。了解和掌握心理疗法对调节心理有一定指导作用，下面介绍9种心理疗法的理论。

1. 精神分析治疗法

创始人弗洛伊德（Sigmund Freud，1856—1939），他对于心理学的影响深远，几乎所有的心理咨询与心理治疗理论都与精神分析治疗法有关，其主要的观点为决定论，认为行为是受制于心理能量与幼年时性心理事件的影响。潜意识是行为产生的驱动力，会受到性冲动（生之本能）与攻击冲动（死之本能）的驱使。弗洛伊德提出了性心理发展阶段，包括口唇期（0～1岁）、肛门期（1～3岁）、性器期（3～6岁）、潜伏期（6～12岁）、性征期（12～18岁），而其中幼年时（6岁之前）的心理冲突会影响人格发展的健全。

依据弗洛伊德的理论发展出来的心理学理论有艾利克森所提出的心理社会化发展阶段论，荣格的集体潜意识，克莱恩、温考克、费尔拜恩、冈特利普、巴林特、马勒等人所提出的客体关系理论（object relations theory），其中马勒（Mahler）所提出的理论是客体关系理论中很重要的理论之一。马勒、派恩和博格曼（1975）有系统地提出分离 - 个体化（separation - individuation）过程的理论，这个过程包含了分离与个体过程，探讨幼年3岁前与母亲的互动关系。"分离"是指个体一开始与母亲共生关系，就开始了分离的过程；"个体化"是个体在经历"分离 - 独立"过程中对自己特质假设的过程。个体必须经过这些历程，才算是"心理上的诞生"（psychological birth），并成为一个真正的人，建立自己与他人的稳固关系。而边缘性人格异常（borderline personality disorder）就是发生在分离 - 个体化过程中的不顺利，母亲无法适应与忍受幼儿进行个体化的历程，因而造成个体情绪不稳定、易怒、自我破坏行为及无法忍受焦虑等。

2. 阿德勒学派治疗法

创始人阿德勒（Alfred Adler），又称个体心理学。该理论抛弃弗洛伊德的基本理论，强调人性的正面特质，认为行为受到社会兴趣、追求意义与目标的影响，探讨个人的成长模式，强调负起责任，创造出自己的命运。

3. 存在主义治疗法

代表人物有弗兰克尔（Viktor Frankl）、罗洛·梅（Rollo May，1909—1994）、亚罗姆（Irvin Yalom）等。该理论的基本假设为：人是自由的，并要为自己的选择及行动负责。存在主义是一个极具哲学性思考的学派，在治疗过程中会与当事人探索的主题有：自我觉察的能力、自由与责任、追求自我认同与人际关系、追寻意义、焦虑是生存的一种状态及觉察死亡与不存在。

4. 个人中心治疗法

创始人罗杰斯（Carl Rogers），是人本主义最具代表性的人物，坚信人是自由的、有能力来自我引导，只要提供一个尊重与信任的环境，当事人可以发挥潜能，往积极与建设性的方向发展。罗杰斯主张治疗者应具备无私的诚实、无条件积极关怀、准确的同情心等特质以促进个性的成长。

5. 完形治疗法

创始人佩尔斯（Fritz Perls）。该理论以存在哲学与现象学为基础，治疗的目的并不在分析，而是在整合当事人目前存在的内在冲突，有能力去了解与解决早年所受的困扰，进而追求思想、感觉及行为的完整与统一。

6. 现实治疗法

创始人格拉瑟（William Glasser）。该理论认为人能有自由做自己的选择，重点放在当事人要弄清自己在做什么，并以控制理论（control theory）来解释人的总和行为。总和行为由四个要素来决定：行动、思考、感觉、生理反应，格拉瑟将这四个要素比作车子的四个轮子，前轮（行动与思考）是特别重要的，用来引导方向，人有足够的能力来决定要走的方向与目标。

7. 行为治疗法

代表人物拉扎鲁斯（Arnold Lazarus，1932—2013）、班杜拉（Albert Bandura）。早期由斯金纳（Skinner）所提出的行为治疗的哲学基础认为，人是被决定的，是由环境所决定的，人类无法突破环境制约的控制。因此，行为取向与人本取向（人可以自由做决定的）常被视为是极端的。近年来行为取向与人本取向已不再冲突，也就是运用行为的改变技术，让当事人通过了解与学习知识与技能从而有能力与自由来改变自己。

行为治疗法是根据实验心理学发展而来的，其特征为运用科学的原理与步骤，使用客观的评量，治疗方法有一定的原理与步骤，因此，在治疗过程中有极强烈的教导，主要的方法有松弛训练、系统脱敏法、果断训练、自我管理方案等。

8. 认知行为治疗法

代表人物艾利斯（Albert Ellis，1913—2007）。该理论认为人们同时具有理性的思考及非理性的思考，认知历程会影响个体行为与情绪，可以经由改变认知历程来改变行为与情绪，具有高度的教育与指导性。

9. 沟通分析治疗法

创始人是伯恩（Eric Berne，1910—1970）。该理论强调早期决定所造成的影响，认为个体有做新的决定的能力，通过分析当事人与他人及自己的沟通形态，即父母、成人及小孩自我状态（ego state）来教导当事人发现问题所在，并做出改变。

模块1 航海体育理论

任务 2　海员心理素质训练

一、心理素质训练的目的

心理素质训练不是训练某种技巧或某种知识，而是设定一个特殊的环境，让受训者直接参与整个过程，在参与的同时，去完成一种体验，进行反思，获得感悟。

二、心理素质训练的意义

设计心理素质训练项目，考验学生对事物的适应能力、判断能力、心理承受能力、团队协作能力、处事方法、协调能力与服从性等，使其在训练过程中，对来自本身和外界的各种压力、干扰、影响等因素进行调节和适应。

三、心理素质训练的内容与方法

我国现在大多数航海院校都是采取准军事化或军事化管理，管理制度相对其他高职高专院校和其他大多数专业来说都要严格。航海类学生在校期间，不但要学完其他高职高专院校所规定的公共学科，还要面临各种海上适应证书的考试，而今后大多数毕业生要从事的船员职业又与众不同（长期漂泊在海上）。为此，航海专业学生心理压力和社会适应性与其他专业的学生有着本质的不同，他们面临双重的心理压力。所以，本任务针对航海类专业的特点和职业特性，设计以下针对性心理素质训练。

（一）呼吸调节放松训练

呼吸调节放松训练是运用特殊的呼吸方法，以控制呼吸的频率和深度，提高吸氧的水平，改善大脑的供氧状况，增强身体的活动能力，从而达到改善心理状态，提高身心健康水平的目的。

生理学家通过实验证实：每人每天大约要吸入 16L 的空气，这个数据相当于每人每天摄入食物和水的体积的 6 倍。正常工作时，大脑的需氧量是身体需氧量的 3 倍；坐着的时候，需氧量则更大些。有规律有节奏的呼吸，可以增强大脑的灵敏度；在吸进和呼出的间隙，如果能屏息几秒钟，就可以使大脑稳定，注意力集中。缓慢的呼吸，可以主动控制身体的活动，减缓脉搏的跳动，改变人的意识状态，从而达到心理轻松，心情舒畅。

这种调节法可以分为：胸腹式呼吸法、意念呼吸法和按摩呼吸法等。

训练目的：释放心理压力、调节心理平衡、提高自我控制能力，从容应对压力与挑战。

训练方法与手段：

1. 胸腹式呼吸法

第一步：准备姿势。在教室里，坐在座椅上，调整坐姿，直到感觉舒服为止；在寝室里，全身放松仰卧在床上；在球场上，站在自己认为方便的地方，全身心放松。

第二步：使意念停留在胸部，并使胸腔尽量充气，吸气时间逐渐延长，吸足气后，不要立刻呼出，稍微停顿一段时间后，用鼻孔缓慢呼气，使腹腔逐渐收缩，待气彻底呼出后，再开始吸气，一呼一吸大约在 15s 左右，呼吸节奏以吸、止、呼的比例为 1∶4∶2 效果最好。

2. 意念呼吸法

第一步：准备姿势。面对树林、草坪、河面、空旷地带等空气新鲜处站立，面朝前，两手自然下垂于身体两侧，脚后跟并拢，脚尖分开，相距 15cm 左右。

第二步：吸气时，双臂缓缓抬起与地面平行，想象新鲜空气自 10 个手指或手掌心进入，并随手臂，经肩部到达头部、颈部、胸部、腹部进入丹田（肚脐眼下方大约3cm），大约7s后，缓缓地把气呼出来，想象着体内空气正沿着大腿向下运行，最后从10个脚趾或涌泉穴（即足前部凹陷处第2、3趾趾缝纹头端与足跟连线的前1/3处）排出，同时，双肩也缓缓放下，自然下垂。可以用暗示语，如"我感到呼吸均匀而平衡；我感到凉爽的空气正舒服地通过鼻孔；我的肺部感到舒适；我的心脏跳动很缓慢；我休息好了；此刻，我全身舒服，精神倍增，我是安静的"。在语言暗示时，一定要全身心地投入。

3. 按摩呼吸法

第一步：准备姿势。双脚分开约20cm左右站立，两手自然下垂于身体两侧。

第二步：呼吸。吸气时，缓缓向前举起双臂，同时握拳，挺胸、双脚踮起，直到双臂举过头。呼气时，双臂提拳，缓缓伸向身体两侧，与躯体呈十字状，然后脚跟着地，两手松开，恢复到侧垂状态。

第三步：深呼吸后，即改作平静呼吸状，同时，两手掌分别放在左右胸大肌上，做上下按摩，最后，左手在右肩上，分别做由肩向臂、由臂向肩的按摩。按摩结束后，继续呼吸、深呼吸后再按摩，如此循环往复地进行。

注意事项：以上3种锻炼方法要以自然、均匀、缓慢、连续呼吸为基本要领。

（二）克服恐惧、相互信任、战胜困难和沟通配合能力训练

虚拟设想多种危急情况，提出个人的解决方案。

假如一艘船即将沉没，船上仅有的救生艇已经坐满了人，可是还有一位船员在甲板上没有搭上救生艇。如果3min内这位船员没有安全地搭上救生艇，那么我们就将失去这位可爱的同伴。与此同时，救生艇已经达到饱和，如果那位站在甲板上的同伴就这样跳上救生艇，很可能会冲击到救生艇从而全员都沉入大海。所以，我们必须寻找一个安全稳妥的办法，让这位同伴顺利上艇。

（三）情绪宣泄训练

现代生活节奏快，一些不良情绪如伤心、悲痛、愤怒、焦虑等容易积压。若这些情绪无法正确地宣泄释放出来，将对人的身心健康非常不利，引起生理和心理上的不良反应。但是，发泄不当，也会对自己和他人造成危害，甚至违背法规导致犯罪。为此，应设计恰当的情绪宣泄训练，让学生的不良情绪得以正确宣泄释放。

将压抑已久的压力、焦虑情绪和遇到不应有的指责或待遇后的一些伤心、悲痛、愤怒等消极情绪，通过设定专门场地、场所以不同表现形式加以释放，引导学生自我调节与正确宣泄不良情绪，使其身心得到健康发展。

（四）借物宣泄训练

建立宣泄实验室，购置一些摔跤模拟人、柱形宣泄人、仿真宣泄人、充气宣泄人、宣泄沙袋、宣泄脸谱或面具、毛绒玩具、布娃娃等宣泄器具，合理布置在宣泄室。

当遇到不良情绪时，学生可以在课堂上或课后进入宣泄室，在宣泄室尽情地发泄心中不愉快的情绪，使心中的不快、郁闷、愤怒、困惑等消极情绪全部释放出来。

注意事项：

1) 进入宣泄室后，要正确运用宣泄器具宣泄心中的不良情绪。

2) 在宣泄室无法控制悲痛情绪和产生破坏心理时，教师要及时劝导学生正确对待人生，合理宣泄自我不良情绪。

3）学生在宣泄室宣泄情绪的表现要对外保密。

(五) 设定特定场所和时间怒吼嚎叫训练

可以在远离教学楼、寝室楼、办公楼的球场、田径场、空旷的草坪以及山川河流等处，带领学生在一定时间范围内尽情地怒吼嚎叫，发泄心中的不良情绪。

注意事项：

1）注意不要影响和干扰别人的正常工作和生活。

2）引导学生正确掌控怒吼嚎叫，别伤害别人和自己的身体（如音量过大或持续时间较长会伤害自己的喉咙及胸腔等）。

3）全体队员同时怒吼嚎叫时，相互之间间隔距离要适当，以免震坏自己耳膜，特别不要将嘴对着别人耳朵进行大声吼叫。

思考与练习

影响海员心理状态的因素是什么？海员必备哪些心理素质以及如何锻炼心理素质？

子模块 2 海员的健康与营养

学习与训练目标

1. 了解海员职业特点与健康的关系。
2. 学习和掌握海员饮食、卫生与生活习惯对健康的影响。

学习情境

健康的体魄是思想道德素质和科学文化素质的物质基础，是高素质航海人才的物质基础。海员职业的动荡性、风险性、独立性与变化性特点都会对其身体和心理产生较大的影响，从而直接影响海员的健康状况，因此如何保障海员的身心健康是我们应该认真对待的问题。

海员在海上航行和海上作业时，必然要受到各种环境因素对身体机能的不利影响。如果能了解海员职业特点对健康的影响，采取科学有效的措施防治海员职业病，有针对性地调节饮食营养，再加上有效的卫生保健和良好的生活习惯，海员不仅身体健康水平会进一步提高，同时工作效率也将大大提高。这是在校航海类专业学生必备的理论知识，也是作为未来航海家的必修课。

任务 1 海员职业与海员健康

一、现代健康观念的内涵

健康是人类关注的永恒主题。人类对健康的认识是以人类的科学发展与进步及对自身认识的不断深化为基础的。不同的历史阶段，不同的学科研究赋予健康不同的理解和界定。1978 年世界卫生组织（WHO）在《阿拉木图宣言》中重申："健康不仅是疾病与体弱的匿迹，而且是身心健康、社会幸福的完美状态。"依此看来，没有疾病就是健康或身体好的观念是片面的和消极的。现代健康观念应全面客观地从生物、心理和社会三方面来探讨。影响人类健康的因素有许多，如生物因素（自然因素、体质因素、遗传因素等）、环境因素（自然环境、社会环境、文化环境等）、行为因素、精神因素以及营养因素等。健康教育是提高健康水平的重要手段，一方面以现代健康观念为核心，通过传授知识、技能的活动，增进学生对健康知识的掌握，使其接受、理解和应用健康知识并提高自我保健能力；另一方面通过传播社会行为规范，学生可以了解并掌握与健康相关的法规制度、道德标准等，从而达到社会健康规范的要求。

二、海员健康的内涵

1. 政治思想方面

航海职业的涉外性决定我国海员必须有坚定的政治立场和高尚的道德情操；具有强烈的爱国主义和集体主义精神；热爱航海事业；具有敏锐的洞察力，善于辨别真与伪、善与恶、美与丑等；能按照社会行为的规范准则来约束自己及支配自己的思想行为；要人格健全，行为适当，富于理性，积极进取，善于选择促进健康的行为方式。

2. 身体方面

身体健康主要表现在身体形态发育、生理机能、身体素质和活动能力4个方面。

（1）身体形态发育　生长发育良好、身体匀称、体格健全、肌肉丰满、四肢有力；身高、体重、胸围、呼吸、肺活量等应符合现代健康的标准。

（2）生理机能　机体各组织器官系统机能正常，无任何疾病；消化功能良好、心肺功能突出、心肌发达、肺活量大、氧气供应充足，能满足海员体力储备需要；神经系统功能健全良好，便于调节各种精神上的压力。

（3）身体素质　与航海专业特点关系密切的基本身体素质（力量、耐力、柔韧、速度、灵敏）突出，为海员工作奠定身体基础。

（4）活动能力　海员必须具有突出的支撑、悬垂、抛掷、攀登、爬越等活动能力，还必须熟练掌握游泳、跳水、救生与自救、荡桨、驶帆等水上实用技能，以满足海上工作的需要。

3. 心理方面

海员的心理健康主要表现在气质、性格、情绪、智力及心理活动等方面。海员应当具有坚强的意志品质和健全的人格特征：善于发挥自身气质的积极因素，克服消极因素；善于调节和控制自己的精神状态和心理活动；自我感觉良好，精神愉快，心情舒畅；头脑清醒，精神集中，处事乐观，态度积极，具有稳定的情绪状态；有自信心，思维敏捷，处理各种情况果断准确，采取措施得力。

4. 适应与应变方面

适应与应变能力是海员身体素质和心理素质的综合反映，是航海职业特点对海员的特殊要求。海员必须具有较强的对外界环境的适应能力（包括船机环境、自然环境、社会环境等），能适应航海各项工作的要求。海员还应具备较强的抗病能力、抗痛能力、抗冷热能力、抗风浪能力、抗晕船能力和抗疲劳能力等。海员应具备较强的应变能力，可以及时果断地采取各种有效的措施应对各种突发事件。

三、工作生活环境及其特点对海员健康的影响

1. 工作生活环境对海员健康的影响

海员的健康问题大多源自海员的工作与生活环境。航行中的摇晃与振动可以引起机体的一些组织器官位移，加剧了对人体感觉器官的刺激，易使人产生恶心、呕吐、眩晕、疲劳等症状。船舶的机械噪声强度较大，能引起人体应激反应，干扰休息与睡眠，久而久之，可导致自主神经功能失调及各器官系统的病变，引发高血压、末梢神经病与职业性耳聋等。气候环境的急剧变化，使人体难以适应，易导致呼吸系统与神经系统疾病的产生。船舶油漆、涂料、燃料燃烧挥发的气体，会造成空气的污染，对人体健康带来不利的影响。

测验：工作生活环境与特点对海员健康的影响

2. 工作生活特点对海员健康的影响

由于海员长时间离开陆地，脱离社会群体，社会交往与情感交流机会较少，长期的孤独寂寞易导致心理的退缩与疾病。需要特别指出的是，海员的值班制度与陆地上的不同，一般一日值班两次，每次4h，加之受地域气候与时差的影响，使机体的生物节律受到干扰，直接影响其身心健康状况。船舶长期航行在海上，受风浪影响，餐饮无规律，易导致消化性疾病。船上空间狭小，业余生活枯燥乏味，部分海员健康意识薄弱，吸烟酗酒，身体锻炼不足，使身体与心理机能逐步衰退。航行中各种突发事件和危险因素，使海员的神经经常处于高度紧张状态，严重影响海员的身心健康。

四、海员身体的三道防线

船舶在海上航行时，海员的身体会受到各种环境因素的不利影响，如果能掌握一定的健康知识并及时调整好身体的三道防线，那么对航行中的海员来说身体会形成良性的循环。所谓身体的三道防线即体表、肝脏和免疫系统。

1. 海员身体的第一道防线

体表是人体的第一道防线，是人体与外界接触的身体表面，包括全身皮肤、头部的感觉器官、消化道黏膜和肺泡表面。人体表面与外界的空气、物体乃至声、光、冷、热接触，要保持全身皮肤的完整。没有皮肤破损就可减少细菌、病毒等微生物侵入所引起的疾病。消化道是摄取食物、消化食物和吸收营养物质的管腔。胃内的胃酸对随食物混入的微生物有杀灭作用。保护好消化道的健康，要做到吃清洁、新鲜的食物，不暴饮暴食，限制饮酒。饭后漱口，早晚刷牙，每1～2个月要更换新牙刷。避免饮食过热、过辣和高浓度酒的刺激，以及时间过长的泡菜等食品的刺激，以防消化道细胞癌变。要注意，不仅是夏、秋季，就是在冬、春季也应打开窗户，保持船舱内空气新鲜。在室内养几盆大叶观赏植物，构成一个良好的小生态环境，可以自然地调节舱内空气中的氧含量和温湿度。避免吸烟、油烟对舱室内空气的污染。这些，都有益于肺泡的健康，避免了对肺泡的刺激损害。对于头部的感觉器官要注意日常保护，如看电视时，一定要保持适当的距离，每次看电视时间不应过长，以不超过2小时为宜。修船时，不要直视电焊火花，防止电光眼炎，也不要看紫外灯光，保护眼睛。患感冒、咽炎或其他呼吸道感染性疾病时，注意防护和检查，预防中耳炎。

2. 海员身体的第二道防线

肝脏是人体的第二道防线。肝脏在人体的右上腹部。肝脏的肝门动脉，把从肠道吸收的物质送入肝脏，肝细胞通过酶解作用将有毒物质分解掉，同时又使富含营养成分的血液经肝

门静脉进入全身的血液循环，供全身细胞营养的需要，并把多余的一些物质储存在肝脏。肝脏是个充满血液的脆性内脏，经不住强有力的外界碰撞，要保护其免受外伤。多种肝炎病毒侵入人体以后，都以肝脏为靶，造成肝细胞损害，发生急性或慢性肝炎，甚至导致肝硬化或原发性肝细胞癌变。应接种甲型肝炎疫苗和乙型肝炎疫苗以预防。过量饮酒、长期饮酒容易发生脂肪肝或酒精中毒性肝炎。船员在船上，应限制饮酒。

3. 海员身体的第三道防线

免疫系统是人体的第三道防线。人体内执行免疫功能的器官、组织、细胞和分子总称为免疫系统，它具有识别外界侵入的抗原（细菌、病毒等），加以中和并排出，监视体内异化的细胞并将其清除从而维护人体稳定的防御功能，保护身体健康。海员常年在海上航行，不仅受到气候和风浪的影响，而且经常接触来自世界各地的外国人，所以海员要增强免疫能力，以抵抗各种细菌、病毒及其他微生物、毒物等的侵犯。但是在同样条件下，有的人生病，有的人不生病，即使生病，也有轻重程度不同。这是由于机体的内因不同，也就是个人的体质不同。当细菌等各种外因进入机体后，机体的免疫状态就可决定疾病是否发生及其严重程度，也就是说，外因一定要通过内因才能起作用。当然，疾病的发生不只是由于外因的侵入，也可由于其他原因产生。但是免疫系统在机体抵抗细菌、病毒、微生物，及时消灭体外侵入和体内产生的致病物质，以及防止肿瘤等方面，起着重要作用。海员在海上航行时，要注意养成健康的生活方式，即健康的 4 大因素——乐观的心态、充足的休息、均衡的营养、适量的运动。正确的生活方式有助于人体免疫系统正常发挥作用。海员应该按规定接种疫苗，强化免疫系统的防御功能。

任务 2　营养与健康

一、营养与健康的关系

合理营养的基础是合理膳食，它不但能提供足够的热量和各种营养素满足人体的正常需要，而且还能保持各种营养素之间的平衡，以利于它们的吸收和利用，达到合理营养的目的。

当人们的膳食结构合理，营养平衡时，就能满足机体对热能和各种营养素的需要，促进机体的抗病能力，提高工作效率，还能预防和治疗某些疾病。当膳食结构不合理，摄入的热能、营养素不平衡，即营养失调时，因某个或某些营养素摄入不足，就不能满足机体的需求，久而久之，体内的营养储备将严重消耗，则会出现相应的病理性变化，继而发生临床上可见的营养缺乏症。反之，过量摄入热能和某些营养素，再加上缺乏运动锻炼，则会导致肥胖症、心血管疾病和肿瘤等疾病的发生，或因某些营养素过量而发生中毒，有碍于健康。因此，平衡膳食、合理营养，是维持人体健康和生存的主要条件。

二、营养与营养素

科学研究发现人的疾病 70% 来自饮食，人的癌症 50% 来自饮食。世界卫生组织（WHO）指出：营养过剩和生活方式疾病已成为威胁人类健康的头号杀手。所以吃什么和怎么吃已是关系到我们民族的命运及每一个人能否健康长寿的大问题。

营养科学追求的目标是通过平衡膳食使人达到营养平衡的状态，主要手段是调整食物结构，同时，保健食品在调节人体营养不平衡上会起到重要的作用。

食物中所含的营养成分种类很多，营养学家把它们归纳为7类，即碳水化合物（糖）、脂肪、蛋白质、矿物质、维生素、膳食纤维和水。膳食纤维不能被人体消化、吸收，但是膳食粗纤维具有促进肠蠕动，帮助消化和通便的功能。这7类营养物质都是人体必不可少的，因此，又称为营养素。营养素是保证人体生长、发育、繁养、劳动和维持健康生活的物质。下面简单介绍人体需要的7大营养素。

1. 碳水化合物

碳水化合物是能量的主要来源，并参与细胞的各种代谢活动，是构成机体的重要物质。碳水化合物主要来自各类谷物、豆类、根茎块食物。此外，水果、瓜类也含碳水化合物。

不同的主食所含营养成分不同，但要坚持粗细搭配。碳水化合物应占人体所摄入总热量的60%~65%，一般成人以300~400g为宜，每个人根据自己的活动量大小来决定食用量。如果活动量小需要减肥者可以吃150~250g，但绝不能用不吃主食来达到减肥的目的，因为主食中的营养成分是每天必须补充的。

2. 脂肪

脂肪是组成机体的重要成分，它为我们提供能量，促进脂溶性的维生素A、维生素D、维生素E、维生素K的吸收和利用，增加食物的美味和饱腹感。

饱和脂肪存在于牛肉、羊肉、猪肉、鸡肉、乳制品、蛋类等食品中，不饱和脂肪可以从植物油、大豆、花生中摄取。食用油脂供给人体热能占总热能的20%~25%，过多过少摄入都对健康不利，可按植物油三份、动物油一份的比例食用。中国营养学会推荐每个成年人每天摄入25g油脂，相当于2~3汤勺的量。

3. 蛋白质

蛋白质是人体最重要的组成部分，约占人体体重的18%。人体每一个细胞和所有重要组织器官的运转都要有蛋白质参与。人体蛋白质每天都处于动态平衡中，蛋白质分解用于修补组织，更新肌肉。人体中各种酶、激素、抗体都是由蛋白质组成，它们对于调节物质代谢、提高机体免疫力和调节各种生理功能都是不可缺少的。蛋白质在调节水盐代谢和维持人体酸碱平衡方面也起着非常重要的作用，蛋白质还起到运送营养素的作用，促进营养素的吸收和运转。

天然食物中蛋白质质量实质上取决于蛋白质来源，我们把动物蛋白质和大豆蛋白质称为优质蛋白质。优质蛋白质的利用率较高，有利于健康。动物蛋白质来自畜肉、禽肉、鱼肉、蛋类、乳制品。植物蛋白质来自豆类、坚果、谷物等。

4. 矿物质

矿物质又称无机盐。它不能在体内生成，必须通过食物来满足机体的需要。各种矿物质的总量约占体重的5%。矿物质不能提供热能，但却是构成机体组织和维持正常生理功能所必需的，必须每天补充。人体所需的常量元素有钙、镁、钾、钠、硫、磷、氯。为维持正常生命活动不可缺少的必需微量元素共有14种：铁、铜、锌、碘、硒、锰、钴、铬、钼、镍、硅、锡、钒和氟。这些物质在人体内自身相对稳定，并对人体的代谢起着十分重要的作用。

我国人群比较容易缺钙、铁、锌，某些地区也存在缺碘、硒、铬的情况，这往往能引起某些疾病，如骨质疏松、贫血、甲状腺肿大、癌症、糖尿病等。钠摄入过多会引发高血压。由于这些元素存在于不同的食物中，所以不能偏食，吃食物种类越多，营养越全面。有的营养学家建议，为保持身体健康，每天要吃30多种不同的食物，以及时补充各种无机盐及微量元素。

5. 维生素

维生素是维持人体生命和正常生理功能不可或缺的一种营养素。它的种类很多，已知的就有 30 多种。所有的食品都含有一定成分的维生素，但水果和蔬菜含量最高。维生素不提供热量，但却是调节机体功能所必不可少的，在新陈代谢过程中起着重要作用。不同的维生素有不同的功效，它们缺乏或过量就会影响人的正常生理功能。由于不同品种的蔬菜、水果所含的维生素种类数量不同，所以吃蔬菜、水果时要坚持多品种，巧妙搭配，合理安排，才能保证各种维生素的需求。由于蔬菜中营养素含量远远高于水果，所以应以蔬菜为主，而且蔬菜颜色越深，其含有的生物活性物质越多，抗氧化能力就越强，营养价值也就越高。绿色、紫色、红色、黄色、白色各种颜色的蔬菜都要吃，但绿叶蔬菜应占 1/2，而且要吃新鲜蔬菜，能生吃的最好生吃，以利于养分的充分吸收。一个成年人一天吃 500～600g 蔬菜为宜。

6. 膳食纤维

膳食纤维是指不被人体消化吸收的多糖，存在于植物性食物，如各种谷物、豆类、蔬菜、水果中。科学研究确认了膳食纤维的营养功能，并将其与传统的 6 大营养素并列，称之为"第 7 大营养素"，成为医生和营养学家推崇的营养成分。它可以促进消化，清除体内垃圾，降低血液中的胆固醇，对预防大肠癌、糖尿病、胆结石、减肥降脂有重要的意义。蔬菜是膳食纤维的主要来源，水果不能代替蔬菜，而且吃水果量要适当，一个成年人一天水果可摄入 100～200g，由于水果中所含糖分较高，吃太多会导致摄入热量过多，所以最多不要超过 250g。

7. 水

水是人体必需的营养素。人体组织平均含水量约占 65%，由于水的溶解力非常强，各种化学反应无一不在水中进行，食物中的营养成分也必须溶于水中才能被机体吸收，体内各种代谢废物也必须随水才能排出体外，水还参与体温的调节。一般情况下，每人每天需水量约 2000～2500mL，通过喝水、吃饭菜水果、喝汤及体内代谢产生来补充。专家研究发现：煮沸后自然冷却的 20～25℃ 的白开水，具有特异的生物活性，它比较容易透过细胞膜并能促进新陈代谢，增强人体免疫功能。专家指出：温开水能提高脏器中乳酸脱氢酶的活性，能迅速降低累积在肌肉中的"疲劳素"——乳酸，从而消除疲劳，焕发精神。经常用各种果汁饮料替代水饮用，容易出现"果汁-饮料综合征"，导致食欲缺乏，情绪不稳定，所以应首选白开水饮用。

营养素在体内具有 3 种主要功能：

1）供给人体所需的能量。营养学上所说的能量是指热能，通常以千卡（kcal）或千焦耳（kJ）表示（1 千卡=4.184 千焦耳；1 千焦耳=0.239 千卡）。按照一般的计算方法，每克蛋白质或碳水化合物在体内可供给 4 千卡热能，每克脂肪供给 9 千卡。人体借助热能以维持体温，进行呼吸、循环、消化、吸收、分泌、排泄，以及开展体外的劳动和各种活动等。

2）供给身体生长、发育和修补组织所需的原料。

3）调节生理机能。人体是一个极为复杂的有机整体，不同的组织或器官都有特定的生理作用。营养素能适时地促进或抑制体内的化学反应，从而维持身体各组织和器官的正常运转。人体需要的营养素来自我们日常的饮食，也就是一日三餐。

三、均衡营养

由于经济的发展和生活水平的提高，以及人们的膳食结构的改变和体力活动的减少，体重超重和肥胖者数量迅速增加。营养的过剩已是不容忽视的问题。但是如果食物中的营养摄取不足，就会造成营养不良，影响正常的生长发育。

为了平衡膳食，中国营养学会根据营养学原则，针对我国居民的营养缺陷，制定了《中国居民膳食指南（2022）》，提出了8条原则：①食物多样，合理搭配；②吃动平衡，健康体重；③多吃蔬果、奶类、全谷、大豆；④适量吃鱼、禽、蛋、瘦肉；⑤少油少盐，控糖限酒；⑥规律进食，足量饮水；⑦会烹、会选、会看标签；⑧公筷分餐，杜绝浪费。

一天的膳食安排对人整天的工作、学习和健康会产生影响。"早吃好、午吃饱、晚吃少"是很有道理的。一般情况下，早餐的热量应占全天食物热量的25%～35%。不少人早餐比较随便，甚至不吃早餐，这会影响整个上午的学习和工作效率。适当地选择体积小、合口味而又富含蛋白质的食物作为早餐较为适宜。这种食物可使体内血糖保持较高水平且较为稳定，不会出现高糖饮食后的"思睡"现象，而且蛋白类食物较耐饥，从而使人整个上午精神饱满，精力充沛。午餐应占全天食物热量的40%，适当增加含蛋白质和脂肪的食物，保证下午工作和学习效率，同时也是机体一天中营养的最主要来源。晚餐不宜超过全天食物总热量的30%，且以少而精为好。晚餐吃得过多，过于油腻，容易使人兴奋和失眠；同时会使血液的黏滞度增高，流动缓慢，如果此时入睡，对心脑血管不利，也容易使人发胖。对有晚睡习惯的人，晚餐可以适当增加热量，也可在晚餐后加用夜宵，但应注意全天食物的总热量不应超过机体正常的热量需求。多次调查结果表明，膳食高能量、高脂肪和少体力活动与超重、肥胖、糖尿病和血脂异常的发生密切相关；高盐饮食与高血压的患病风险密切相关；饮酒与高血压和血脂异常的患病风险密切相关。

每个人在安排自己的膳食时还应注意：①消除营养补充误区，如吃得饱等于吃得好，而是要做到以素为主，荤素搭配，既要吃得饱，又要吃得好、吃得营养。②应根据自己的身体状况、工作性质及个人爱好等多方面情况决定膳食的安排。比如，海员应多吃豆芽等富含维生素的食物。③尽可能了解一些食物的特性，做到饮食有利于身体的健康维护。比如，人在患感冒时避免吃海鲜和冷饮。

另外，避免暴饮暴食，做到饮食有度，养成良好的饮食习惯。

任务3　营养保障与海员健康

海员长时间在海上航行，所处的环境比较特殊。船上的空间比较狭小，所能装载的新鲜蔬菜和食品有限，加之船上烹调用具比较简单，所以，海员的饮食与陆地上的普通人有较大的差别。海员还时常受到气候、船舶的颠簸、噪声、振动和时差等因素的影响，其饮食规律也有所变化，导致一些营养的流失。如果海员能够采取合理的饮食来均衡、调节和补充营养，对于海员保持身体健康有着非常重要的意义。

一、中国海员的营养状况分析

由于受条件的限制，船舶所携带的食物主要是干食品和肉类等，侧重满足能量消耗的需要。现在尽管有了冷藏设备，但在远航时，蔬菜和新鲜水果仍然不能满足船上的需求，所以，为了预防海员的一些常见疾病，船舶要重视维生素的供给。

二、中国海员在远航时的营养保障

1. 远航食品的选择

航海用的食品有：新鲜食品、冷冻食品、干燥食品以及罐装类食品等。新鲜食品（可以保持 1~2 个月）如卷心菜、胡萝卜、土豆、洋葱、芋头、白菜和白萝卜等；干燥食品如谷类、饼干、面包干、挂面、干菜、干果、干菌类和干水产品等；冷冻食品如鱼、肉、虾、禽、蛋、冻蔬菜、豆类以及熟食冷冻食物。罐装类食品因耐储存、食用方便、无须冷藏等特点，一直是船舶航海时食用的主要食品。

2. 远航期间食谱的制定

在精心选择食物的基础上，按营养供给量标准，结合船员的口味来制定食谱。每天的食谱中应包括各种蔬菜、水果以保证供给足够的膳食纤维。小型船舶一般可制定 2 周的食谱循环使用，使供给的菜肴尽量多样化。大型船舶可制定 30 天的食谱循环使用，应该尽可能使航行后期的菜肴中仍可能有绿色蔬菜（包括速冻蔬菜），这对促进船员的食欲会有良好的作用。从航行开始就供给强化食品，可预防维生素与矿物质的摄入不足。在航行期间，可根据海域和气象等条件对食谱适当调整。

3. 远航晕船膳食的特点

在船员发生晕船时，可供给水果、饼干、烤馒头片、稀饭及面条等。肉松、牛肉干、瘦猪肉、白切鸡、烧鸡、咸菜、酱菜及新鲜蔬菜等也是适宜的。应避免食用油腻及鱼腥味食物，也要避免食用辣椒味较重的食物，以免呕吐时刺激咽喉部。

任务 4 体育与海员健康

人们对健康的追求要从生活方式着手，改善健康状况离不开正确科学的体育锻炼。只有进行正确科学的体育锻炼，才能真正促进个体的身心健康。

一、体育锻炼与健康

体育能够促进健康，关键是看一个人参加体育活动的强度，只有适量运动才对健康有利，而运动过度与运动缺乏，都将不利于健康。

适量运动必须根据锻炼者本人的身体状况、场地、器材和气候条件，选择适宜的运动项目，使运动负荷不超过人体的承受能力。运动时心率范围控制在 120~150 次/min。机体无不良反应，运动后略觉疲劳但很快恢复；情绪和食欲良好、睡眠质量高、醒后感觉精力充沛。适量运动对心血管系统、呼吸系统、神经系统、运动系统、免疫系统等功能的提高，消化系统及身体成分的改善及防治疾病、延缓衰老都有积极的作用。除生理机能上的影响之外，适量运动对人体心理机能也有积极影响，主要表现在：提高人体的体感知觉，使人对自身更加了解；提高人的思维能力；提高积极情绪的良好体验及心理素质。

过度运动是指运动负荷超过人体的承受能力，机体与精神、能量等方面过度消耗，使其无法在正常时间内恢复体力。过度运动往往出现运动能力减退，出现某些不正常的生理状态及心理症状等现象。过度运动的具体原因主要如下：

1）运动量安排不恰当。如运动强度过大，持续时间长造成身体过度疲劳。

2）患病后过早恢复锻炼或身体状况不佳时运动量过大。

3）生活作息不规律，营养不合理，心情不愉快等。过度运动将会使人体各器官供血供氧失去平衡，导致大脑早衰，扰乱内分泌系统，使免疫系统机制受损，加速身体各器官的磨损与衰老。

而运动缺乏是慢性非传染性疾病（指一组与生活方式密切相关的慢性病，如高血压、冠心病、脑卒中、高脂血症、肥胖及糖尿病等）的一级危险因素。运动缺乏是指久坐、机体缺乏运动应激刺激，不运动或很少运动。如果每周运动不足 3 次，每次运动时间不足 10min，运动强度偏低，运动心率低于 110 次/min，则为运动缺乏。运动缺乏是现代人比较普遍的生活中的不良行为，它对人体健康产生很不利的影响。

长期缺乏运动，导致人的新陈代谢机能降低，由此很容易引起各种肌肉关节疾病，如肩周炎、骨质疏松等，同时也将导致心肺机能下降、呼吸机能下降、神经系统机能下降和胃肠消化机能的下降。此外，运动缺乏将导致肥胖与体重超重者的大量出现，使人们更易受亚健康的侵扰。

二、海员健身方法

1. 10min 健身法

一次只有 10min 这样短的健身时间，真的能有良好的锻炼效果吗？美国运动医学会在指导方针中提出，以提高心肺功能、维持身体健康为目的，进行"一次至少 10min、一天合计 30min 以上的有氧运动"是有效果的。"在进行有氧运动的同时，加上负重运动（weight training）及柔软体操更为有效。"

作为一般人的健身指南，我们应该进行下述三大要素的运动。

1）增强心肺系统的机能以及改善体内脂肪率的运动种类：连续的或者最低 10min 的有氧运动，频率为每周 3～5 次；强度为最大脉搏数的 55%～90%；时间为一天合计 20～60min。

2）强化肌肉力量和肌肉耐力的运动种类：负重运动，频率为每周 2～3 次；套数为 8～10 个身体部位，每部位一套训练动作，每个动作 12 次以上。

3）提高柔软性的运动种类：体操，频率为每周 2～3 次。

2. 海员的 10min 健身法

（1）运动时间的计算　海员在船上进行身体锻炼时，一次进行 10min，一天总计 30min，如果能有这样的运动时间就可以了。海员们可以利用上午的 15min、晚上的 15min，也可以利用早晚各 10min，加上中午的 10min，这样合计都能达到 30min。

（2）船梯运动　海员可利用船上的梯子进行运动，船梯是现成的"运动器械"，海员可以每天利用 10min 的时间做上下船梯运动，这样可以促进身体热量的消耗，改善体质状态，提高心肺功能。

（3）快走与慢跑　海员可以经常在甲板上快走和慢跑，这是最为简单的锻炼身体方法。快走或慢跑能呼吸到新鲜的空气，使海员们心情舒畅。要挤出 30min 的时间来进行，也许会成为负担，但每天拿出 10min 的时间来快走或慢跑，就能感到轻松、愉快。

思考与练习

1. 影响海员健康的因素有哪些？
2. 在船舶航行中海员如何均衡营养？体育锻炼对海员健康有哪些帮助？

子模块 3　海员的保健

学习与训练目标

1. 了解海员常见病与保健知识，掌握体育疗法的原则与方法。
2. 了解和掌握海员按摩手法与按摩方法。

学习情境

海员在从事航海或各种海上作业时，必然受到各种环境因素对机体的不良影响。如果能了解海员的卫生保健知识，采取科学有效的卫生保健措施，对海员的健康形成有力的保护，辅之以按摩方法对疾病进行预防与治疗，这对提高海员的健康水平和工作效率将具有极其重要的现实意义。未来的航海工作者应该掌握一定的航海保健与按摩知识。

任务 1　海员保健与体育疗法

一、海员的疾病预防与保健

1. 海员疾病的自我检查方法

现代船舶一般都备有体重秤、体温计及血压计等常用的健康检查工具，若没有，海员也可以自备。经常测量自己的体温、体重和血压，并前后对照是最简单的利用医疗仪器进行自我检查的方法。

航行期间，海员应该掌握简单的自我健康检查方法，以便通过观察自己身体表面的外观、颜色及自身感觉等来初步确定身体健康或异常。面色和嘴唇是健康的标志，通过观察自己的面色和嘴唇就可预知自己的健康状态、体质和疾病。如嘴唇苍白可能提示贫血；面色苍白，眼睑和颜面水肿可能提示肾脏有疾病；面色晦暗、嘴唇发黑可能提示肝脏有疾病；面色潮红多见于急性感染性疾病；眼球突出可能是甲亢等。

航行期间，海员或许会感觉到全身或身体某部位不适或痛苦，这种症状可能会是某种疾病的前兆，应予以重视。如头痛并伴有发热感觉，有可能是呼吸系统各器官发病的征兆；短期内体重迅速增加，应注意是否伴有冠心病、痛风或胆结石症等；体重快速下降，可怀疑是否最近营养摄入量较低，或有消化性疾病、糖尿病及甲亢等；经常性失眠与食物（过量饮酒、茶、咖啡等）、心理（兴奋、焦虑、抑郁等）或神经衰弱症等有关；水肿可怀疑是否为营养不良、肝硬化、右心衰竭等；急性腹痛可怀疑是否为急性胃肠功能紊乱或急性肠炎、肠梗阻等；关节痛可怀疑是否为风湿性关节炎、感染性关节炎或结核性关节炎等。另外，还可以通过对尿的颜色和排尿情况等来判断其他一些疾病。

2. 海员的个人保健要点

1）要注意胃：海员中有胃病是很普遍的，这与海员生活不规律有关。

2）要注意心脏：海员经常食入过多的脂肪，会诱发心血管疾病，所以海员必须格外注意脂肪摄入。

3）要注意血压：海员长期精神紧张，缺少体育活动，肥胖、食盐摄入过多等，都能引起血压变化，因此要注意血压，有问题及时用药。

4）要注意皮肤：海员要注意防晒，关心自己的全身皮肤，如痣等，因为有些痣可能恶变。

5）要注意关节：关节病是海员的常见病。海员还应该注意防寒湿和外伤伤口感染。

6）要注意肝脏：海员应讲究卫生，防止病毒侵入，少饮酒，多食酸奶及瘦肉。

7）要注意前列腺：由于雄性激素类脂醇分泌的变化，50岁后的海员易患有前列腺疾病。要预防此类疾病，应做到避免长期压迫前列腺，少吃辛辣食品、戒酒。

8）要注意外生殖器：如性病、阴茎包皮、睾丸癌等，如有异常，立即医治。

9）要注意直肠：海员要注意多食用粗纤维的食物，避免食用过多的脂肪和高蛋白质的食物。有条件的，应定期检查肠道，这是预防直肠癌的有效措施。

10）要注意调整心态：海员可用体育疗法、松弛疗法等来调节治疗心理疲劳症、神经衰弱症等。

3. 海员的船上保健措施

1）传染病预防：认真贯彻国家颁布的《传染病防治法》，在海员中广泛地进行预防传染病教育。远洋船舶所到国家港口如有传染病疫情，要事先提出切实可行的防范措施。对海员进行预防接种疫苗。如在海员中发现传染病，应立即采取紧急医疗预防措施，并进行严格的消毒、隔离，防止扩散与流行。

2）积极预防与救治外伤：海员在作业中，常会发生各种意外损伤。船医或主管人员，应对海员进行示范预防与救治演练，使其学会避害的防范措施和在无船医情况下的外伤包扎、固定与搬运，一旦发生外伤，便于及时救治。

3）强化海员健康保护意识：船医要经常对海员进行航海保健学、环境医学、航海心理学等保健知识的宣传教育，使海员对晕浪、严寒酷暑、噪声振动等的防护具有较强的健康保护意识。在特定的作业与生活中，海员应懂得一般增强体质的卫生保健方法，养成良好的卫生习惯。

4）对毒性物品注意医学防护：船舶所载化学物品及含毒的油料、涂料、农药、燃料、原料等货物，在装卸、运输时应严格执行安全操作规定。一旦发生伤害事故，应针对毒物伤害的救治原则和方法，进行紧急的医学处置。船医应使海员掌握必要的避毒、防毒、除毒、解毒或染毒后的救护知识与方法。

5）对水下生物伤害的防护：凡具有捕鱼、打捞、采集、勘探、侦察等水面或水下作业任务的海员，要懂得能对人体造成伤害的水下生物种类、可能形成的伤情，以及它的危险性和后果。注意主动地规避和防范，并掌握遇到伤害时的急救治疗原则和方法。

6）良好的营养是海员健康的保证：鉴于海上补给能力的限制，对食品储存、加工、制作、烹调、调剂、厨房卫生、食具消毒、冷藏保鲜等，都需要严格的卫生管理。应十分重视海员伙食调配。合理的营养对维护海员健康、防止疾病、保证作业安全、提高作业耐力都具有积极意义。海员膳食中热量和各种营养素的摄入量，不仅要满足一定劳动条件下作业的生理需要，而且还要保持各营养素之间的平衡。平衡膳食的基本原则是：控制热量摄取，减少动物性脂肪、糖、胆固醇、盐和酒精的摄入量，增加矿物质、维生素和膳食纤维、蛋白质等的摄入量。这对防治肥胖、心血管疾病，预防癌肿，防止某些微量元素缺乏，提高机体免疫功能均有良好效果。

7）维护海员的心理健康：维护海员的心理健康、防止心理失常和心理疾病的发生、宣传和普及心理卫生知识都非常重要。由于船上生活比较单调、孤寂，易导致心理失衡，从而诱发各种心理疾病。船长应利用各种机会与方式，积极开展心理疏导、心理咨询和心理诊疗工作。海员会把船长视为知音或良师益友，受到信赖与尊重。他们会将内心的苦闷与矛盾向朋友倾吐。这就能够缓解各种心理压力，对预防各种心理疾病的发生大有益处。

8）海员体育锻炼：这是维持海员身心健康的一个重要因素。海员应掌握科学锻炼身体的知识、方法，养成自觉锻炼身体的习惯，积极运动，保持合适体重。

9）海员应戒烟少酒：这是海员身体保健的重要措施。

10）海员应保证充足的睡眠：睡眠不足属于睡眠障碍，常表现为烦躁、激动或精神萎靡、注意力分散、记忆力减退等症状。对于海员来说，剥夺睡眠对海员大脑神经系统功能有严重伤害，最初是倦怠想睡、注意力不集中、记忆困难、情绪不稳定、工作效率低；继续则兴趣低落、反应迟钝、思维活动难以进行、强烈地渴望睡眠，严重的甚至会影响船上的工作。一般来说，海员的充足睡眠时间应为每天 6~8h。

二、海员常见病的体育疗法

海员受其职业特点影响，极易患各种疾病，如能掌握体育疗法，对于预防和治疗一些常见病有一定的作用。体育疗法是以体育为手段，通过有针对性的、特殊的身体训练，达到改善生理功能、治愈疾病、增进健康的一种方法，又称医疗体育。体育疗法的主要内容有：医疗体操、医疗步行、健身跑、气功、太极拳、按摩、器械作业和自然力锻炼等。

（一）体育疗法的主要原则

1. 适应性和针对性原则

体育疗法是一种功能疗法，它通过患者自身直接参与各种有针对性的身体训练，使相应的器官功能获得改善。因此，必须根据患者自身体质和病情采取适宜的内容与方法进行针对性锻炼。

2. 循序渐进和持之以恒原则

进行体育疗法时，必须坚持运动量由小到大、由易到难的原则，并根据病情进展和体力增长状况，逐步提高要求。体育疗法对人体功能的影响是渐进式的，有的慢性病需要通过数周甚至更长时间的锻炼才能奏效，因此，要持之以恒，以极大的意志和毅力坚持不懈地锻炼。

3. 保持乐观情绪与临床治疗相结合原则

积极的情绪可以调动人体的内在潜力，激发体内各器官功能的自我调节能力，有利于进一步提高疗效。

（二）海员常见病的体育疗法简介

1. 感冒的体育疗法

海员受不同气候变化的影响，加之船上昼夜温差较大，极易患感冒，轻者有鼻塞、流鼻涕、嗓子痛、头痛发热和全身酸痛的情况，进一步发展可出现咳嗽、高烧不退，严重时可并发肺炎或发生其他病变，直接影响海员的身体健康。感冒的体育疗法主要有以下几种。

1）按摩法：坐姿或站立，全身放松，用中指贴鼻翼两侧向上搓擦至前额发际，然后两手掌由发际向下摩擦,如此反复按摩。随后按摩迎香穴、风池穴,用力以酸胀感为度。

2)起落呼吸操:全身放松,两脚齐肩宽站立,两臂自然下垂。吸气时屈肘两小臂平行举至身前与胸平,呼气时两腿下蹲,两臂下落至髋部两侧,同时发出"呜-依-啊"等元音,反复进行。开始发音时间轻而短,以后逐步延长。此法是利用呼气时发音刺激增强肺换气功能,这对治疗咳嗽、头痛、咽痛、鼻塞等病症有较好的效果。

3)医疗步行:宜在清晨或傍晚空气新鲜、清静处进行,并实行定时定量锻炼。

注意事项:经常参加体育锻炼,可以增强对感冒病毒的抵抗力;养成四季用凉水洗脸和擦身的习惯,特别是用湿毛巾揉擦鼻翼两侧和风池穴,对预防感冒具有积极效果;进行体育疗法时(起落呼吸操、医疗步行等)要量力而行;做呼吸操时,注意用鼻吸气、用口呼气,多练腹式呼吸。

2. 神经衰弱的体育疗法

神经衰弱是一种海员常见的神经官能症,其发病原因与长期精神负担过重、生活无规律或过于疲劳有关。其症状表现很复杂,有的患者情绪不易控制、易激动、烦躁、注意力不易集中和睡眠浅;有的则表现为衰竭症状,嗜睡、易疲劳、全身酸软乏力、食欲减退、孤僻、忧郁和情绪低下等。神经衰弱的体育疗法主要有以下几种。

1)对容易激动、情绪控制差的患者,宜采用柔和平静的体疗方法,如步行、气功、太极拳以及各种柔和轻松的保健体操,运动量宜偏小,也可配合手法相宜的医疗按摩。

2)对精神不振、孤僻寡言的忧郁患者,宜采用生动活泼的体疗方法,如参加游戏性和竞赛性的球类活动,观赏趣味性强、节奏性强的健身操和体育舞蹈等。体育锻炼的运动量宜适中,每分钟运动心率控制在130~140次。对体力较好者,可进行游泳、划船和攀爬等锻炼。

3)不论何种神经衰弱患者,在健康状况较好的情况下,采用冷水浴锻炼或经常用冷毛巾擦身、洗头,对调节中枢神经系统的功能颇有益处。

4)针对不同症状进行自我按摩。如头痛失眠者,可揉按天柱穴和太阳穴;头昏目眩者,可加练鸣天鼓,即掩住两耳,用指弹击玉枕穴;如遇有心悸和情绪不稳定者,可搓擦涌泉穴、百会穴和印堂穴等。

注意事项:合理安排海员的工作和生活,不同的症状应采用不同的体疗方法,运动量不宜过大。

3. 慢性胃肠病的体育疗法

慢性胃肠病是海员群体的多发病,主要是由于海员的饮食缺少规律,食品单一,营养匮乏所致,其症状多数有腹痛、消化不良等。严重患者经常有腹泻,粪便可有脓黏液,甚至便血。如不积极治疗,可导致患者身心痛苦,严重影响学习和工作。慢性胃肠病的体育疗法主要有以下几种。

1)气功:以放松功和内养功为主,逐步引入腹式呼吸,一般以卧位为宜。

2)太极拳:常与气功配合,也可单独训练。

3)按摩:以坐位或仰卧位均可,两手重叠于胃部或腹部,先顺时针方向后逆时针方向依次按摩,速度均匀,每次按摩数百次。

4)医疗体操:可仰卧位举腿运动,仰卧位模仿踏自行车运动,屈膝仰卧挺腹等。

5)对于慢性习惯性腹泻患者,可加练肾区和外劳宫穴按摩或温灸;对消化不良患者,可反复按肝区或温灸，均可达到理想的效果。

注意事项：应以气功、太极拳、腹部按摩为主，每次训练不少于15min，必要时可配合药物及理疗。

此外，适当的体育锻炼和合理的体育疗法还可以对冠心病、关节炎、肥胖症、近视等起一定的预防和治疗作用。

任务2　常用按摩手法

常用的按摩手法与按摩的取位如下。

1. 推法

四指并拢，拇指分开，全手接触皮肤，沿着淋巴流动的方向向前推动。轻推对神经系统起镇静作用，用于按摩开始和结束；重推能加速静脉血和淋巴的回流，用于按摩中间与揉、捏、按压等手法交替使用（图1-1）。

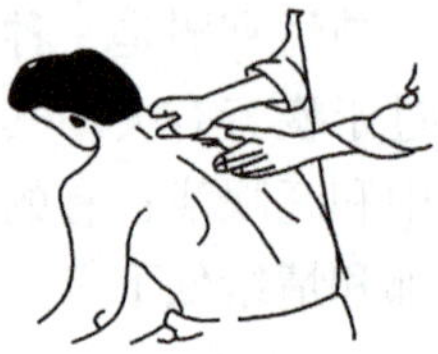

2. 擦法

用指腹与掌根贴在皮肤上，做来回直线形的按摩动作，力量均匀轻揉、速度稍快，可加强局部血液循环，提高皮肤温度，用于四肢、腰背、韧带及肌腱或手法转换时的插入（图1-2）。

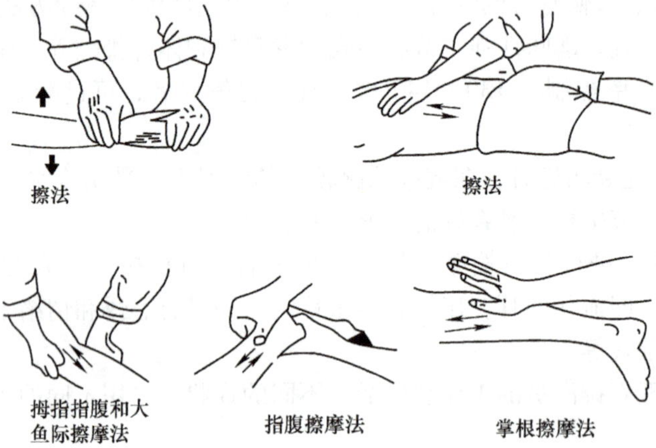

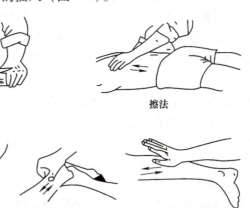

图 1-1

擦法　　擦法

拇指指腹和大鱼际擦摩法　　指腹擦摩法　　掌根擦摩法

图 1-2

3. 揉法

用指腹、掌、掌根紧贴于皮肤上，做圆形或螺旋形的揉动，使该处的皮下组织随手指或掌的揉动而滑动，可促进组织的新陈代谢，软化瘢痕，减轻疼痛，多用于关节、肌腱和腰背部（图1-3）。

4. 揉捏法

四指并拢，拇指分开，手成钳形，将全掌及各指紧贴在皮肤上，拇指与其余四指相对用力，将肌肉略往上提起，沿着向心方向做旋转式移动。揉中有捏，捏中有揉。拇指做圆形揉的动作明显，其余四指做捏的动作明显。具有促进肌肉的血液循环和代谢，防止肌肉萎缩、消除疲劳、缓解肌肉痉挛和活血散瘀的作用（图1-4）。

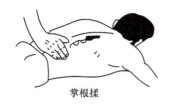
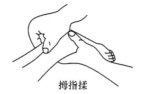

掌根揉　　　　　　　　拇指揉

图 1-3

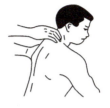

图 1-4

5. 搓法

用双手掌挟住被按摩的肢体，相对用力，做来回快速地搓动，使皮肤、肌肉、筋膜等组织松弛，加快血液循环，促进新陈代谢，缓解肌肉痉挛，消除疲劳。用于四肢和肩、膝关节处，常在每次按摩的后阶段使用（图1-5）。

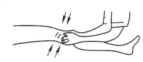

图 1-5

6. 按法

用手掌或掌根按压住按摩的部位，用力由轻到重，再由重到轻停留一段时间。能放松肌肉，消除疲劳，减轻酸胀、疼痛，常用于腰、背部及四肢肌肉僵硬或发紧时，也用于腕关节（图1-6）。

单手按压　　　　　　　双手重叠按压

图 1-6

7. 拍击法

用手掌或手的尺侧面拍击体表，有拍打、磕击和切击几种。拍打时，两手半握或两手指伸直张开，掌心向下，两手有节奏地进行上下交替拍打，发力部位在腕关节，手指、手腕均放松。磕击时，两手握空拳，用拳的尺侧面交替磕打。切击时，两手的手指伸直、并拢，用手的尺侧面进行切击，发力在肘部。拍击能促进血液循环、消除疲劳和调节神经的兴奋性，多用于肩、背、腰、臀、四肢等大块肌肉的肥厚部位（图1-7）。

8. 抖法

肢体抖动时，用双手握住肢体的末端，做连续小幅度上下快速的抖动。肌肉抖动时，用手轻抓肌肉，进行短时间的快速振动，使肌肉、关节放松。多用于肌肉肥厚部位和四肢关节，与搓法配合或为按摩结束时常用的手法（图1-8）。

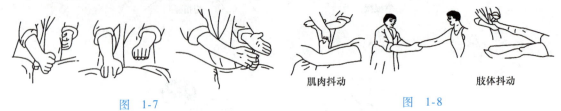

图 1-7　　　　　　　　　　　　　　　　　　　图 1-8

9. 运拉法

按摩时，一手握住关节远端肢体，另一手握住关节的近端肢体，根据不同关节的活动范围做被动的屈、伸、内收、外展、旋内、旋外和环旋运动（图1-9）。

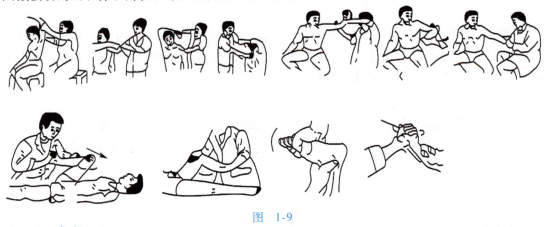

图 1-9

10. 滚法

手呈自然屈曲状，腕部稍屈曲，利用手背掌指关节作为着力部分，连续不断地旋前、旋后滚动，用力要均匀，不要跳动和过分紧张。能活血散瘀、消肿止痛、消除疲劳、缓解痉挛和松解黏连，多用于四肢及腰部（图1-10）。

图 1-10

11. 分筋法

用双拇指或单拇指的指端掐压于伤处，做与韧带、肌纤维方向相垂直的左右拨动。能分离黏连，促进局部血液循环，常用于治疗肌肉、肌腱和韧带的慢性损伤（图1-11）。

图 1-11

12. 理筋法

用拇指指腹压迫伤部,顺着韧带、肌纤维或神经行走的方向移动,自上而下或自下而上均匀缓慢地促进组织修复,顺筋归位。多用于损伤的急性期(图 1-12)。

13. 刮法

拇指屈曲,用指甲在病变部位做匀速的刮动,或用工具代替指甲。常用于治疗髌骨肌腱病变,改善病变部位的营养代谢和促进受损组织的修复(图 1-13)。

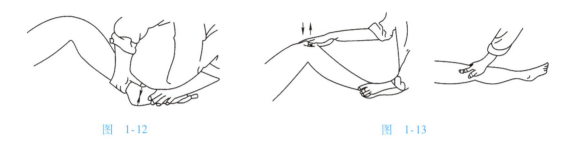

图 1-12　　　　　　　　　　图 1-13

14. 点穴法

用拇指或中指的指端点压穴位叫作点穴。在肌肉肥厚部位,可用肘尖点穴。点穴时应由轻到重,以酸胀为最大度,再逐渐减轻(图 1-14)。

15. 切压法

用拇指指端顺着淋巴流动方向,以轻巧而密集的手法切压皮肤,称之为切压法(图 1-15)。

16. 掐法和提弹法

掐法是用拇指指端掐压在皮肤上,从肿胀部位的远端开始,向下切压皮肤,依次向近心端移动。用于预防黏连形成,促进损伤组织的修复。

图 1-14　　　　　　　　　　图 1-15

提弹是用拇指与食指两指将肌腱或肌肉迅速提放,连续提弹 1~3 次,配合使用揉法能促进血液循环,缓解肌肉的紧张并对局部神经有较强的刺激作用,多用于肌肉酸痛和肌肉痉挛(图 1-16)。

提弹　　　　掐法

图 1-16

任务3　身体穴位与按摩

一、人体主要穴位图

人体的一些主要穴位，正面如图1-17所示，背面如图1-18所示。

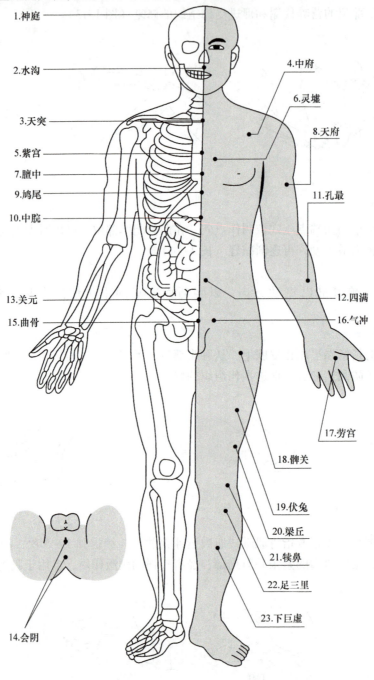

图　1-17

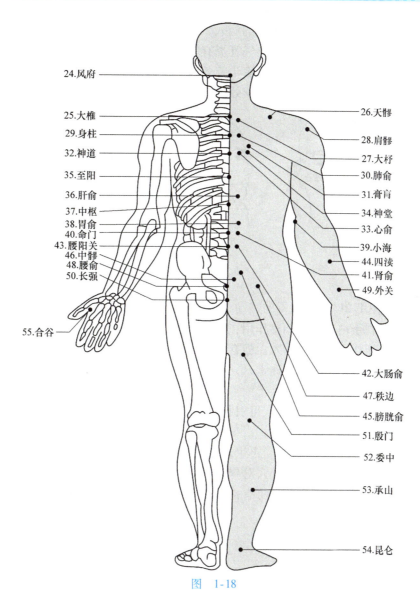

图 1-18

（一）特效穴位及其功能

1）合谷（图1-18）：对感染性炎症具有较高的防治效果，增强机体的防御能力，对于白细胞具有双向调整作用；能使血液中血小板明显增加；可使血清中的球蛋白含量上升，对甲状腺机能具有调整作用；对血液循环功能有调整作用，轻手法引起血管收缩，重手法引起血管扩张；能降低高血压病人血中胆固醇的含量。

2）手三里（图1-19）：针刺对胃的蠕动、张力、排空及小肠的运动机能具有明显增强作用。

3）曲池（图1-19）：治疗皮肤病的要穴，艾灸该穴可使血糖上升，能使血小板显著增加，具有

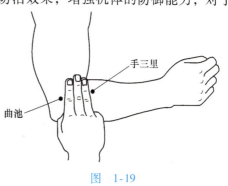

图 1-19

增强白细胞的吞噬功能，对于感染炎症的病人，具有较高的防治效率。

4）迎香（图1-20a）：治疗慢性支气管炎有效率达70%～90%。

5）颊车（图1-20b）：对甲亢病人有治疗效应。

6）人迎（图1-20c）：有显著的降压效果，尤其对收缩压最显著。

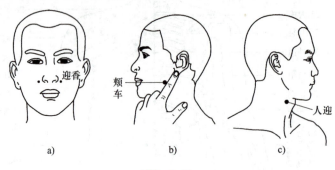

图 1-20

7）足三里（图1-21）：①对胃的蠕动、张力、排空，大小肠以阑尾的运动机能均有明显作用；对胃酸和胃蛋白有双向调整作用；②增强胆囊运动和排空能力，使胆汁流量增多增快；③具有调整血压作用；④对病人血糖有降低的影响；⑤能使血液中细胞总数增加，艾灸足三里、大椎、脾俞可使白细胞迅速上升，针刺能使痛阈明显升高，能促进神经再生，促进损伤神经的恢复。

8）丰隆（图1-21）：针刺丰隆穴可引起血管收缩反应，配曲池对原发性高血压的治疗有显效，并可降低外周血管阻力。

9）解溪（图1-21）：能促进神经再生，促进受损伤神经功能的恢复。

10）公孙（图1-22）：针刺公孙穴对胃的蠕动、张力、排空，大小肠以及阑尾的运动机能均有明显的增强作用；对胃酸的分泌有抑制作用，对治疗消化道溃疡、幽门痉挛、胃内容物滞留有良好作用。

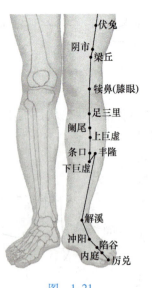

图 1-21

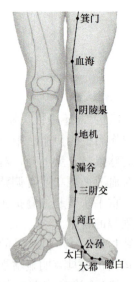

图 1-22

11）三阴交（图1-22）：为消化、生殖、泌尿系统、妇科疾患之常用要穴。三阴交配合谷、秩边，针刺后立即加强子宫收缩，且持续时间延长，对妇科疾病手术的镇痛作用十分显著；对于膀胱张力具有调节作用；治疗阵发性房心动过速、心房颤动以及室性早搏都有一定的疗效。

12）阴陵泉（图1-22）：下痢里急后重，推之针之，桴鼓相应，所苦顿解。

13）小海（图1-18）：可缓解结肠痉挛，对痉挛性结肠炎的治疗有良效。

14）神门（图1-23a）：治心脏病、精神病之要穴，可使心率减慢，刺后可使血压降低。

15）少泽（图1-23b）：电针少泽可使垂体后叶催产素的分泌增强。

16）后溪（图1-23c）：配申脉治疗癫痫白天发作者为佳。

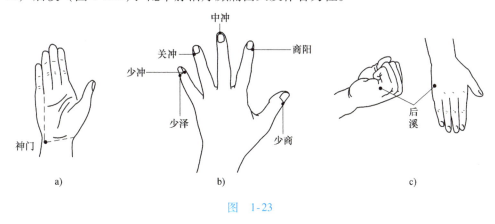

图 1-23

17）天宗（图1-24a）：对胆囊有收缩作用，针刺天宗、肩井、肾俞，对乳腺增生有很好的疗效，并提高免疫功能。

18）攒竹（图1-24b）：针刺攒竹可使心率减慢。

19）天柱（图1-24c）：可使头脑清醒、记忆力增强，针刺天柱，能解除支气管痉挛。

20）大杼（图1-24c）：针刺大杼、飞扬、足三里等留针7min，可使血钙增加1%，留针15min增加3%，继续留针，血钙不再发生变化。

21）风门（图1-24c）：常患感冒伤风之人，按之灸之，颇见功效。

22）肺俞（图1-24c）：针刺肺俞，能解除支气管痉挛，改善气道阻力，治疗支气管哮喘有良好的效果，可延缓动脉硬化。

23）心俞（图1-24c）：可使心率减慢，治疗心房颤动有良效。

24）肝俞（图1-24c）：血小板增加，针刺肝俞可使胆道压力降低，解除括约肌痉挛，对血糖有调节作用，针刺后低密度脂蛋白胆固醇明显下降。

25）脾俞（图1-24c）：针刺全血血细胞减少病人的脾俞，能使血小板增加；艾灸脾俞对放射治疗后白细胞数过低的癌症病人，可使白细胞迅速上升；针刺脾俞可降低胆道压力；解除括约肌的痉挛。

26）胃俞（图1-24c）：对消化道溃疡、胃幽门痉挛、胃内容物滞留等具有明显的治疗，针刺可增强胆囊的收缩作用。

27）三焦俞（图1-24c）：对肾与输尿管结石用三焦俞、肾俞、京门、天枢、气海为主穴，治疗后约半数患者能排出结石。

28）肾俞（图1-24c）：针刺肾俞，能显著抑制钠潴留，故有利尿作用。

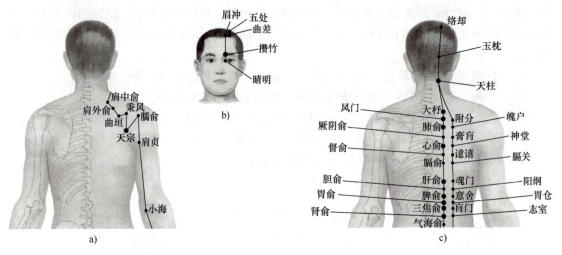

图 1-24

29）殷门（图1-25a）：针刺殷门、肺俞可缓解支管哮喘症，一般在3～45min获得缓解。

30）秩边（图1-25a）：可使孕妇子宫收缩增强，即时效果显著。

31）至阴（图1-25b）：矫正胎位有显著疗效。

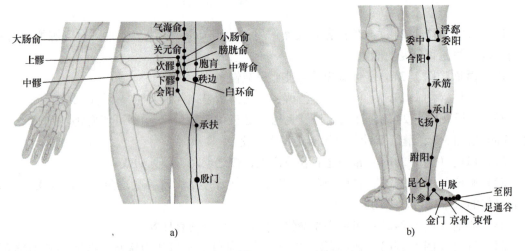

图 1-25

32）涌泉（图1-26a）：对失血性休克患者的呼吸与循环机能有兴奋作用，有很好的降血压作用。

33）照海（图1-26b）：能促进肾脏泌尿功能，日排尿量显著增多。

34）内关（图1-26c）：配公孙调理三焦平衡，增强胃肠功能，双向调节心率。

35）风池（图1-27a）：治风之要穴，有双向调整胃酸及胃蛋白酶的作用。

36）环跳（图1-27b）：针刺环跳，具有促进神经再生作用，可促进受损伤神经功能的恢复，可使胃酸及胃蛋白酶双向调节。

30

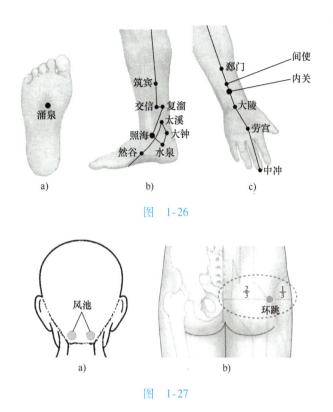

图 1-26

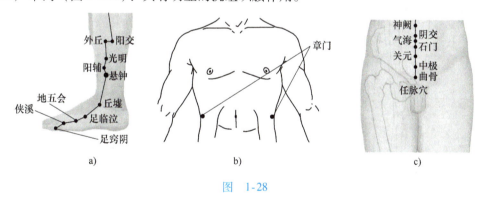

图 1-27

37）悬钟（图1-28a）：此穴与细胞生成有关，是嗜酸性粒细胞的敏感穴，对嗜酸性粒细胞有特异性。

38）章门（图1-28b）：具有明显的抗组织胺作用。

图 1-28

39）长强（图1-18）：补肾、健脾、通络、固锐。

40）大椎（图1-18）：针刺大椎可使体温下降，使细胞增加；艾灸或电针，能提高网状内皮系统的吞噬功能；针刺大椎可治心房颤动。

41）中极（图1-28c）：中极配关元、大赫有促进垂体-性腺功能的作用。中极配血海、大赫、三阴交，可兴奋下丘脑垂体系统，使黄体生成素增加。中极配颊车，对垂体、性腺功能能有一定影响。

42）鸠尾（图1-17）：针刺鸠尾，对血压有调节作用。

43）膻中（图 1-17）：膻中配内关、足三里治疗冠心病、心绞痛，有效率达 89.2%。

（二）身体穴道按摩与治病防病（图 1-29）

B1：打嗝、咳嗽、喉咙痛，B2：酸痛疲劳，B3：消化不良、减轻压力、头痛，B4：晕船、增进食欲，B5：舒缓焦虑，B6：失眠，B7：舒缓手腕酸痛，B8：膝盖酸痛、风湿痛，B9：胃不舒服，B10：舒缓膝盖问题、水肿，B11：眼睛疲劳、宿醉。

（三）脸部穴道按摩与治病防病（图 1-30）

F1：舒缓头痛、使眼睛明亮，F2：解决青春痘、粉刺问题，F3：减轻鼻塞、眼睛容易流泪症状，F4：舒缓抽筋、晕眩。

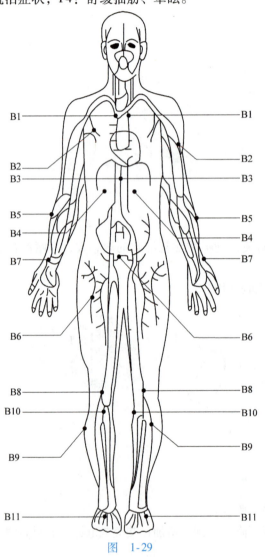

图 1-29

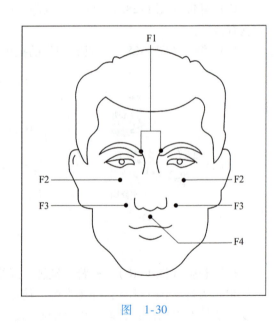

图 1-30

（四）手部按摩与治病防病（图 1-31）

D1：额窦，D2：耳，D3：肩部，D4：肝，D5：胆囊，D6：肾脏，D7：心脏，D8：眼睛，D9：头颈淋巴结，D10：大脑。

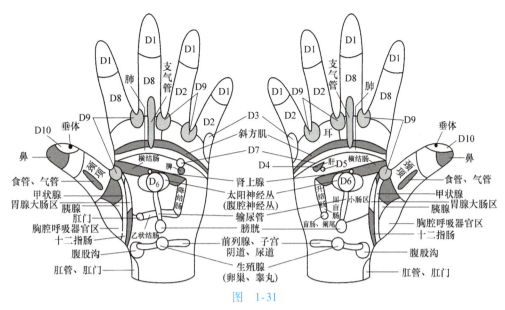

图 1-31

（五）脚底按摩与治病防病（图 1-32）

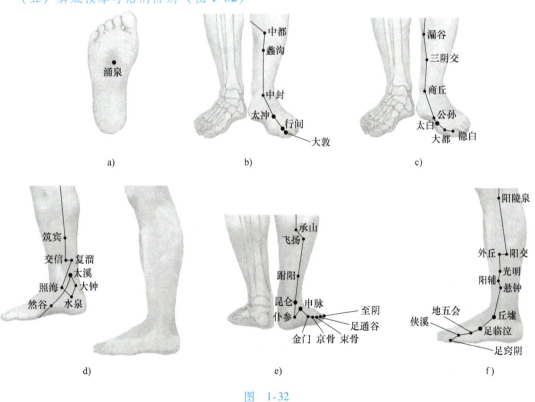

图 1-32

1. 涌泉穴取穴法（图 1-32a）

取穴时，可采用正坐或仰卧、跷足的姿势，人体涌泉穴位于足底部，在足前部凹陷处，第 2、3 趾趾缝纹头端与足跟连线的前 1/3 处。

主治疾病：神经衰弱、精力减退、倦怠感、妇女病、失眠、多眠症、高血压、晕眩、焦躁、糖尿病、过敏性鼻炎、更年期障碍、怕冷症、肾脏病等。

2. 大敦穴取穴法（图1-32b）

取穴时，可采用正坐或仰卧的姿势，大敦穴位于人体的足部，大脚趾（靠第2趾一侧）甲根边缘约2mm处。

主治疾病：目眩、腹痛、肌肋痛、冷感症。除此之外，大敦穴自古以来被视为镇静及恢复神智的要穴。此穴位为人体足厥阴肝经上的主要穴道之一。

3. 太冲穴取穴法（图1-32b）

取穴时，可采用正坐或仰卧的姿势，太冲穴位于足背侧，第1、2趾跖骨连接部位中。以手指沿大脚趾、次趾夹缝向上移压，压至能感觉到动脉映手，即是此穴。

主治疾病：肝脏病、牙痛、眼病、消化系统疾病、呼吸系统疾病、生殖系统疾病。此穴位为人体足厥阴肝经上的重要穴道之一。

4. 太白穴取穴法（图1-32c）

取此穴位时，可采用仰卧或正坐，平放足底的姿势，太白穴位于足内侧缘、第1跖骨小头后下方凹陷处。

主治疾病：胃痛、腹胀、吐泻、痢疾等。此穴位为人体足太阴脾经上的重要穴位之一。

5. 太溪穴取穴法（图1-32d）

取穴时，可采用正坐，平放足底或仰卧的姿势，太溪穴位于足内侧，内踝后方与脚跟骨筋腱之间的凹陷处。

主治疾病：肾脏病、牙痛、喉咙肿痛、气喘、支气管炎、手脚冰凉、女性生理不顺、关节炎、精力不济、手脚无力、风湿痛等。此穴位为人体足少阴肾经上的主要穴道之一。

6. 申脉穴取穴法（图1-32e）

取此穴位时，可采用仰卧或正坐的姿势，申脉穴位于人体的足外侧部位，脚外踝中央下端1cm凹处。

主治疾病：增进耐性，治疗怕冷症（怯寒症）等。此穴位为人体足太阳膀胱经上的重要穴位之一。

7. 丘墟穴取穴法（图1-32f）

取穴时，可采用仰卧的姿势，丘墟穴位于足外踝的前下方，趾长伸肌腱的外侧凹陷处。

主治症状：此穴为人体足少阳胆经上的主要穴位，可以使头脑清晰，能使自己情绪稳定，能承受心理压力等。

8. 昆仑穴取穴法（图1-32e）

昆仑穴位于人体的脚踝外侧，在外踝顶点与脚跟相连线的中央点（或足外踝后方，当外踝尖与跟腱之间的凹陷处）。

主治疾病：头痛、腰痛、高血压、眼疾、怕冷症、腹气上逆、肠结石、下痢等。此穴位为人体足太阳膀胱经上的主要穴道之一。

9. 足临泣取穴法（图1-32f）

取穴时，可采用仰卧的姿势，足临泣穴位于足背外侧，第4趾、小趾跖骨夹缝中。

主治症状：胆经头痛、腰痛、肌肉痉挛、眼疾、胆囊炎、中风、神经官能症等。此穴位为人体足少阳胆经上的主要穴道之一。

10. 行间穴取穴法（图1-32b）

取穴时，可采用正坐或仰卧的姿势，行间穴位于人体的足背侧，大脚趾、第2趾合缝后方赤白肉分界处凹陷中，稍微靠大脚趾边缘。

主治疾病：宿醉不适、眼部疾病、腿抽筋、夜尿症、肝脏疾病、腹气上逆、肋间神经痛、月经过多、黏膜炎等。此穴位为人体足厥阴肝经上的主要穴道之一。

11. 里内庭穴取穴法（图1-33a）

取穴时，可采用正坐或仰卧、跷足的姿势，此穴位于脚底部，在第2趾根部，脚趾弯曲时趾尖碰到处，第2趾趾根下约3cm处。

主治疾病：食物中毒、荨麻疹等。

12. 下痢穴取穴法（图1-33b）

取此穴位时，可采用正坐或仰卧、跷足的姿势，此穴位于足背部位，大脚趾和第2趾中间向里2cm处。

主治疾病：指压此穴，对于治疗下痢非常有效。

13. 高血压点取穴法（图1-33c）

此穴位于脚的大脚趾趾根上，有粗的横纹，在其中央是称为"高血压点"的穴位。
主治疾病：指压此穴位，对于治疗高血压很有疗效。

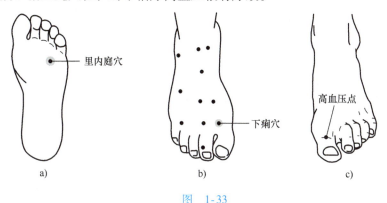

图 1-33

14. 第二厉兑取穴法（图1-34）

取穴时，可采用正坐或仰卧的姿势，第二厉兑位于人体的足部，第2趾甲根、边缘中央下方的2mm处。

主治疾病：呃逆、呕吐、食欲缺乏等。

15. 第三厉兑取穴法

第三厉兑位于人体的足部，第3趾甲根边缘下方约2mm处，稍微靠第2趾。

主治疾病：指压此穴位，对于治疗胃灼热、嗳气很有效果。

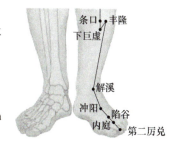

图 1-34

二、保健按摩八段锦

锦是用不同颜色的丝织成的丝织品。古人把他们创造的保健动作比作美观悦目、五颜六色的锦，又因保健动作有八段，所以称之为八段锦，含有动作简练而效用显著之意。八段锦历史悠久，保健按摩八段锦其特点是以按摩动作为主。

(一) 基本要求
1. 姿势
保健按摩八段锦可以坐在床上做，也可以坐在椅子上做，还可以卧着做，可以因时因地因人制宜。坐或卧要根据个人健康情况而定，不可勉强，否则会引起感冒等疾病，对身体反而不利。卧着做时，头部功要仰卧抬着头做，搓脚心要穿好衣服坐起来做，搓腰眼则可侧卧轮流用一只手搓。

2. 意念
坐好或仰卧好以后，排除杂念，耳不旁听，目不远视，心静神凝，意守肚脐，即只想着肚脐那个地方，别的一概不想。肚脐位于腹中部，而腹部是脏腑杂聚之所，因此意守此处，作用甚大。

3. 呼吸
姿势和意念调整好之后，即可进行几次深长呼吸。呼吸是用自然的腹式呼吸方法进行的。

腹式呼吸主要有两种：一种是吸气时腹部凹下，同时胸部外鼓，这叫作逆式腹呼吸；另一种是吸气时腹部凸出，同时胸部内缩，呼气时则腹部内收，这叫作自然的腹式呼吸。这两种腹式呼吸都可用，但开始时最好用自然的腹式呼吸，因为逆式腹呼吸比较激烈。身体好的人愿意两种混合着用也是可以的（每次练功时先用逆式腹呼吸，后用自然腹呼吸，或这次用自然腹呼吸，下次用逆式腹呼吸均可）。

呼吸时用鼻吸气，同时舌舔上颚；用口呼气，同时舌放下。如此呼吸八九次（一呼一吸为1次，以下同此）。呼吸时，要逐渐做到悠缓细匀、绵静细长，以舒适自然、轻松愉快为度。初练此功时，可以先呼吸3~5次，然后量力逐渐增加次数。如愿多练，还可以每天增加3次，逐渐增加到每次练功呼吸八十几次。但在增加次数时，必须根据个人身体健康情况，循序渐进；特别是体弱和多病的人，更应慎重，否则由于呼吸时膈肌上下激烈起伏运动，可能伤及内脏。

呼吸时，要求室内空气新鲜。如果室内空气不新鲜（如冬季来不及换气），则可以暂不做深呼吸，而直接做八段锦动作。做完动作，穿衣起床后，可到空气新鲜的地方补做。

深长呼吸做完以后，在做床上八段锦或床下六段功时，呼吸始终要保持自然，不必用意指挥。

(二) 基本动作
1. 第一段：干沐浴
此段功为便于掌握又分为八小段。这段功有促进血液循环、畅通经络的功效，能灵活四肢关节，助长肠胃蠕动。做完这段功之后，全身感觉舒适，精神爽快，能收到较显著的效果。

1）浴手——两手合掌搓热，左手紧握住右手背用力摩擦一下，接着右手紧握住左手背摩擦一下，相互共摩擦十几次（一左一右为1次）。根据中医经络学说，手三阳经是从手走向头，手三阴经是从胸走向手。手是手三阳经和手三阴经的起止点，所以干沐浴先从手做起。摩擦手，能使手上气血调和，十指灵敏，有助于经络畅通，便于以后做功。

2）浴臂——右手掌紧按左手腕里面，然后用力沿臂内侧向上擦到肩膀，由臂外侧向下擦到左手背。如此往复共擦十几次，然后用左手如上法擦右臂十几次（一往一复是1次）。

臂部有3个重要关节，是经络的要道，故稍有不适，就会影响全身活动。浴臂功能促使关节灵活，防止关节发炎，并能通经活络，防止膀臂酸痛。

患寒臂痛者，可加做此功，次数可增加到几十次，甚至几百次，疗效比较显著。但因发炎而臂部热肿痛者，不可做此功。

3）浴头——两手掌心按住前额，稍用力向下擦到下颌，再翻向头后两耳上，轻轻擦过头顶，还到前额，这是1次，共擦十几次；接着，用十指指肚或指甲均匀地轻揉整个头部的发根10～20次。然后用两拇指由太阳穴附近向头上部捋，捋至头顶后，即5指靠拢向下捋，捋到项部，算做1次。这样捋十几次，有助于降低血压。如血压过高，可加捋30～70次左右。

头为一身之主宰，依中医理论来说，是诸阳所会，百脉所通，因此要特别注意加以养护。浴头功，可以促进诸阳上升，百脉调和，气血不衰，故久做浴头功的人至老面色仍红润，不生皱纹。

毛发的毛囊和血管末梢相连接，轻轻揉发能改善头部末梢血液循环，既能疏散血液过多的充血现象，有助于防止脑出血，又能引血上行，克服脑贫血等症。又由于揉发能直接活跃其生理机能，所以常揉发还有可能使发落重生。

4）浴眼——两手轻握拳，两拇指弯曲，用拇指背分擦两上眼皮各十几次；然后用两手拇指分按两侧太阳穴旋转揉动10次，再向相反方向揉动10次；最后，用右手拇指和食指捏住两眉头中间部位，揪十几次。与此同时，用左手从后头发际向下捋到项部十几次。换手同上动作十几次。

按中医理论，眼的功能同五脏有关，所以有肾病的人，其瞳子多昏暗。浴眼可使眼部气血畅通，肌肉保持丰满。此外，对预防近视和远视也有一定的作用。

太阳穴附近毛细血管非常多，揉动此处可以通经活络，抵抗风寒侵袭，揉后使人感到特别舒适，有助于治疗头痛、头昏。揪两眼中间部位，可使眼内虚火外泄，有助于防止眼疾。

5）浴鼻——两手拇指微屈，其他4指轻握拳，用拇指背沿鼻梁骨两侧上下往返用力各擦10次（上擦到眼下部，下擦到鼻孔侧），冬天或天气骤冷时可增到三十几次。擦鼻时，两手可以一同向上或向下擦，也可以一手向下，另一手向上交叉起来擦。一上一下为1次。擦鼻两侧，可使鼻腔血液畅通，温度保持正常，从而可使吸进的空气变温，使肺脏减轻冷空气的刺激，有助于免除咳嗽，防止感冒。

6）浴胸——先用右手掌按在右乳部上方，手指向下，用力推到左大腿根处；然后再用左手从左乳部上方同样用力推到右大腿根处，如此左右手交叉进行，各推十几次。

此功卧着做时，可先把右手按在左乳部，手指向上，用力擦到右大腿根部；然后把左手按在右乳部，手指向上，用力擦到左大腿根部。一左一右为1次，可连续擦十几次。

7）浴腿——两手先紧抱一侧大腿根。用力向下擦到足踝，然后擦回大腿根。如此上下来回擦十几次（一上一下为1次）。两腿擦法相同。对这种擦法如感觉不便，也可大腿小腿分开来擦。

腿是负担上体的骨干，有3个关节，是足三阳经和足三阴经的经络要路。因此，浴腿功可使关节灵活，腿肌增强，有助于防止腿疾，增强步行能力。

8）浴膝——两手掌心紧按两膝，先齐向外旋转十几次，后齐向内旋转十几次，膝关节在人体活动时承受重量最大，而且多横纹肌和软骨韧带组织，血管的分布较少，故最恶湿怕寒，也容易发生劳损。如能经常浴膝，则可增高膝部温度，驱逐风寒，灵活筋骨，从而增强膝部功能，有助于防止关节炎等难治之症。

2. 第二段：鸣天鼓

两手掌心紧按两耳孔，两手中间3指轻击后头枕骨（小脑部）十几次。然后，掌心掩按耳孔，手指紧按后头枕骨部不动，再骤然抬离，这样连续开闭放响几十次。最后，两中指或食指插入耳孔内转动3次，再骤然拔开，这算做1次，这样共进行3～5次。后头枕骨内是十二经络的诸阳经聚会之所，又是小脑所在部位，故轻击可清醒头脑，增强记忆，特别是在早起或疲劳之后，效果更为明显。

两耳内有前庭等神经装置直通大脑，故通过开闭使两耳鼓膜震荡，可以加强听觉，预防耳疾。

3. 第三段：旋眼睛

端坐凝神，头正腰直，两眼向左旋转5～6次；然后向前注视片刻，再向右旋转5～6次，前视片刻。

4. 第四段：叩齿

先心静神凝，口轻闭，然后上下牙齿互相轻轻叩击三十几次。

牙齿不仅是骨的末梢，同筋骨有直接关系，而且同胃、肠、脾、肾、肝等内脏活动也有密切联系。因此，经常行此功，可以增强牙齿，促进消化系统的机能。

5. 第五段：鼓漱

闭口咬牙，口内如含物，用两腮和舌做漱口动作，漱三十几次。漱口时，口内多生津液（唾液），等津液满口时再分3口慢慢下咽。初练时可能津液不多，久练自增。此功主要是为了使口内多生津液，以助消化。生理学研究早已证明，唾液有解毒免疫和帮助消化的功能。

6. 第六段：搓腰眼

两手对搓发热后，紧按腰眼，用力向下搓到尾闾部分，然后再搓回到两臂后屈尽处，这是1次；共用力搓三十几次。

腰眼位居带脉（即环绕腰部的经脉）之中，也是肾脏所在部位，最喜暖恶寒。用掌搓腰之后，势必发热，这样就不仅温暖了腰眼，而且可以增强肾脏机能，疏通带脉，久练到老，腰直不弯，并且可防腰痛。

7. 第七段：揉腹

如果肠胃不适或有慢性肠胃病，可做揉腹功。男子揉腹功的做法是：左手叉腰或放在左大腿根（仰卧做时手的位置不限），右手从心口窝左下方揉起，经过脐下小腹向右擦揉，仍还原处为1次，共揉三十几次。然后右手叉腰或放在右大腿根，左手再揉擦三十几次，揉法同上，只方向相反。揉腹用力要轻。由于此功费时，无肠胃病者，也可不做，也可只揉擦5～6次。

肠管的蠕动方向是一定的，是由上向下蠕动的；但肠管在腹腔内的存在状态是盘旋的，是不定向的，所以揉腹可以左右各揉三十几次。揉腹功长期坚持，不仅能增强肠胃消化功能，而且有助于医治各种肠胃病。之所以如此，是因为擦胸和揉腹时，内脏和膈肌受到外界压力，遂起伏升降，引起肠胃蠕动加大，各器官系统活动加强，新陈代谢功能旺盛，从而使脏腑机能增强，逐渐消除病灶，自然能达到痊愈的目的。

由于妇女的生理特点，女性与男性做法不同。手掌搓热，左手叉腰（拇指在前，4指在后），右手掌心由心口窝处，向左下方旋转，旋转1周为1次，可揉转几十次。然后右手叉腰，左手掌心自肚脐处，向右下方旋转，经过小腹（耻骨边缘）回到原处为1次，也揉转几十次。左右手揉转的部位不同：右手揉转于肚脐上方和心口窝下方之间，方向是向左下方开始转起，而左手则揉转于肚脐下方和小腹一带，方向是向右下方开始转起。女性久练此功，可以增强脏腑，帮助消化，调经聚气。

8. 第八段：搓脚心

两手搓热，然后搓两脚心八十多次。脚心属于足少阴肾经，此经起于脚心，止于胸上部，是浊气下降的地方，所以搓此处可导引肾脏虚火及上身浊气下降，并能疏肝明目。洗脚后顺便搓脚心，效果尤佳。

思考与练习

1. 学习和掌握保健与按摩知识与技能，对海员长期在海上航行有何重要作用？
2. 怎样才能掌握按摩手法与按摩技巧？如何在实践中运用按摩来预防和治疗疾病？

子模块4 晕船及其预防与治疗

学习与训练目标

1. 了解晕船的简单病理知识与预防手段及治疗。
2. 掌握海员抗晕船训练的方法与手段。

学习情境

有一个描述晕船滋味的顺口溜很贴切：一身冷汗，两眼发花，三餐不进，四肢无力，五脏翻腾，六神无主，七上八下，久久不止，十分难受。

从这段顺口溜就能看出，晕船是非常难受的。作为未来的海员，晕船是将来必须面对的事实。那么，我们怎样才能预防和防止晕船呢？这就是本子模块所要面对的问题。

任务1 了解晕船知识

晕船是由于脑部在各种环境中收到来自外部错误的信息所致。为了使身体保持平衡，感觉器官不断收集外界的信息后，传送到内耳，内耳组织这些信息并将其输送到大脑。平衡系统发现内耳所接收到的信息与眼睛所接收到的信息有出入时，便会发生晕船。

一、晕船的病理概述和原因

1. 晕船的病理

晕船是指乘船时，人体内耳前庭平衡感受器官受到过度运动刺激，前庭器官产生过量生物电，影响神经中枢而出现的冷汗、恶心、呕吐、头晕等症状群。人的内耳前庭和半规管十分敏感，在乘船时，受直线变速运动、颠簸、摆动或旋转运动的影响，内耳迷路受到机械性刺激，出现前庭功能紊乱，从而导致晕船。它的主要表现是突然发生头晕、恶心、呕吐、面色苍白、出冷汗、精神抑郁、脉搏过缓或过速，严重者可使血压下降、虚脱。这种眩晕属于周围性眩晕之一。

2. 原因

内耳前庭是人体平衡感受器官，它包括三对半规管和前庭的椭圆囊和球囊，半规管内有壶腹嵴，椭圆囊、球囊内有耳石器（又称囊斑），它们都是前庭末梢感受器，可感受各种特定运动状态的刺激。半规管感受角加速度，而椭圆囊、球囊的囊斑感受水平或垂直的直线加速度。当船舶发生旋转或转弯时，角加速度作用于两侧内耳相应的半规管，当一侧半规管壶腹内毛细胞受刺激弯曲形变产生正电位的同时，对侧毛细胞则弯曲形变产生相应的负电位，这些神经末梢的兴奋或抑制性电信号通过神经传向前庭中枢并感知此运动状态。同样，当乘坐其他交通工具发生晃动、颠簸、急刹车时，这些刺激使椭圆囊和球囊的囊斑毛细胞产生形变放电，向中枢神经传递并感知。这些前庭电信号的产生、传递在一定限度和时间内人们不会产生不良反应，但每个人对这些刺激强度和时间的耐受性有一个限度，这个限度就是阈值，如果刺激超过了这个限度就会出现晕船症状。每个人耐受性差别很大，这除了与遗传因素有关外，还受视觉、个体体质、精神状态以及客观环境（如空气异味）等因素影响，所以在相同的客观条件下，只有部分人出现晕船症状。

二、晕船发病率与症状

1. 晕船的发病率

晕船的发病率主要受海洋环境、船舶类型、工作性质及海员自身防晕能力的影响。如在航行初期（三个月至半年内），中等以上的风浪条件下，海员晕船的发病率较高，达到80%以上；半年之后逐渐适应，发病率一般还有30%~40%；随着航行时间的增长，晕船发病率也逐渐下降。同一船舶上，船舱内人员比舱面人员晕船的发病率要高。晕船情况还根据船舶吨位大小、减振性能情况有所区别，相对而言，吨位较大、减振性能好的船舶晕船发病率要低。此外，海员晕船的发病率还受到一些其他因素的影响，如视觉刺激，航行时观看外部景色，由于视觉不断变更容易引起眩晕；身体疲劳、心情郁闷和身体素质下降等情况下也容易发生晕船等。

2. 晕船的症状

根据晕船的轻重表现可分为轻度、中度、重度。轻度晕船者主要以恶心、呕吐等胃肠不适症状为标志，常伴有疲乏、眩晕和嗜睡等感觉。中度晕船者不仅有胃肠不适等症状，呕吐可能反复出现，部分人还伴有视物模糊、前额剧痛等症状。重度晕船者上述症状程度加剧，会连续出现呕吐，还可能导致失水和体内电解质紊乱，有的会出现少尿或血液酮体、pH值及碱储备增高等变化。轻度晕船者可以进行船上作业，但不能集中注意力，操作的准确性与效率将大大下降；中度晕船者，短时间内会丧失劳动作业能力；重度晕船者由于体力消耗较大，需经过几天甚至一段时间才能完全恢复，这期间不能进行正常的海上作业，有的甚至无法进行海上航行。

任务2　晕船的预防与治疗

一、减少诱发因素

远航时，海员应注意减少晕船的诱发因素，这可以有效地延缓晕船的发生和减轻晕船的症状。减少晕船诱发因素主要有以下几个方面。

1. 改善工作环境

采取有效的措施降低船舶的机械噪声和振动；保持通风，使船舱内空气流畅清新；保持适宜的温、湿度。

2. 消除各种不良的心理因素

海员应注意消除各种不良的心理因素，如郁闷、悲伤、害怕和焦虑等，积极地调整身心状态，保持身心愉快，避免过度疲劳等。

3. 调整饮食结构、合理膳食

调整饮食结构，以清淡、容易消化的食物为主，如稀饭、面包、各种蔬菜及新鲜水果等，合理搭配膳食食谱，还要避免过饱或过饥状态发生。

4. 在风浪情况下，少动多休息

遇到远航风浪较大时，尽量避免舱面上活动，减少运动量，注意休息以免消耗身体过多能量，即使值班，也要尽量避免观看窗外活动物体。

二、药物防治

航行前配备一些常用晕船药，如抗胆碱药、抗组胺药、复合制剂等。在使用晕船药物时，要注意服药的时机。因为晕船药主要是用来预防晕船，一旦开始出现恶心、呕吐，口服药物就失去作用了。因此，对于晕船的海员，应该在进入风浪区前 1～2h 内服用防晕和抗晕药物。特别注意的是，有些药物（如抗胆碱药、抗组胺药）不适合值班海员服用，主要是因为这些药物有视物模糊、口干、嗜睡、注意力不集中等副作用。所以，晕船海员要掌握服药的时机和结合实际情况选用晕船药。

三、运动锻炼与适应

1. 运动锻炼

为了更好地减少晕船发病率，进行提高前庭器官稳定性和平衡性的运动锻炼，有助于上船后晕船概率下降，提高抗晕能力。

现在大多数航海类院校，都有抗晕训练设施设备和器材。我们利用这些抗晕设施设备和器材进行锻炼时，分为两种。一种是头部快速运动的体操、体位变化较大的体操、武术、轮滑、划船、跳水以及田径运动中的铁饼、链球等运动项目的主动性锻炼；另一种是利用运动器械进行刺激前庭器官稳定性和平衡性的被动性锻炼，如秋千、滚轮（伏虎）、浪木、抗晕转椅和离心机等器械运动。经常坚持训练，可以使我们的前庭器官稳定性和平衡性得到加强，适应性也会随之提高，这样会为今后从事海上生活和工作带来极大的好处，抗晕船的能力将会大大提高。

2. 适应

作为未来从事航海事业的航海类院校学生，先在陆地上锻炼抗晕船能力是我们必修的一门课程，不仅要学好其理论知识，而且要长期实践锻炼才能真正达到其目的。为此，本书将抗晕船训练作为航海专项身体素质训练子模块单列，以便我们今后更好地适应海上颠簸、震荡、风浪及恶劣的生活工作环境。

思考与练习

了解晕船知识，为我们今后训练抗晕船专项体能有哪些帮助？

子模块 5　急 救 知 识

学习与训练目标

1. 了解急救目的与急救原则。
2. 学习如何判断病情。
3. 训练和掌握急救技术。

学习情境

当船舶在远航途中遇到意外情况，有人遇到损伤或患急症，船舶上没有医生，离岸又很远甚至是在广阔的大海上航行。此时，若不采取正确的措施进行急救，等到靠岸再施救，那么，遇险人员或许早就无法承受痛苦，或因流血过多等其他原因无法支撑，可能就此遇难。因此，掌握正确的急救技术在关键时刻不但可以自救，而且能对同伴施救。能正确运用急救措施，或许在关键时刻就是挽救一个人的生命。所以，航海中的现场急救技术是每个海员都必须学习和掌握的一门应用技术。

任务 1　了解和掌握急救知识

不管是在陆地还是海上，在体育锻炼或日常生活、工作中，难免会遇到损伤或急症。急救措施的正确与否，直接影响以后的治疗效果。因此，学习和掌握急救知识是十分必要的。

一、急救的目的和原则

当突发性疾病和意外伤害发生时，原则上在接受专业医师治疗之前，一定要依照正确的医学原理，采用准确的医疗方法，给予伤者适当的应急处置，才能达到赢得时间，减少伤残，挽救生命的目的。这就是现场急救。在施救的过程中要遵循以下原则。

测验：急救的目的和原则

1. 先抢后救

在一般情况下，伤员不要轻易搬动，但如有重物压在身上需立即搬开。在有火险、毒气等情况下，要先让伤病员脱离险情，再实施急救，以保证伤病员和急救人员的安全。

2. 先急后缓

这是指出现伤病员时，若有的伤病员有危及生命的体征，如大出血、开放性气胸、休克现象等，要先实施抢救。有呼吸或心跳停止要立即开始实施心肺复苏。

3. 先重后轻

这是指在处理好急症伤病员后，对有肠突出、脑膨出、开放性骨折等症状的也要给予及时的救护。

总之，救护就是争取时间创造条件，挽救和延续伤病员的生命，同时做到改善病情，减少伤员及患病者的痛苦，以及防止病情恶化，预防并发症和后遗症的发生，减少伤残。要求做到快速、准确、有效地实施救护，所以在现场救护过程中，一定要争分夺秒。

急救人员的态度要和蔼可亲，语言要亲切、婉转，切忌粗暴，要有高度的责任感。切不可惊慌失措和顾此失彼，即使遇有危急情况，也要保持镇静，要进行敏捷而有条不紊的抢救工作。急救的技术要力求熟练。经急救处理后，应陪伴伤员送至医院，并向医生介绍伤员的发病情况及抢救经过。

二、病情的观察判断

在意外伤害的事故现场，作为参与救护的人员不要被当时混乱的场面和危急的情况所干扰。要沉着镇静地观察伤者的病情，在短时间内做出伤情判断，本着先抢救生命后减少伤残的急救原则对伤者的生命体征进行观察判断。如果盲目处理，不但对伤者无济于事，而且往往贻误时机，后患无穷。人的生命体征包括意识、呼吸、脉搏、瞳孔等，其具体检查顺序如下。

1. 意识

意识是否清醒是指伤员对外界的刺激是否有反应。如伤员对问话、推动等外界刺激毫无反应称为神志不清或消失，预示着病情严重。如伤员意识清醒应尽量记下伤员的姓名、受伤时间和经过等情况。

2. 呼吸

正常呼吸是通过神经中枢调节的规律运动。正常人每分钟呼吸 15～20 次。观察病人胸口的起伏，可了解有无呼吸。病情危重时出现鼻翼翕动，口唇发绀，张口呼吸困难的表现，并有呼吸频率、深度、节律的异常，甚至时有时无。此时可用一薄纸片或棉花丝放在鼻孔前，观察其是否随呼吸来回摆动判断呼吸是否停止，并根据具体情况判断呼吸停止的主要原因。

3. 脉搏

动脉血管随着心脏节律性的收缩和舒张而相应地出现扩张和回缩的搏动。手腕部的桡动脉、颈部的颈动脉、大腿根部的股动脉是最容易触摸到脉搏跳动的地方。正常成年人心率为 60～100 次/min，大多数为 60～80 次/min，女性稍快。一般以手指触摸脉搏即可知道心跳次数。对于危重病人无法摸清脉搏时，可将耳紧贴伤员左胸壁听心跳。

4. 瞳孔

正常人两眼的瞳孔等大等圆，在光照下迅速缩小。对于有颅脑损伤或病情危重的伤员，两侧瞳孔可呈现一大一小或散大的状态，并对光线刺激无反应或反应迟钝。

经过上述检查后，基本可以判断伤员是否有生命危险，如有危险则立即进行心、脑、肺的复苏抢救。如无危险则对伤员进行包扎、止血、固定等治疗。

任务 2　常用急救技术训练

一、出血的急救

血液是在血管内循环流动着的液体，呈红色，带有黏性。健康成人每公斤体重平均约有血液 75mL，总血量可达 4000～5000mL。若急性大量出血达全身血量的 20%，即可出现乏力、头晕、口渴、面色苍白等一系列急性贫血的症状；出血量超过全身血量的 30% 时，将会危及生命。因此，对一切有外出血的伤员，尤其是大动脉出血，都必须在急救的早期立即止血。

测试：出血的急救

（一）出血的分类

血液从损伤的血管外流称为出血。

按出血的部位不同，分为 2 种：

1）外出血：指外伤后血液从皮肤创口处向体外流出。

2）内出血：指外伤后血液从损伤的血管内流出后向皮下组织、肌肉、体腔（包括颅腔、胸腔、腹腔和关节腔）及胃肠和呼吸器官内注入。内出血较外出血性质严重，因其初期不易被察觉而被忽略。

按出血的性质，可分为 3 种：

1）动脉出血：血色鲜红，血液自伤口的近心端呈喷射状流出，危险性较大，常因失血过多而出现急性贫血，以至血压下降、呼吸、心跳中枢麻痹而引起心跳、呼吸的停止。

2）静脉出血：血色暗红，血液自伤口的远心端缓慢地流出，危险性较小，但时间过久，也有生命危险。

3）毛细血管出血：血色介于动脉血和静脉血之间，血液在创面上呈点状渗出，逐渐融合成片，最后渗满整个伤口。常可自行停止出血，危险性不大。

（二）止血的方法

在急救中，外出血的止血方法常用绷带加压包扎法、指压法和止血带法 3 种。

1．绷带加压包扎法

用数层无菌敷料覆盖创口后，用绷带加压包扎，通过压住创伤部位的血管而达到止血的效果。这种方法适用于小动脉、小静脉及毛细血管出血的止血。

2．指压法

在动脉行走中最容易压住的部位称为压迫点。指压法的要领是在出血部位的上方，在相应的压迫点上用拇指或其余四指把该动脉管压迫在邻近的骨面上，以阻断血液的来源而达到止血的效果，这是动脉出血时最迅速的一种临时止血法，所加压力必须坚持到可以结扎血管或用止血钳夹住血管时为止。常用的压迫止血点及操作方法如下。

（1）颞浅动脉指压止血法　一手扶着伤员的头并将其固定，用另一手的拇指指腹在耳屏前上方一指宽处摸到搏动后，将该血管压迫在颞骨上。它适用于同侧头前额部或颞部出血的止血（图 1-35）。

（2）颌外动脉指压止血法　在下颌角前 1.5cm 处摸到搏动后，用拇指指腹将该动脉压迫在下颌骨上，适用于同侧面部出血的止血（图 1-36）。

（3）锁骨下动脉指压止血法　将伤员的头转向健侧，在锁骨上窝内 1/3 处摸到搏动后，用拇指指腹将该动脉压迫在第一肋骨上。它适用于肩部及上臂出血的止血（图 1-37）。

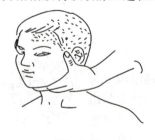

图 1-35

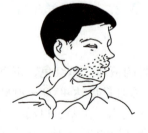

图 1-36

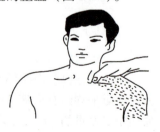

图 1-37

（4）肱动脉指压止血法　将伤臂稍外展外旋。在肱二头肌内缘中点摸到搏动后，用拇指或食、中、无名三指指腹将该动脉压迫在肱骨上。它适用于前臂和手部出血的止血（图1-38）。

（5）股动脉指压止血法　伤员仰卧，患侧大腿稍外展、外旋，在腹股沟中点稍下方摸到搏动后，用两手拇指重叠（或用掌根），压迫该动脉于耻骨上支。它适用于大腿、小腿出血的止血（图1-39）。

（6）胫前、胫后动脉指压止血法　在踝关节背侧，于胫骨远端将胫前动脉压迫在胫骨上；在内踝的后方，将胫后动脉压迫在胫骨上。它适用于足部出血的止血（图1-40）。

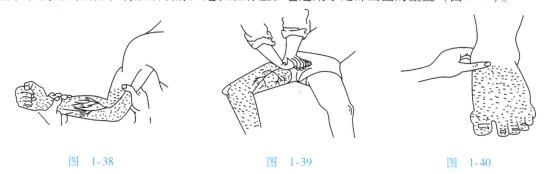

图　1-38　　　　　　　　　图　1-39　　　　　　　　　图　1-40

3. 止血带法

用特制的止血带或橡胶管、毛巾、宽布条等代用品，缚扎在伤口的近心端，对动脉的压力不应少于26.7kPa（200mmHg）。上肢出血时缚扎在上臂，但不要缚扎在上臂中1/3处；下肢出血时缚扎在大腿并尽可能靠近伤口的近心端，以压迫动脉，阻断血源而达到止血的效果。但该方法的缺点甚多，被缚扎处以下的肢体血液循环完全中断，容易引起肢体坏死；若缚扎的松紧度不当，有时反而增加出血。因此，除在四肢大动脉出血的紧急情况下，一般不应轻易使用。缚扎止血带时，首先要将患肢抬高，在肢体上面用软布加垫后再扎止血带。缚扎止血带后，肢端应呈蜡白色。扎上止血带后，上肢每隔半小时、下肢每隔一小时分别放松一次，以免发生肢体坏死。

二、急救包扎的方法

（一）包扎的作用

经过包扎，可以固定敷料或夹板，限制受伤肢体的活动，避免加重伤害；保护创口，避免或减少感染；支持伤肢，使之保持舒适的位置，减轻伤员疼痛；压迫止血，防止或减轻伤部肿胀。

（二）包扎的注意事项

包扎时，动作应力求熟练、柔和，不要碰到伤口，以免加剧疼痛或加重损伤。包扎的松紧度应适宜，过紧妨碍血液循环，过松则失去包扎的作用。绷带包扎应从伤处的远端开始，包扎完毕时，绷带末端要用胶布固定或将绷带末端留下一段，纵向剪开，缚结固定，但不要在伤口处缚结。

（三）包扎的方法

包扎方法有绷带包扎法、三角巾包扎法和前臂悬挂法。

1. 绷带包扎法

绷带包扎的方法较多，要根据包扎部位的形态特点，采用不同的包扎方法。

（1）环形包扎法　用于包扎肢体粗细均匀的部位，如额部、手腕和小腿下部等，也常是其他包扎法的开始或结束。包扎时，先张开绷卷带，把带头斜放于伤肢上，并用左拇指压住，将卷带绕肢体包扎1圈后，再将带头的一个小角反折，然后继续绕圈包扎；第2圈盖住第1圈，包扎3～4圈即可（图1-41）。

（2）螺旋形包扎法　适用于包扎肢体粗细相差不多的部位，如上臂、大腿的下部等。包扎时先作2～3圈环形包扎后，将绷带向上斜形缠绕，每圈都盖住前一圈的1/2～1/3（图1-42）。

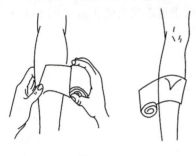
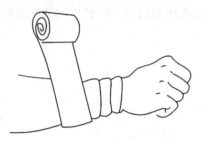

图　1-41　　　　　　　　　　　　　图　1-42

（3）反折螺旋形包扎法　适用于包扎肢体粗细相差较大的部位，如前臂、小腿、大腿等处。包扎时先做2～3圈环形包扎后，用左拇指压住绷带上缘向下反折，向后绕并拉紧绷带。每圈反折1次，后1圈压住前1圈的1/2～1/3，每圈的反折处不要在伤口处或骨突上（图1-43）。

（4）"8"字形包扎法　常用于包扎肘、膝等关节处。方法有二，一是先在关节处做环形包扎数圈后，将绷带斜形环绕，1圈在关节上方缠绕，1圈在关节下方缠绕，两圈在关节凹面相交。反复进行，逐渐离开关节。每圈压住前1圈的

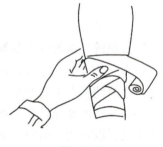

图　1-43

1/2～1/3，最后在关节的上方或下方做环形包扎结束。二是先在关节下方做环形包扎数圈，然后将绷带由下而上、由上而下地来回做"8"字形缠绕，使相交处逐渐靠拢关节，最后做环行包扎结束（图1-44）。

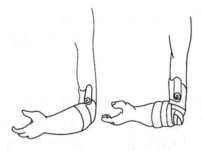
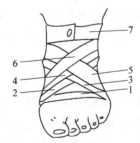

"8"字形包扎法之一　　　　　"8"字形包扎法之二

图　1-44

2. 三角巾包扎法

三角巾应用方便，适用于全身各部位的包扎，这里只介绍手、足和头部的包扎方法。

（1）手部包扎法　三角巾平铺，手指对向顶角，将手平放在三角巾的中央，底边横放

手腕部。先将三角巾顶角向上反折回,再将三角巾两底角向手背交叉围绕一圈,在腕背打结(图 1-45)。

(2) 足部包扎法　与手部包扎法相同。

(3) 头部包扎法　三角巾底边在前,顶角在后,将底边从前额绕至枕后,压住顶角并打结。若底边较长,可在枕后交叉后绕至额前打结,再把顶角拉紧并向上翻转固定(图 1-46)。

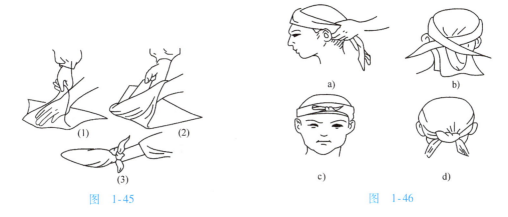

图 1-45　　　　　　　　　　　　图 1-46

3. 前臂悬挂法

分为大悬臂带法和小悬臂带法两种。

(1) 大悬臂带法　用于除肱骨和锁骨骨折以外的上肢损伤。将三角巾的顶角置于伤肢的肘后,一底角拉向健侧肩上。伤肢屈肘90°,前臂放在三角巾的中央。再将三角巾的另一底角向上翻折并包住前臂,两底角在颈后打结(图 1-47)。

(2) 小悬臂带法　常用于肱骨或锁骨骨折。先把三角巾折叠成四横指宽的宽带,也可用宽细带或软布带代替,其宽带的中央置于伤肢前臂的下 1/3 处,宽带的两端在颈后打结(图 1-48)。

图 1-47　　　　　　　　　　　　图 1-48

三、心跳、呼吸骤停的抢救

呼吸停止和心跳停止可单独发生,也可同时发生。呼吸停止后则全身缺氧,随即引起心跳停止;心跳停止后,延髓血流即停止,也可迅速引起延髓缺氧及中枢性呼吸衰竭而导致呼吸停止。引起呼吸、心跳突然停止的原因较多,较常见的有电击伤、一氧化碳或药物中毒、麻醉意外、严重创伤和大出血、窒息和溺水等。心跳停止但呼吸尚未停止的伤病员,应立即进行心脏复苏，但也应注意保持呼吸道通畅，并充分供氧。呼吸已停止但心跳尚未停止的伤病员，应立即进行有效的人工呼吸，迅速纠正缺氧状态，并密切注意心脏的工作情况。呼吸和心跳都停止的伤病员，则应同时进行人工呼吸和心脏胸外按压。

（一）人工呼吸法

肺脏位于富有弹性的胸廓内，当胸廓扩大时，肺也随着扩张，于是肺的容积扩大，外界空气进入肺内，即为吸气；当胸廓缩小时，肺也随之回缩，肺内空气排出体外，即为呼气。对呼吸停止的伤病员，可根据以上原理用人工方法重新让气体进出肺脏，以实现气体交换，这就是人工呼吸法。人工呼吸的方法很多，最有效的是口对口人工呼吸法。

1. 口对口人工呼吸的操作方法

伤员必须仰卧，头部置于极度后仰位，把口打开并盖上一块纱布。救护者一手托起患者下颌，掌根轻压住环状软骨，使其压迫食道，以防止空气进入胃内；另一手捏住鼻孔，深吸一口气后对准患者口部吹入，吹完气后，松开捏住鼻孔的手。如此反复进行，每分钟做13～16次，直至患者恢复呼吸为止（图1-49）。

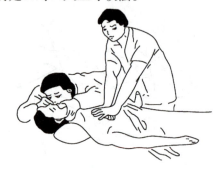

图 1-49

2. 注意事项

施行人工呼吸以前，应迅速清除患者口腔内的义齿、分泌物和呕吐物，并松开裤带、衣领及胸腹部衣服。吹气的压力和气量开始时宜稍大些，10～20次后应逐渐减少，以维持上胸部轻度上升为度。口对口人工呼吸与心脏胸外挤压最好由二人配合进行，两者频率之比为1:4。牙关紧闭的患者，可采用口对鼻吹气法，救护者用一手闭住患者的口，以口对鼻进行吹气，其他操作同口对口人工呼吸法。

（二）心脏胸外挤压法

心脏位于胸腔纵隔的前下部，前邻胸骨下段，后为脊柱，其左右移动受到限制。胸廓具有一定的弹性，可有少量的被动活动，加之昏迷患者的胸壁较松软，因此，挤压胸骨下段，可间接压迫心脏，使心脏内的血液排空；放松挤压时，胸廓恢复原状，此时胸内压力下降，静脉血液回流到心脏。反复挤压和放松胸骨，即可恢复心跳和血液循环。

1. 操作方法

患者必须仰卧在木板或平地上。救护者将双手掌重叠，掌根放在患者胸骨体的下半段上，肘关节伸直，借助于自身体重和肩臂部肌肉的力量，适度用力下压，使胸骨下段及相连的肋软骨下陷3～4cm，随后立即将手放松，如此反复进行。成人每分钟挤压60～80次，小儿用单手掌根挤压每分钟约100次左右（图1-49）。

2. 注意事项

救护者掌根压迫的部位必须在患者的胸骨体下段，接触胸骨应只限于掌根部，不可将手平放，手指应向上稍翘起与肋骨离开一定距离；压迫时应带有一定的冲击力量，而不是缓慢地下压，但用力不可过猛，以免引起肋骨骨折；压迫方向应垂直对准脊柱。在就地抢救的同时，要迅速派人请医生处理。

3. 挤压有效的表观

可摸到颈动脉或股动脉搏动，上肢收缩压在7.9kPa（60mmHg）以上。口唇、甲床的颜色较挤压前红润，经挤压后，患者的呼吸逐渐恢复，扩大的瞳孔也随之缩小。患者出现上述表现时，即说明挤压有效，应坚持做到出现自主心跳为止。若挤压后没有上述表现，说明挤压无效，应改进操作方法和寻找其他原因。呼吸、心搏骤停的抢救，必须做到行动迅速，争分夺秒，才能挽救伤病员的生命。

四、搬运伤员的方法

伤病员经过现场的急救处理后，应迅速地将其送到医院。如果搬运方法不当，将会增加伤员的痛苦，甚至造成不应有的严重后果。

搬运的方法很多。采用哪种搬运法，应根据伤势（或病情）、设备条件及救护人员的多少而定，一般可分为徒手搬运和器械及车辆搬运两大类。

（一）徒手搬运法

适用于伤势轻和搬运距离较短的伤员。它又可分为单人、双人和多人搬运法，常用方法有下面几种。

1. 扶持法

急救者位于伤员的体侧，一手抱住伤员腰部；伤员的一手绕过急救者颈后至肩上，急救者的另一手握住伤员的腕部，两人协调缓行（图1-50）。此法适用于伤势轻、神志清醒而又能自己步行的伤员。

2. 抱持法

急救者一手托住伤员的背部，另一手托住伤员的大腿及腘窝，将伤员抱起，伤员的一臂挂在急救者的肩上（图1-51）。此法适用于伤势较轻、神志清醒但较软弱的伤员。

图 1-50

图 1-51

3. 托椅式搬运法

两名急救者相对而立，各以一手互握对方的前臂，另一手互搭在对方的肩上；伤员坐在急救者互握的手上，背部支持于急救者的另一臂上，伤员的两手分别搭于两名急救者的肩上（图1-52）。此法适用于神志清醒、足部损伤而行走困难的伤员。

4. 卧式3人搬运法

3名救护者同站于伤员的一侧，第1人以外侧的肘关节支持伤员的头颈部，另一肘置于伤员的肩胛下部，第2人用双手自腰至臀托抱伤员，第3人托抱伤员的大腿下部及小腿上部。3人行走要协调一致（图1-53）。

（二）器械及车辆搬运法

在伤员不能徒手搬运的情况下，应采用担架或车辆搬运。

图 1-52

图 1-53

1. 担架搬运法

担架是搬运伤员的常用工具。搬运时，伤员既安全又舒适，搬运者既方便又不易疲劳。特制的担架在不用时可以折叠，使用时将其张开，并可用棉被或毛毯垫好后再将伤员放入，并盖好棉被或毛毯以保暖。若伤员神志不清，需用宽布将其固定于担架上。如果没有特制的担架或脊柱骨折而不宜使用特制担架时，可采用床板、门板等作为临时担架。

2. 车辆搬运法

当伤员的伤势严重，运送的路程较远时，应使用车辆搬运，最好是救护车，普通汽车也可。运送时，汽车行驶宜慢些，尽量减少颠簸振动。当道路不平或汽车急转弯时，应特别照顾好伤员。

任务3　常见伤病的急救训练

一、骨折

凡骨或骨小梁的连续性断裂，统称为骨折。根据骨折的原因，分为外伤性骨折和病理性骨折两类。体育运动中所发生的骨折，主要是由暴力引起的外伤性骨折。根据骨折的时间，分为新鲜骨折和陈旧性骨折。根据骨折的程度，分为完全骨折和不完全骨折。根据骨折周围软组织的病理，分为闭合性骨折和开放性骨折。

（一）骨折的征象

骨折的征象有局部征象和全身症状两方面。

1. 疼痛

发生骨折的当时，疼痛较轻，但随后因周围软组织和骨膜撕裂、肌肉痉挛等，一般疼痛都较剧烈。活动肢体时，疼痛加剧。持续的剧痛常可发生休克。

2. 肿胀和皮下瘀血

骨及其附近软组织的血管破裂，发生局部出血和肿胀。若软组织较薄，骨折部位表浅，血肿可透过撕裂的肌膜和筋膜，渗入皮下，形成青紫色的皮下瘀斑，也可由血液沿肌间隙向下流注，在远离骨折处出现瘀斑。

3. 功能障碍

骨折后因疼痛、肌肉痉挛、肌肉失去支撑及软组织损害等，肢体多不能站立、行走或活动。

4. 畸形

因暴力的作用及骨折后肌肉的痉挛性收缩等，骨折断端移位而发生肢体的缩短、侧突成角及旋转畸形等。

5. 异常活动和骨摩擦声

完全骨折后，局部可出现类似关节的异常活动。移动肢体时可有骨摩擦声，这是骨折的特有症状。在检查时必须谨慎小心，决不可有意去寻找异常活动和骨摩擦声，以免加重损伤和增加病人痛苦。

6. 压痛与震痛

骨折处有明显的压痛，有时轻轻叩击远离骨折端的部位，在骨折处出现疼痛。轻的骨折常无明显的全身症状，但严重的骨折常伴有明显的出血或神经损伤，容易发生休克、发烧、口渴、便秘等全身症状。

（二）急救固定的注意事项

1）遇有呼吸、心跳停止者先进行复苏措施，出血休克者先止血，病情有根本好转后进行固定。

2）在没有把握或条件不充分的情况下，对骨折后造成的畸形禁止整复，不能把骨折断端送回伤口内，只要适当固定即可。

3）代用品的夹板要长于两头的关节并一起固定。夹板应光滑，夹板靠皮肤一面，最好用软垫垫起并包裹两头。

4）固定时应不松、不紧而牢固。

5）固定四肢时应尽可能暴露手指（足趾）以观察是否有指（趾）尖发紫、肿胀、疼痛、血循环障碍等。

（三）急救固定的方法

1. 上肢骨折

（1）锁骨骨折　先将3条三角巾折叠成宽带，并在双肩腋下分别垫上适当大小的棉团，然后用两条宽带分别绕过伤员两肩的前面在背面打结，形成两个肩环，再用第3条宽带在背后穿过两个肩环，拉紧打结，最后将上肢固定或用小悬臂带将伤肢挂起（图1-54）。

（2）肱骨干骨折　用两块长短、宽狭相当的有垫夹板分别放在伤臂的内、外两侧，用3条宽带将骨折的上下部分缚好，屈肘90°，用小悬臂带将前臂挂于胸前，再用绷带或三角巾将伤臂固定于体侧（图1-55）。

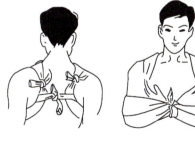

图 1-54

图 1-55

（3）前臂骨折　用两块有垫夹板放在前臂的背侧和掌侧，再用宽带缚扎夹板，屈肘90°，前臂处中间位。用大悬臂带将前臂挂在胸前（图1-56）。

（4）手腕骨折　手握纱布、棉花团或绷卷，然后用一块有垫夹板放于掌侧，用绷带包扎固定（图1-57）。

（5）手指骨折　用一块压舌板放于掌侧，用胶布固定（图1-58）。

图　1-56

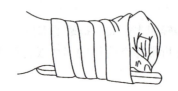

图　1-57

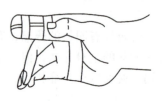

图　1-58

2. 下肢骨折

（1）股骨骨折　用三角巾5～8条折叠成宽带，取有垫长夹板两块置于伤肢的内、外两侧。外侧的长夹板上达腋下，下至足跟部；内侧的夹板上至大腿根部，下达足跟，然后用宽带固定夹板并在外侧打结（图1-59）。

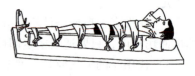

图　1-59

（2）小腿骨折　与股骨骨折的固定方法基本相同。取两块有垫夹板分别置于小腿内、外两侧，上至大腿下部，下达足跟部，用三角巾折叠成宽带或布条，分别在膝上、膝下和踝部缚扎固定（图1-60）。

（3）踝足部骨折　取一直角形夹板置于小腿后侧，用棉花或软布在踝部和小腿下部分别垫妥后，用宽带或三角巾分别在膝下、踝上及脚掌处缚扎固定（图1-61）。

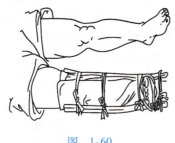

图　1-60

图　1-61

3. 躯干部骨折

（1）脊柱骨折　若疑有脊柱骨折时，应尽量避免骨折处有移动，更不能让伤员坐起或站起，以免引起或加重脊髓损伤。不论伤员是仰卧还是俯卧，尽可能不要变动原来的位置。用硬板担架或门板放于伤员身旁，由数人协力轻轻将伤员搬到木板上，取仰卧位（图1-62），并用宽布带将伤员固定在木板上。如腰部悬空时，应在腰下垫一小枕或卷起的衣服。若使用帆布担架时患者要俯卧，使脊柱伸直，禁止屈曲。绝对禁止一人拖肩，一人抬腿或一人背送的错误搬运方法。

(2) 颈椎骨折　若固定、搬运方法不当，有引起脊髓压迫的危险，可立即发生四肢与躯干的高位截瘫，甚至影响呼吸而造成死亡。因此，务必使头部固定于伤后位置，不屈不伸不旋转，数人协作合力将伤员搬至担架或平板上；头颈两侧用沙袋或卷起的衣服固定，严禁颈部左右旋转与屈曲（图 1-63）。

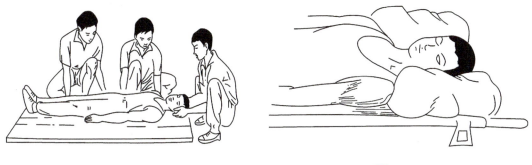

图　1-62　　　　　　　　　　　　　　图　1-63

二、脱臼

脱臼也称关节脱位，是指构成关节的上下两个骨端失去了正常的位置，发生了错位。多因暴力作用所致，肩、肘、下颌及手指关节最易发生脱位，根据脱位的原因，分为外伤性脱位和病理性脱位，在体育运动中发生的关节脱位，多为外伤性脱位；根据脱位的程度，分为完全脱位和半脱位；根据脱位的时间，分为新鲜脱位、陈旧性脱位和少见的习惯性脱位；根据关节腔是否与外界相通，分为开放性脱位和闭合性脱位。

（一）脱位的征象

脱位的征象有局部征象和全身症状两方面。

1. 疼痛与压痛

关节脱位的即刻，疼痛一般较轻，但随后因肌肉、韧带和关节囊的挫伤与撕裂，出现较剧烈的疼痛和明显的压痛。

2. 肿胀

由于周围的软组织内血管撕裂出血和软组织损伤后出现的炎症反应，在关节脱位后不久即出现显著肿胀。

3. 关节的正常活动丧失

由于关节正常结构的破坏，失去了枢纽作用以及软组织的严重损伤、疼痛及肌肉痉挛等，关节失去了正常的活动功能。

4. 关节部位出现畸形

由于关节结构的破坏，肢体轴线发生改变。因此，与健侧相比，局部外形异常，并可发生肢体展收、旋转、缩短等畸形。此外，神经和大血管可因脱位而受到牵扯和压迫，引起神经和大血管的损伤，并可合并休克。

（二）急救原则

1. 抗休克

关节脱位，尤其是大关节脱位或合并其他损伤时，伤员常会发生休克。急救时要注意预防休克，早期发现休克要及时处理。

2. 固定

用夹板或三角巾固定伤肢后,应尽快将伤员送往医院,争取早期复位。因此,没有整复技术和经验的救护者,不可随意做试图复位的动作,以免加重伤情,影响功能恢复。

(三) 急救固定的方法

体育运动中多见的是肩关节前脱位和肘关节后脱位两种,常用夹板和三角巾包扎固定。

1. 肩关节前脱位

伤后肩关节疼痛,运动功能障碍,上臂被固定于25°~30°的外层位。肩部变平呈"角肩",失去原来圆形膨隆的外观。在喙突下或锁骨下可触及移位的肱骨头。肩峰下凹陷。当患肢手掌扶于健侧肩上时,患侧肘关节的内侧不能与胸前壁接触,即杜格氏(Dugas)征阳性。

急救时,患者伤肢肘关节屈曲90°,取三角巾两条,其中的一条用以悬挂前臂,三角巾直接斜跨胸背部于健肩上打结,另一条三角巾折叠成宽带,绕过患侧上臂,在健侧腋下打结。

2. 肘关节后脱位

伤后肘关节呈135°左右半屈曲位,伸屈限制,上肢缩短,上臂与前臂的长度比例失常,肘前三角部膨出,鹰嘴明显向后上方突出,肘关节前后径加长,肘后部出现凹陷,肘后三角的正常关系发生改变。

急救时,用钢丝夹板弯曲至135°左右的角度,置于肘后,用绷带缠绕扎稳后,用悬臂带将伤肢前肢挂起。若无钢丝夹板时,可用普通夹板代替,或直接用三角巾将患肢固定在躯干上。

三、淹溺

淹溺是人体淹没于水中,水充满呼吸道和肺泡引起窒息。淡水淹溺时进入肺泡的水很快渗入血循环,稀释血液,引起低钠血症、低氯血症及低蛋白血症,甚至发生血管内溶血及高钾血症,致使心搏骤停;海水淹溺时大量血浆渗入肺泡腔和肺间质引起肺水肿,血液浓缩,血钙增高也可发生心搏骤停。溺水的整个发病过程进展很快,患者在4~7min内被溺死,因此,抢救工作必须及时。

1. 征象

溺水患者出水后表现为:皮肤黏膜苍白、发绀,四肢厥冷,眼睛充血、发红并稍突出,面部水肿,口鼻充满泡沫、泥沙或杂草,意识丧失,脉搏、心跳微弱或完全停止,呼吸不整或停止,腹部隆起和胃扩张。

2. 急救方法

1)迅速将患者营救出水,首先要使呼吸道畅通,立即消除口、鼻腔内异物,如有活动义齿也应同时除去,并将舌头拉出,以免后翻阻塞呼吸道。迅速进行倒水动作以倒出呼吸道及胃内积水。如果呼吸和心跳停止,应同时进行人工呼吸或胸外挤压,即使在运输途中也不能停顿。

倒水动作主要有:

① 急救者一腿跪在地,另一腿屈膝,将溺水者腹部横放在其大腿上,使其头下垂,接着以手压其背部,使胃内积水倒出。

② 从后抱起溺水者的腰部,使其背向上,头向下放在急救者的肩部快步走动,使积水

模块1 航海体育理论

倒出。

2）如呼吸和心跳停止，应立即进行口对口人工呼吸（每分钟16次左右）和胸外挤压（每分钟30次左右），其比例为1:5（即吹1口气，做5次心脏按压），直至心跳恢复和自动呼吸恢复为止（或出现尸斑为止）。

3）自动呼吸恢复后，可活动四肢，并做向心的按摩动作，促进血液循环的恢复。苏醒后可饮热茶、姜汤或热汤类协助驱寒，同时要注意保暖。

4）用手导引人中、涌泉等穴。

5）有条件时，肌肉注射0.1%肾上腺素1mL，尼可刹米0.25g，必要时可反复使用。

3. 注意事项

1）溺水者是否要倒水，应视具体情况而定。无呼吸道阻塞者可不必倒水；呼吸道有水阻塞者，也要尽量缩短倒水这一步骤的时间，以能倒出口、咽及气管内的水分为度，以免影响其他更重要的抢救措施。

2）人工呼吸是抢救中最重要的一项措施，以口对口吹气法最为可靠。实施人工呼吸时要不怕疲劳地连续进行，不能中途间歇。部分溺水患者常在一定时间内（1~3h）呈假死状态，此时如能积极抢救，常可复苏。故对溺水患者不可轻易放弃抢救。

3）患者清醒后应静卧休息，并严密观察。

四、中暑

中暑是在高温环境下因体温调节中枢功能障碍，汗腺功能衰竭和水、电解质过量丢失所致的疾病。严重时会导致热射病、热痉挛和日射病。

1. 征象

1）先兆中暑：在高温环境下劳动一定时向后，有大量出汗口渴、头昏、耳鸣、胸闷、心悸、恶心、四肢无力和注意力不能集中等表现，体温正常或稍高。如及时离开高温环境，转移到阴凉通风处休息，可以很快恢复。

2）轻度中暑：有先兆中暑症状，同时伴有呼吸急促、面色苍白、血压下降、脉搏细弱、体温继续升高等。

3）重度中暑：有上述症状，并有昏倒或发生痉挛，或皮肤干燥无汗，体温在40℃以上。

4）热射病：过热型患者突出表现为皮肤丰热、灼热潮红无汗，体温高达40℃以上。伴有意识模糊、抽搐、昏迷；早期瞳孔缩小，对光反射迟钝，晚期瞳孔散大，对光反射消失；心动过速，血压下降，呼吸困难。衰竭型患者突出表现为大量出汗、失水，皮肤湿冷，体温不升或微升，血压降低，脉快而细弱，呼吸浅速，尿量减少等。

5）热痉挛：因出汗过多，身体失去大量氯化物和水溶性维生素。突出表现为四肢肌肉，特别是腓肠肌发生强直性抽搐；肌肉剧痛，口渴尿少，体温不升或略升高。

6）日射病：因头部长时间受强烈的太阳直接辐射，引起脑膜及脑组织充血所致。突出表现为呕吐较强烈，皮肤干燥，体温不升或微升，重者意识不清，抽搐等。

2. 急救方法

1）先兆中暑与轻度中暑：将患者立即撤离高温作业的环境，到阴凉安静地方休息，补充含盐清凉饮料，即可逐渐恢复。轻度中暑而大量出汗和伴有呼吸循环衰竭倾向时，须饮大量的糖盐水，有条件静脉输液者最好给予葡萄糖生理盐水。必要时可用呼吸和循环中枢兴奋剂。

2）重症中暑：必须紧急抢救，原则是将过高的体温迅速降低。纠正水、电解质的紊乱，防止休克和脑水肿等。

3）物理降温：将患者移到通风阴凉地方，持续用冷水或冰水冷敷头部、颈部及四肢大血管处如腋窝、腹股沟等。用冷水、冰水擦身，同时按摩病人的四肢，以防周围循环的停滞。

有条件者还可以采取下列措施：

1）药物降温。目前采用的降温药物主要是氯丙嗪，其作用有：控制体温调节中枢，扩张周围血管加速散热；松弛肌肉，减少肌肉震颤，防止身体产热过多；降低细胞的氧消耗，对抗组织胺的作用，预防休克。氯丙嗪最好加入生理盐水中静脉滴注。如无条件时也可口服25mg。安乃近或阿司匹林等药物可与氯丙嗪协同使用。经上述处理无好转的病人，应尽快送医院治疗。

2）新针疗法。

主穴：人中，十宣（刺出血）。备穴：足三里，内关，百会，涌泉。

先在人中间歇强刺激，直至患者清醒为止，效果不佳时加用备穴。

五、昏厥

昏厥是一种突然发生的、短暂失去知觉和行动能力的状态，大多数是由于脑部血液暂时供给不足所致。单纯性昏厥较多见，可由剧烈疼痛、受惊或由急性大量失血等原因引起广泛性小血管扩张，使脑部缺血所致。

1. 昏厥与休克和昏迷的鉴别

1）昏迷者意识丧失较持久而不易恢复。

2）昏厥与休克两者界限常不易划分，不同点是昏厥有短暂的意识障碍，循环衰竭的时间短而程度较轻，易于恢复。

2. 昏厥的征象

1）昏厥前感到衰弱、头晕、恶心、耳鸣、眼花、眼前发黑、出冷汗，站立不住而昏倒。

2）不省人事、面色苍白、皮肤湿冷、呼吸表浅，脉搏弱而慢，但逐渐加速，血压迅速降低。

3. 昏厥的急救方法

1）让患者平卧，头部略低，解松衣领扣和腰带。

2）移患者于阴凉通风处，使之获得新鲜空气。若呼吸有困难，可置于半仰卧姿势或输氧。如呼吸停止，可进行人工呼吸。

3）如知觉仍不恢复，可给嗅以氨水或往脸上洒冷水，有条件者可针刺人中、涌泉穴，促其苏醒。

4）知觉恢复后可喝热茶、热咖啡。给患者擦涂祛风油等也有一定疗效。

六、休克

休克是指机体遭受体外或体内有害因素的作用后，迅速产生生理机能严重障碍的一种综合征，可以发生在各种不同的疾病中。休克发病的基本原因是血管内有效血容量的绝对或相对不足，血液的循环和流动不良，最后导致组织缺血缺氧。临床上表现为血压下降，心搏加快，脉细弱，皮肤潮冷、苍白或发绀，最后脑、心、肾功能障碍。轻者经过补液等及时、正确的治疗能获痊愈，重者可引起死亡。

1. 休克的原因

1）低血容量性休克：由失血或失液引起，如大血管破裂、消化道大出血或内脏破裂等；也可见于肠梗阻、急性胃肠炎等所致的严重呕吐、腹泻等而引起的全身血容量不足。

2）感染性休克（又称中毒性休克）：由病原微生物及毒素入侵引起，如败血症、胆道感染、中毒性痢疾等。

3）心源性休克：由心脏泵血功能障碍引起，如广泛性心肌梗死、严重的风湿性心肌炎、心律失常、急性心包积液等。

4）过敏性休克：如青霉素、破伤风及白喉抗霉素血清过敏等。

5）神经性休克：如精神创伤、脊髓损伤、脊髓麻醉、手术牵拉神经等。

2. 征象

1）血压下降，一般降至 80/60mmHg（10.6/8kPa）以下，脉压小于 30mmHg（4kPa）。

2）脉细弱速，心率每分钟 100 次以上。

3）皮肤苍白、潮冷。

4）神志改变，出现烦躁不安、口渴，严重者出现昏迷。

5）尿量减少，每小时少于 25～30mL。

以上 5 点是休克病人的主要临床症状及体征。一经诊断为休克，应立即组织抢救。

3. 急救方法

1）让患者去枕平卧或头和四肢抬高 20°～30°，下肢抬高 15°～20°的体位，以增加回心血量和减轻呼吸的负担；保持病人的安静，避免过多地搬动；有呕吐者头转向一侧以防吐出物阻塞呼吸道。

2）注意保暖，但不加温，维持在正常体温范围内。

3）找出休克原因，尽快做出决定。运动中一般以心源性和失血性休克为多见，如是出血所致的休克，应尽快止血。胃、十二指肠溃疡出血者应口服或注射止血药物，如口服云南白药、卡巴克洛、肌注酚磺乙胺等。外伤性休克，除用止痛药外，应同时用止血药，有条件者可根据情况选用升压药如肾上腺素、尼可刹米、美芬丁胺给病人输液或输血补充血流量。必要时做人工呼吸和心脏按压。也可针灸十宣、人中及两侧内关、合骨、足三里，用强刺激法，留针。

任务 4　常见运动性疾病的预防与处理

运动性疾病是指因运动负荷安排不当、体育卫生知识缺乏、自我保健意识不强等多因素造成体内功能紊乱所出现的疾病或症状。常见的有过度紧张、低血糖症、运动中腹痛、肌肉痉挛、游泳性中耳炎、运动性贫血、运动后肌肉酸痛等。

一、过度紧张

过度紧张是运动训练和比赛中一时运动量过大，超过了机体承受能力而引起的一种病理状态。

1. 病因

过度紧张多见于锻炼较少、训练水平不高、生理状态不良或伤病中断训练后突然参加剧烈活动,机体不适应或过分疲劳引起的紧张反应,也可因饭后不久便进行剧烈运动而引起。

2. 征象

过度紧张常在剧烈运动或比赛后即刻或短时间内发病。表现为头晕头痛、眼前发黑、面色苍白、全身无力、步态不稳,严重者有恶心呕吐、脉搏快速细弱或节律不齐、血压明显下降、嘴唇青紫、呼吸困难、心前区疼痛、心脏扩大等急性心功能不全等征象,甚至昏厥。

3. 处理

轻度的过度紧张应使患者安静平卧,注意保暖,可服用热糖水或镇静剂,一般经短时间休息即可恢复。对严重的心功能不全的患者应使其处平卧位,保持安静,并针刺或掐点内关、足三里等穴位;若昏厥时,可加用指掐人中、百会、合谷、涌泉等穴位;对于呼吸或心跳停止者,应做人工呼吸与胸外心脏按压术,并迅速请医生处理。

4. 预防

体育锻炼基础较差者,不可勉强参加紧张的训练或比赛,应加强体育锻炼的医务监督;锻炼或比赛前要充分做好准备活动,平时要加强身体全面锻炼,遵循循序渐进的原则。伤病初愈或因其他原因中断体育锻炼后重新参加锻炼时,要逐渐增加运动量,避免立即进行大强度训练或剧烈比赛。

二、低血糖症

正常人每 100mL 血液中的葡萄糖含量为 80~120mg。当每 100mL 血液中的葡萄糖含量低于 55mg 时,就会出现一系列症状,称为低血糖症;当低于 10mg 时,就会出现深度昏迷,称为低血糖性休克。本病多发生于长跑、超长跑、自行车、长距离滑冰、滑雪等项目的比赛过程中或结束后不久。

1. 病因

长时间进行剧烈运动使体内血糖大量消耗和减少;运动前或运动时饥饿,体内肝糖储备不足,又不能及时补充血糖的消耗;赛前补充糖过多、精神过于紧张、赛后强烈的失望情绪或患病(如胰岛疾病、严重肝脏疾病),引起中枢神经系统调节糖代谢的功能紊乱,使胰岛素分泌量增加等,是造成运动时低血糖症状的重要原因。

2. 征象

轻度者有强烈的饥饿感、疲乏无力、心慌、头晕、面色苍白、出冷汗。较重者神志模糊、言语不清、烦躁不安或精神错乱(如赛跑者返身向反方向跑)、四肢发抖、步态不稳,甚至昏倒。检查时,脉搏细而弱,呼吸短促,瞳孔扩大;每 100mL 血液中的葡萄糖含量降至 40~50mg 及以下,严重者可低至 10mg。

3. 处理

让患者平卧、保暖,神志清醒者可饮糖水或进食少量流质食物,一般经短时间处理后症状就能消失。昏迷者可静脉注射 50% 葡萄糖 40~100mL,同时针刺(或指掐)人中、涌泉、合谷等穴,并迅速请医生来处理。

4. 预防

平时缺乏锻炼、空腹饥饿或患病未愈者,不要参加长时间的剧烈运动。进行长时间耐力运动 2h(或赛前 15min)可按每人 1kg 体重进食 1g 糖补充糖分。参加长距离(10000m、马拉松等）跑的训练者，途中应有含糖饮料的供给。

三、运动中腹痛

运动中腹痛是指由于体育运动而引起或诱发的腹部疼痛，发病率较高的是中长跑、马拉松、竞走、自行车、划船等项目，多发生在运动过程中或运动结束时。腹痛的部位多在心窝部、右上腹，其次是左上腹和脐周部。一般男运动员比女运动员多发。

1. 病因

引起运动中腹痛的原因，大致可分为腹腔内疾患、腹腔外疾患和与运动有关的运动性腹痛三大类。

发病原因与缺乏锻炼有关，特别是初参加体育锻炼的人，由于心脏功能差，心脏搏动无力，影响静脉血回心从而引起肝、脾瘀血肿胀，增加肝脾被膜的张力而发生腹痛。饭后过早参加运动、运动前吃得过饱、喝水过多或空腹运动都可引起胃部胀痛。运动前不做准备活动或准备活动不充分即进行剧烈的运动，由于运动负荷增加过快，心肺功能跟不上肌肉工作的需要，致使呼吸肌缺氧，加剧腹痛的产生。内脏器质性病变（如胆囊炎、溃疡病、慢性阑尾炎和肝脾疾病等），运动时可使病位受到刺激而产生腹痛。

2. 征象

腹痛的部位主要以发病原因而定：由肝脾瘀血引起的腹痛，肝痛在右肋部、脾痛在左肋部，疼痛性质为胀痛或牵扯性痛；饮食时间安排不当，可能引起胃痉挛，其疼痛部位在上腹部，腹痛大多在运动中或运动后不久出现。

3. 处理

运动中出现腹痛时，应适当减慢速度、加强呼吸，调整呼吸与运动节奏（如3步一吸气或4步一吸气），按压疼痛部位或弯腰慢跑一段距离，一般疼痛可减轻或消失。如疼痛仍不减轻，就应停止运动，口服解痉药物（如普鲁苯辛等），点掐或针刺足三里、内关、大肠俞等穴，并热敷腹部。如仍无效，应请医生进行诊断和处理。

4. 预防

要遵守科学锻炼原则，循序渐进地增加运动负荷，全面提高心肺功能。要合理安排膳食和运动时间，饭后应休息1.5~2h才可进行剧烈运动。运动前要充分做好准备活动，患有内脏器官疾病者，应及早就医，彻底治疗。在疾病未愈前不要参加剧烈的长时间的运动或应在医生指导下进行体育活动。

四、肌肉痉挛

肌肉痉挛（俗称抽筋），是肌肉不自主地强直性收缩。运动中以小腿腓肠肌最易发生肌肉痉挛，其次是足底的屈拇肌和屈趾肌。肌肉痉挛在游泳、足球、篮球、长跑运动中较为多见。

1. 病因

在寒冷的环境中运动时，若不做准备活动或准备活动不充分，身体因突然受寒冷的刺激，通过神经系统传至肌肉，使肌肉兴奋性增强，造成肌肉强直性收缩而引起肌肉痉挛。运动时大量排汗，体内失去水分和钠、氯等矿物质，造成体内电解质平衡紊乱，引起肌肉兴奋性增强而发生肌肉痉挛。在紧张激烈的训练和比赛中，由于肌肉过快地连续收缩，致使肌肉收缩与放松不能协调交替而发生痉挛。运动性肌肉损伤（指反复运动所致的肌纤维损伤）后，钙离子进入细胞膜内，肌细胞内钙离子增多，使肌纤维收缩丧失控制（钙离子是肌肉收缩的起动因子），产生无效性收缩，从而引起局部肌肉痉挛。

2. 征象

痉挛的肌肉僵硬，疼痛难忍，所涉及的关节暂时屈伸功能受限，一时不易缓解。痉挛缓解后，局部仍有酸痛不适感。

3. 处理

解除肌肉痉挛的有效方法是被动伸展痉挛的肌肉。例如，小腿腓肠肌痉挛时，伤员采取坐位用双手紧握住抽筋腿的前脚掌、蹬脚跟、伸直膝关节，用力将足背伸直，并慢慢用力牵引使小腿后方的肌肉拉长（重复牵引2～3次），后用双手在小腿肌肉部进行擦摩、揉、捏等。牵引时切忌用力过猛，以免造成肌肉拉伤。此外，还可配合点穴或针刺（承山、委中、阿氏穴等）缓解肌肉痉挛。游泳时发生肌肉痉挛，首先不要惊慌，如果自己无法处理或缓解，要立即呼救。

4. 预防

要加强体育锻炼，提高身体对寒冷的适应能力。运动前必须充分做好准备活动，尤其是对易发生痉挛的肌肉，运动前做适当的按摩。夏季运动出汗过多时，要及时补充水、盐分和维生素 B1。游泳下水前，应用冷水淋湿全身，使人体对冷水的刺激有所适应；水温较低时，游泳时间不宜太长。冬季运动要注意保暖，疲劳时不要进行剧烈运动。

五、游泳性中耳炎

中耳的普通炎症性疾病统称为中耳炎。中耳炎是最常见的耳部疾患，以慢性居多。游泳性中耳炎是游泳时细菌随水进入中耳而引起的中耳炎症。

1. 病因

游泳时水进入外耳道，外耳道积水时间较长，鼓膜泡软，此时如用棉花棒或用手指去耳道内盲目乱掏，极易损伤鼓膜，水中的致病菌便会侵入鼓膜，从而引起中耳炎。如果在鼓膜破裂、穿孔的情况下继续下水游泳，细菌就会从外耳道直接侵入中耳，引起炎症。

2. 征象

急性中耳炎早期一般无全身症状。外耳道皮肤因感染发生肿胀时，将直接压迫皮肤下的神经末梢，可引起耳内剧烈疼痛。尤其是在张口咀嚼、打哈欠或压迫耳屏时，疼痛会加重，并伴有听力减退，有时还会引起发热和头痛。当鼓膜破裂时，则有黄色脓液自外耳道流出。急性炎症期如治疗不及时、不彻底，可转变成慢性中耳炎。

3. 处理

患中耳炎后要及时请医生治疗。一般可卧床休息，适当多喝开水，口服止痛片，同时注射抗生素。如鼓膜已破，可用3%过氧化氢清洗脓液，外用消毒剂，如碳酸甘油等，或用抗生素溶液滴耳，然后用消毒棉条填塞外耳道。此外，在乳突部做热敷及红外线照射，也可加快患部血液循环，促使消肿消炎。

4. 预防

不要在不清洁的江河湖中游泳。游泳时，必须注意正确的呼吸方法，不能在水中嬉戏，避免呛水。游泳之前应用涂有凡士林的棉花球或橡皮耳塞将外耳塞好，以防污水进入。游泳后若耳内灌水，可采用头偏向耳朵有水的一侧，进行原地跳，水即流出，再小心地用棉花擦干外耳道；或在耳内滴入几滴硼酸酒精，切忌挖耳。凡患感冒、上呼吸道感染、中耳炎时暂不能游泳。

六、运动性贫血

我国成年健康男性每 100mL 血液中含血红蛋白量为 12.5~16g,女性为 11.5~15g,若低于这一生理数值,则被视为贫血。因运动引起的这种血红蛋白量减少,称为运动性贫血。

1. 病因

由于运动时人体对蛋白质与铁的需求量增加,一旦需求量得不到满足时,即可引起运动性贫血。

运动时,脾脏释放的溶血卵磷脂能使红细胞的脆性度增加,加上剧烈运动时血流加快,易引起红细胞破裂,从而导致运动性贫血。

少数人由于偏食或爱吃零食,影响正常营养摄入,或长期慢性腹泻,影响营养吸收,运动时也常出现贫血现象。

2. 征象

运动性贫血发病缓慢,平时表现有头晕、恶心、气喘、体力下降,运动后出现心悸、心率加快、脸色苍白等。

3. 处理

如运动中(后)出现头晕、无力、恶心等现象时,应适当减少运动量,必要时暂停运动。补充富含蛋白质和铁的食物。口服硫酸亚铁片剂和维生素 C,对缺铁性贫血的治疗有明显的效果。

4. 预防

锻炼时,要遵循循序渐进原则,并克服偏食习惯。

七、运动后肌肉酸痛

在一次活动量较大的锻炼以后,或是隔了较长时间未锻炼,刚开始锻炼之后,常常会出现运动后肌肉酸痛,这种酸痛不是发生在运动中或运动后即刻,而是发生在运动结束后 1 至 2 天之后,因此也称为肌肉延迟性疼痛。

1. 原因

一是肌肉对负重及收缩放松活动未完全适应,引起局部肌纤维及结缔组织的细微损伤,以及部分肌纤维产生痉挛所致;二是代谢产物积聚过多(如乳酸),以致肌纤维的化学成分有变化,神经末梢受刺激引起酸痛感。酸痛后,经过肌肉内局部细微结构的修复或聚积代谢产物的排除,肌肉组织会变得强壮,以后再经历同样负荷就不易再发生酸痛。

2. 预防与消除方法

(1) 预防肌肉酸痛

1) 根据不同体质、不同健康状况科学地安排运动负荷。

2) 锻炼时,尽量避免长时间集中训练身体某一部位,以免局部肌肉负担过重。

3) 准备活动中,注意对即将训练的负荷重的局部肌肉活动得更充分些,这对运动损伤有预防作用。

4) 整理活动除进行一般性放松训练外,还应重视进行肌肉的伸展牵拉训练,这种伸展性训练有助于预防局部肌纤维痉挛,从而避免酸痛的发生。

(2) 缓解和消除肌肉酸痛

1) 热敷。可对酸痛的局部肌肉进行热敷,促进血液循环及代谢过程,有助于损伤组织的修复及痉挛的缓解。

2）伸展训练。可对酸痛局部进行静力牵拉训练，保持伸展状态 2min，然后休息 1min，重复进行。每天做几次这种伸展训练，有助缓解痉挛，但做时注意不可用力过猛，以免牵拉时再使肌纤维损伤。

3）按摩。按摩有使肌肉放松、促进肌肉血液循环的作用，有助于损伤的修复及痉挛的缓解。

4）口服维生素 C。维生素 C 有促进结缔组织中胶原合成的作用，有助于加速受损伤结缔组织的修复，从而减轻和缓解酸痛。

5）针灸、电疗等手段对缓解酸痛也有一定作用。

思考与练习

1. 急救训练对将来航海工作生活有哪些用途？
2. 现场急救对航海途中遇到突发事件的应急处理有什么帮助？

模块2　海员身体素质与能力训练

【航海文化提示】新中国杰出航海家代表贝汉廷船长因身体健康原因于1985年逝于航行途中，老一辈航海者在非常艰苦的环境条件下为我们创造了丰富的航海资源。如今，船上各种生产、生活条件非常好，船上的健身器材配备齐全，新一代的航海者应该充分用好这些资源，科学训练身体，保证自身拥有健壮的身体和良好的精神面貌，接过前辈的事业，为中华民族伟大复兴贡献自己的青春。

子模块6　基本身体素质训练

学习与训练目标

1. 了解和掌握基本身体素质训练的内容与方法。
2. 了解和掌握身体素质训练在体育锻炼中的作用。
3. 了解和掌握身体素质训练对航海职业岗位的意义与作用。

学习情境

身体素质，通常指的是人体肌肉活动的基本能力，是人体各器官系统的机能在肌肉工作中的综合反映。身体素质一般包括力量、速度、耐力、灵敏、柔韧等。身体素质经常潜在地表现在人们的生活、学习和劳动中，自然也表现在体育锻炼方面。一个人身体素质的好坏与遗传有关，但与后天的营养和体育锻炼的关系更为密切，通过正确的方法和适当的锻炼，可以从各个方面提高身体素质水平。

任务1　力量素质训练

力量是肌肉在工作时克服内外阻力的能力，是体能的构造要素，是决定运动成绩、工作能力的基础性因素，与其他运动素质有着密切的关系，对增长肌肉耐力、发展速度、提高灵敏性起着重要作用。力量是掌握工作技能、提高体能水平的前提与保证。

一、力量的分类

（一）肌肉的收缩形式

根据肌肉的收缩形式，力量可分为等张性力量、等长性力量两类。

1. 等张性力量

当肌肉的一端被固定而进行收缩时，其长度缩短，而张力不变，这种收缩称为等张性收缩（或动力性收缩），以这种形式收缩所产生的力量，就是等张性力量。

2. 等长性力量

当肌肉处于两端被固定的情况下进行收缩时，其长度不变，而张力增大，这种收缩称为等长性收缩，以这种形式收缩所产生的力量，就是等长性力量。

（二）肌肉克服阻力的表现形式

根据运动时肌肉克服阻力的表现形式，力量可分为三类。

1. 最大力量（又称绝对力量）

这是指身体或身体部分肌肉克服最大阻力的能力。最大力量的增长主要有两个途径：一是依靠肌肉内协调能力的改善；二是通过增大肌肉生理横断面，从而增加肌肉收缩力量。

2. 速度力量（又称爆发力、快速力量）

这是指肌肉在运动时快速克服阻力的能力。速度力量是力量和速度有机结合的一种特殊力量素质，具有速度和力量的综合特征。

3. 力量耐力

这是指运动时肌肉长时间克服一定阻力的能力。阻力越大，运动持续时间就越短；只有在克服较小的阻力的情况下，才能维持较长时间的运动。

二、力量素质的训练方法

（一）上肢肌群训练方法

上肢肌群包括肱二头肌、肱三头肌、三角肌、胸大肌和上肢的前臂肌群。上肢肌群的力量大小对我们的工作至关重要。

1. 徒手训练

徒手训练是利用克服自身体重来达到发展上肢肌群的目的，适用于上肢肌群训练的初级阶段。主要的训练方法与手段有俯卧撑、单杠引体向上、双杠屈臂撑起、爬杆（绳）等。

2. 轻器械训练

轻器械训练是利用轻、小器械的负荷来达到发展上肢肌群的目的，用于上肢肌群训练有一定基础者。主要的训练方法与手段有持哑铃组合训练、实心球训练、杠铃抓举、杠铃挺举、杠铃快挺、杠铃高翻、杠铃卧推等。

（二）下肢肌群的训练方法

下肢肌群包括髋肌、大腿肌、小腿肌和足肌。髋肌包括髋腰肌、梨状肌、臀大肌、臀中肌、臀小肌等；大腿肌包括股四头肌、缝匠肌、股二头肌、耻骨肌、长收肌、短收肌等。

1. 徒手训练

徒手训练是利用克服自身体重来达到发展下肢肌群的目的适用于下肢肌群训练的初级阶段。主要的训练方法与手段有立定跳远、立定三级跳、立定十级跳、蛙跳、单足跳、跨步跳、原地纵跳手摸高物、原地连续摸高、连续跳台阶、连续跳跃栏架、跳钻跨栏架、台阶换腿跳、单腿台阶跳等。

2. 轻器械训练

轻器械训练是通过利用轻、小器械的负荷来达到发展下肢肌群的目的，适用于下肢肌群训练有一定基础者。主要的训练方法与手段有跳绳训练、负同伴蹲起训练、持壶铃蹲跳、深蹲、半蹲、负重提踵、仰卧双腿蹬杠铃、负重弓箭步交换跳、负重高抬腿、负重半蹲跳等。

（三）躯干肌群训练方法

躯干肌群包括背肌、胸肌、膈肌和腹肌等。背肌主要是指斜方肌和背阔肌；胸肌主要有胸大肌、胸小肌和肋间肌。

1. 腹肌的训练方法

平地或斜位仰卧起坐（抗阻或负重）。

1）下肢固定头触膝。
2）下肢固定手从膝外侧摸到踝。
3）下肢固定手从膝内侧摸到踝。
4）仰卧直举腿（抗阻）。
5）仰卧收举腿（抗阻）。
6）仰卧双手接球投掷。
7）双脚夹实心球前抛。

2. 背肌的训练方法

1）站位俯姿提拉杠铃杆。两脚左右开立，双手提前握杆后，靠躯干力量提拉杠铃。杠铃重量控制在30~40kg，训练次数：30~40次×4~5组。
2）俯卧跳箱收背肌传接实心球。两人配合俯卧在跳箱上，收背肌时接实心球后下来，再收背肌时传实心球。训练次数：20次×4~6组。

3. 侧肌的训练方法

1）侧卧支撑、收腿、负重起坐、跳箱负重起。
2）双人提拉杠铃杆。
3）俯卧前挂侧摆。
4）壶铃侧拉。
5）杠铃侧向绕腰。
6）双手握杠铃杆左右轮摆（一头固定）。
7）握重物（站位）轮摆。
8）二人手对抗转体。

4. 臀大肌的训练方法

俯卧直腿后摆（负重物、橡胶带、对抗）、跪姿直腿后摆（负重物、橡胶带、对抗）、直腿后摆过栏架、绕L字栏（可负沙绑腿）、后坐式全蹲跳。

三、放松

放松有利于肌肉紧张的恢复，有利于提高神经调节功能，有利于速度力量的发展。如果不放松，肌肉的紧张得不到消除，会使血管继续受压，并可引起静止状态的肌肉痉挛。因此，放松对力量训练特别重要。

实践前提示

1. 正确选择训练方法

在组合训练中，要根据项目特点，采取不同手段，一般采用5~8个手段。组数要求：4~6组，间歇1~2min，投掷组次数6~10次，跳跃组次数10~15次，短跨组次数20~30次，中长跑组次数30~50次。

2. 合理安排各种训练的搭配

在组合训练中手段和方法的搭配要合理，做到上、下肢要搭配、前肌群和后肌群要搭配、专项力量和身体素质要搭配。例如：一个组合训练采用跑的专项力量 2~3 个手段，上肢力量 1~2 个手段，下肢快速力量 1~2 个手段，躯干肌群训练 1~2 个手段。

3. 训练重点明确

在训练中，要把发展专项力量放在首位，把发展躯干力量和后侧肌群，特别是髋关节和臀大肌的力量作为重点。

4. 处理好负荷与年龄的特点

在选择训练手段时要考虑不同年龄阶段的生理特点和心理特点，特别是在使用杠铃训练时，14 周岁以后才可以发展全蹲力量，13 周岁以前主要是以克服自身重量的跳跃为主。在使用杠铃训练时男子不要超过 50kg，女子不要超过 30kg。

5. 手段多样化

在组合训练中，手段要多样化，发展同一块肌肉要采用不同的训练手段，提高运动者的兴趣。

6. 要有针对性

在组合训练中采用的各项方法手段要有针对性，在训练过程中注意技术要求的正确性。

任务 2　速度素质训练

根据现有环境条件，通过提高反应速度、动作频率、加速跑能力以及各种方式的训练发展速度素质。

一、速度分类

根据速度的表现形式可分为反应速度、动作速度、位移速度三类。组成速度素质的三部分内容有其相对的独立性。

1. 反应速度

这是指人对各种信号刺激快速应答的能力，如短跑运动员在起跑时对发令枪声的反应等。

2. 动作速度

这是指人体快速完成某一动作的能力，如短跑运动员的步频等。

3. 位移速度

这是指在单位时间内人体快速位移的能力，如 30m 跑和 50m 跑等。

二、速度训练的方法

（一）发展位移速度的方法

速度是由步长与步频两个因素决定的。发展速度的途径不外乎三种：即发展步长、发展步频、步长与步频同时发展。各种跑的训练是发展跑速的有效手段：起跑训练、加速跑训练、行进间跑训练、上坡跑训练、跑－跨结合速度训练、缩短栏间距离的高抬膝跨栏跑、各种跳跃训练等。

1. 步长训练

1）放松大步跑。

2）上坡跑。

3）后蹬跑。

2. 步频训练

1）加速跑。

2）高抬腿跑。

3）小步跑。

4）下坡跑。

5）车轮跑。

3. 步长与步频同时发展训练

1）变速跑，快速跑+惯性跑+快速跑。

2）途中跑。

3）跨步跳。

（二）发展动作速度的方法

动作速度的快慢主要取决于完成动作时，肌肉的收缩力量、收缩速度、对抗肌的协调配合以及动作结构的合理性。动作速度受遗传的影响很大，在训练时，一定要考虑遗传的因素，在速度敏感期内优先发展速度。反复进行快速动作的训练，如快频率原地跑、快速高抬腿、下坡跑、牵引跑等，主要目的是提高肌肉收缩的速率，改善神经系统对肌肉的支配能力。

1. 反复进行快速动作的训练

1）快频率原地跑。训练的组数：10s×3～5组。

2）快速高抬腿。训练的组数：10s×3～5组。

3）快速摆臂。训练的组数：10s×3～5组。

2. 发展完成动作所需要部位的肌肉力量

主要目的是通过提高肌肉抗阻力的能力，实现提高动作速度的目的。如要提高摆臂速度，就要提高上肢的力量，特别是肩带肌的力量。主要的训练方法与手段可参照力量训练。

3. 改变条件的各种专门训练

1）采用牵引跑来提高跑的速率。

2）采用下坡跑的形式发展速率。

（三）发展反应速度的方法

反应速度主要取决于神经系统的灵活性。神经系统灵活性提高，反应时间短，反应速度就快，反之就慢。发展反应速度必须与发展灵敏协调结合起来。

1）各种球类活动。

2）各种活动性游戏。

3）综合性训练。

4）听、看信号完成各种训练。

5）各种变换方向、速度、节奏的训练。

实践前提示

1）速度素质训练应结合训练者所从事的职业特点进行。

2）速度素质训练要在情绪饱满、兴奋性高、身体全面活动充分、运动欲望强烈的情况下进行。

任务 3　耐力素质训练

耐力是指人体长时间进行肌肉活动的能力，也可看作抗疲劳的能力。耐力素质是健康者体能的重要素质之一，也是一般竞技能力的基础素质之一。

一、耐力的分类

耐力是指人体长时间进行肌肉活动和抵抗疲劳的能力。它是人体各器官系统功能和心理素质的综合表现。

依据不同的角度与标准，可把耐力素质分成不同类型的耐力。从运动生物学的角度来讲，耐力可分为4种。

（1）一般耐力　一般耐力是泛指人体进行一般工作的抗疲劳能力。

（2）速度耐力　速度耐力是使人体在较长时间内快速运动的能力。

（3）力量耐力　力量耐力是指肌肉长时间对抗疲劳的能力，及肌肉在长时间内进行收缩活动的能力。

（4）静力性耐力　静力性耐力是指肌肉在长时间内进行静力性收缩的能力，如手倒立、屈臂悬垂等。

在生活、工作和运动中，按人体能量供应的特点，耐力素质可分为有氧耐力和无氧耐力。因此，不同的运动项目发展专项耐力也应有不同的训练方法与手段。

二、耐力素质训练的方法

1. 有氧耐力训练

发展有氧耐力（或称一般耐力）主要是提高心肺功能水平。有氧耐力的主要指标是最大吸氧量，即运动时每分钟能够吸入并被身体所利用的氧气的最大数量。

有氧耐力训练的强度，一般用运动过程的心率来衡量，控制在 140~170 次/min 为宜。

发展有氧耐力多采用慢速跑步、越野跑、骑自行车、游泳、划船等周期性运动。有氧耐力训练持续时间最少 5min，一般在 15min 以上，最好能每天坚持 30min 的训练。

耐久跑运动是发展耐力素质的重要手段。经常从事耐久跑锻炼，对人的心肺功能有着非常重要的影响。如基础脉搏（早晨起床前的脉搏）要比一般人慢一些，这是因为心脏每次跳动输出的血液量（每搏输出量）大于一般人的原因；肺活量同样也高于一般人，表明其吸氧量高于一般人。另外，长期从事耐久跑锻炼可形成坚毅、顽强的优良品格。

2. 无氧耐力训练

无氧耐力又称专项耐力，是体能类、技能对抗类竞技体育的基础。发展无氧耐力的方法，主要采用尽可能快的动作，或用平均速度以间歇训练法来完成专项耐力的任务，如 100m、200m、400m 跑等。无氧耐力训练时心率控制在 180 次/min 以上，并加强医务监督。

> **实践前提示**
>
> 1. 耐力素质训练应遵循人体生长发育的规律
>
> 耐力素质的发展水平与其他素质一样，在相当程度上受到人体生长发育水平的影响。如果耐力水平与生长发育水平不相一致，非但不能收到良好的训练效果，可能还会

严重地损害人体健康。因此，根据人的发育水平，合理地安排耐力训练，是发展耐力素质过程中一个非常重要的方向。

2. 注意在耐力素质训练中体现个体化特点

要最大限度地发展耐力水平，就必须在训练中体现大负荷训练的原则。然而，由于人与人之间训练程度、机能水平、项目要求等方面都存在着差异，因此，耐力训练的方法与手段应有所不同。训练的强度、训练的持续时间、间歇的时间与方式以及重复训练的次数也应根据实际情况具有差异性。

3. 耐力训练中应注重呼吸方法、节奏和深度

发展耐力素质，特别是发展有氧耐力水平，正确的呼吸是十分重要的。呼吸的作用在于摄取发展耐力必要的氧气。机体摄取氧气是通过呼吸频率和加深呼吸深度来实现的，二者之间，后者更重要。

4. 注意有氧耐力训练与无氧耐力训练相结合

有氧耐力和无氧耐力虽然在代谢过程中表现出较大差异，但是两者存在着非常密切的关系。有氧耐力是基础，无氧耐力的发展建立在有氧耐力提高的基础上。通过有氧耐力训练能使心脏体积增大，每搏输出量提高，从而为无氧耐力的发展打下坚实的基础。在耐力训练中要注意两者的结合，至于有氧耐力训练和无氧耐力训练的比例，应视实际情况而定。

5. 耐力训练应注意激发训练者的主动性

耐力训练中影响训练主动性的因素较多，主要和兴趣、意志品质、目标追求、思想认识等有关。所以，耐力训练除了采用多种多样的方法与手段激发训练者的兴趣外，还要注意培养训练者刻苦耐劳、坚忍不拔的意志品质。

任务 4　柔韧素质训练

柔韧是指人的各个关节的活动幅度，及关节的肌肉、肌腱和韧带等软组织的伸展能力。人体各关节活动幅度的大小，不仅与关节本身的结构有关，而且也受到关节的肌肉、肌腱和韧带等软组织的伸展性和弹性的影响。

一、柔韧素质的分类

从运动训练的角度来讲，柔韧素质可分为一般柔韧素质和专项柔韧素质。

1. 一般柔韧素质

这是指肌体中最重要的关节活动的幅度，如肩、膝、髋等关节活动的幅度，它们对任何运动项目都是必要的。

2. 专门柔韧素质

这是指运动员在田径专项运动中达到最大运动幅度的能力，主要是由关节的形状、脊柱的灵活性、韧带肌腱和肌肉的弹性所决定的。

全面发展全身各关节的柔韧性，可增大完成动作的幅度，提高动作的协调性和动作质量。增加肌肉收缩前的初长度有利于动作速度的提高和更好地发挥肌肉力量。良好的柔韧性对高难度动作的完成，特别对避免或减少运动损伤的发生有着积极的作用和效果。

二、柔韧素质训练方法

1. 静力性的柔韧性训练

1）肋木上正压腿、侧压腿、后压腿、下腰、弓箭步压腿等训练。

2）垫上两人一组或单人做直腿并腿屈压、盘腿屈压、跨栏坐、跪撑、纵向横向劈叉、仰卧压腿等训练。

采用静力性训练来拉伸肌肉、肌腱、韧带和皮肤。拉伸力量的大小应以感到酸、胀、痛为限，并保持 8~10s，重复 8~10 次即可。

2. 动力性的柔韧性训练

1）扶肋木做大幅度的正摆腿、侧摆腿、后摆腿等训练。

2）行进中的各种摆腿训练。

每次动力拉伸训练，如踢腿、摆腿等，一般控制在 5~30 次，不宜用力过猛，以防伤害事故发生。

3. 静力性、动力性相结合训练

实践中经常把动力性训练和静力性训练结合起来，主动训练和被动训练结合起来，可以收到良好的效果。如发展肩部、腿部、臂部的柔韧性，可采用压、搬、摆、踢、蹦、绕环等训练；发展腰部柔韧性，可采用站立体前屈、俯卧背伸、转体、甩腰、涮腰绕环等训练。

实践前提示

1）循序渐进，持之以恒。由于肌肉、韧带等软组织的伸展不是一时一刻就能得到提高的，所以训练应逐步提高要求，做到循序渐进，不能急于求成。根据停止柔韧训练一个时期，已获得的柔韧效果会有所消退的特点，柔韧素质训练要做到系统化、经常化。

2）柔韧素质训练要注意外界温度，温度过低，会影响到肌肉的伸展能力。

3）柔韧素质训练应结合放松训练，放松能有效增进柔韧性。

4）柔韧素质的发展要从小培养。

5）柔韧训练时要防止受伤。因此，要提高柔韧训练的最终效果，必须要防止在训练时受伤。一般在柔韧训练前，可做一些热身活动，减少肌肉的黏滞性；在拉长肌肉的过程中，不宜用力过猛，特别是在柔韧被动训练时，教练员施加的外力要循序渐进。

任务 5 灵敏素质训练

灵敏是指人体在各种复杂条件下，快速、准确、协调地改变身体姿势、运动方向的能力。

一、灵敏素质的分类

灵敏素质分为一般灵敏素质与专项灵敏素质。

二、灵敏素质的训练方法

提高灵敏素质，应尽可能采取逐步增加复杂程度的练习方式。可以通过改变条件、器械、器材等方式增加技术动作的复杂性和难度。还应着重培养和提高掌握动作的能力、反应能力、平衡能力、观察能力、节奏感等。

模块 2　海员身体素质与能力训练

1. 跑、跳中练习

在跑、跳中做迅速改变方向的各种跑、躲闪、突然启动以及各种迅速急停和迅速转体练习等。

2. 游戏性练习

做专门设计的各种复杂多样多变的练习，如"之字跑""躲闪跑""穿梭跑"和"立卧撑"4项组成的综合性练习。

3. 各种调整身体方位的训练

做各种调整身体方位的练习，如以非常规姿势卧撑练习，如侧向或倒退跳远、跳绳等。

4. 限制空间练习

限制完成动作的空间练习，如在缩小的球类运动场地进行练习。

5. 改变速度或速率的练习

改变完成动作的速度或速率的练习，如变换动作频率或逐渐增大动作频率。

6. 听各种信号练习

做各种变换方向性的追逐性游戏和对各种信号做出应答反应的游戏等。

> **实践前提示**
>
> 1）经常变化训练内容，常用多种多样的方法训练灵敏素质，可以提高训练者各个器官的机能和反应。
>
> 2）在进行灵敏素质训练时，教师应该采用各种有效的方法和手段，消除训练者紧张心理状态和恐惧心理。因为人心理紧张，肌肉等运动器官也必然紧张，会使反应迟钝，动作的协调性下降，影响训练的效果。
>
> 3）在进行灵敏素质训练过程中应有足够的间歇时间，但休息时间又不可过长。休息时间过长会使中枢神经系统的兴奋性大幅度下降，下次训练就会减弱对运动器官的指挥能力，使动作协调性下降、速度减慢、反应迟钝，这必然影响训练效果。
>
> 4）应结合专项要求进行训练。灵敏素质具有专项化的特点，应针对学生专业对灵敏素质的特殊要求安排训练，使训练效果与专业要求相一致。

思考与练习

1. 基本身体素质在体育运动中的作用是什么？
2. 为什么要加强基本身体素质训练？
3. 身体素质包括哪些？如何训练身体素质？

子模块 7　航海专项身体素质与能力训练

学习与训练目标

1. 了解航海职业的专项身体素质。
2. 了解并掌握抗眩晕能力的训练方法与技巧。

3. 了解并掌握平衡能力的训练方法与技巧。
4. 了解和掌握攀爬能力的训练方法与技巧。

学习情境

案例：张某没有经过在校专项身体素质训练，只是通过社会专业知识培训拿到上船资格证书后，就找到了一份船员工作，并欣然接受了远洋的工作。这位来自山西的小伙子，年龄不到25岁，从来没有见过大海，更不用说上过船了。当他兴高采烈地踏上远洋征程时，第一次就遇到了大风，在大海中颠簸的感觉使他难以适应。他自己都没想到，强壮的他，第一天就出现了严重的晕船现象，不能吃喝，只能躺在床上。刚开始船长以为他只是普通的晕船，结果好几天卧床不起，最后，船只能停靠码头将张某送往医院。此案例说明，抗眩晕能力对船员职业的重要性。

我们站在船上、公交车上、晃动的火车上或晃动的木桥上，第一感觉就是无法站稳，导致东倒西歪，前仰后合，给生活带来很多不便。特别是船员，在大风浪情况下，仍然要做船体保养、舷外作业、爬桅杆、为游客服务等工作，避免不了爬杆、爬绳、爬软梯等。为此，航海类专业学生提高航海专项身体素质与能力，对于今后从事海上工作有着重要的价值和意义。

任务1 抗眩晕能力的培养与训练

从事航海事业的人都知道，海上工作是一项艰苦工作，特别是海上航行要消耗大量的体力和精力，如果没有强健的体魄、良好的身体素质以及坚定的毅力，就很难适应海上工作的需要。同时，从事海上工作还会遇到陆地上不可能遇到的特殊情况，因此，对船员的身体和体质就提出了更高的要求。针对船员在船上工作时出现头晕眼花、四肢无力、行走艰难、晕船呕吐等情况，应采取有针对性的训练，使之更好地适应和担当海上运输的工作重任。实践证明：滚轮、浪木的训练，可以增强人体心血管系统的功能和呼吸系统的功能，提高动作的灵敏性和协调性，增强人体前庭器官的调节能力，预防和克服晕船现象，是船员上船工作之前的一项必不可少的训练项目。因此，航海类院校都应该要求学生学会、掌握和经常参加滚翻、滚轮、浪木的训练。

一、滚翻
（一）团身前滚翻推手起接团身后滚翻站立

身体面朝垫子，蹲撑，两脚蹬地，同时屈臂低头，提臀收腹，重心前移屈体向前动。前滚时，头的后部、肩、背、臀部依次着垫。在臀部着垫的同时两手从两侧用力向后推垫站起。然后继续蹲撑，两手向前推垫，臀部靠近脚跟快速后倒，使臀、背、肩部依次着垫向后滚动，同时屈肘，两手在头部两侧（掌心向上，手指向后，抬肘稍内收），当滚动至肩颈时，两手迅速推垫站立。

（二）鱼跃前滚翻（图2-1）
1. 动作做法

由半蹲臂后举开始，重心前移，两腿用力蹬地，同时两臂前摆，两手前下撑地，顺势屈臂、低头、含胸、稍屈髋，向前滚动，随即屈膝、团身、抱腿、跟肩成蹲立。

2. 动作要点

跳起后，眼看前下方，身体保持稍含胸、屈髋姿势。撑地时，屈臂缓冲，经肩、背、腰、臀依次着地滚动。背腰部着地时，屈膝、团身、抱腿、跟肩成蹲立。

3. 动作规格

腾空明显，动作伸展，滚翻圆滑。

4. 教学建议

1）训练远撑地的前滚翻，设置软障碍物做鱼跃滚翻。

2）保护者单腿跪立或站立，一手托腹，一手托大腿前部，帮助腾空和屈臂缓冲前滚。

3）逐渐提高腾空高度和远度。逐渐减少助力，过渡到独立完成。

4）加助跑做挺身鱼跃前滚翻。由低向高或由高向低处做。

5. 易犯错误与纠正方法

1）腾空不明显或没有腾空。采用以上教学建议进行训练。

2）滚动不圆滑或团身过早、过晚。采用以上教学建议，并强调撑地时，身体不要松，保持腿伸直前摆。

3）动作不伸展，屈髋过多。

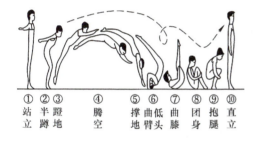
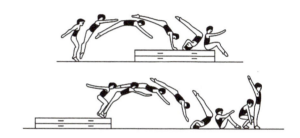

图 2-1

滚翻运动是一种技巧运动，可以锻炼人体的平衡功能、感受运动时的三维空间位置、维持人体的正确姿势、保持清晰的视野。滚翻技能是航海生活中必不可少的保护性实用技能，能避免偶发事件所引起的伤害，如滑倒、摔倒、跌下时，可采用滚动或滚翻动作，保护自己，减少损伤。

滚翻是人体的基本活动能力，是身体沿着一定的方向滚动与翻转。经常训练滚翻可以锻炼人体前庭分析器的适应能力，提高人体对心血管系统的调节能力和抗晕能力，这对于航海专业学生来说有着非常重要的意义。

二、滚轮

航海类专业学生未来主要是在船上工作，由于海上自然环境及工作状况与陆地不同，因而对船员的体质提出了特殊的要求。针对该专业的工作特点以及船舶工作的性质和特点，可以采取一些特制的器械进行训练，以提高今后上船工作和生活的适应能力。滚轮运动是一项对船员适应工作和生活具有锻炼和实用价值的运动。通过对滚轮的训练，能有效地促进学生身体健康，增强体质，特别是提高前庭分析器（平衡器官）的调节能力，同时，还能掌握一定的实用技能。

1. 侧转

（1）预备姿势　双脚踏进横踏板脚套内，两手正握两小环，头稍向转动方向，微收腹，腿稍屈，上体正直，腿部肌肉稍紧张，稍提臀，同时，腰部硬朗，头正直不可低头（图2-2）。

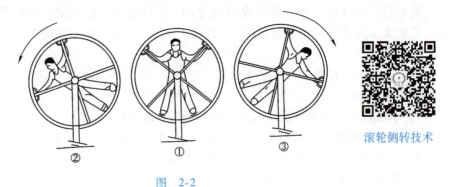

滚轮侧转技术

图 2-2

（2）动作要领与训练方法　双脚站进滚轮内，先左手正握近端小环，右脚踏进远端横踏板脚套内，随即右脚用力蹬踏板，同时，右手伸向远端小环并正握，然后，左脚踏进另一横踏板脚套内。

当双手握好的同时两只脚踏进横踏板内后，开始大腿肌肉稍紧张，稍提臀收腹，上体正直，并使腰部稍紧张硬朗，头正直。

（3）保护与帮助　当训练者进入滚轮内后，保护者应站在与训练者相对的滚轮另一侧或正对滚轮，同时，双手紧握滚轮。

当训练者左手握住小环，右脚踏进横踏板时，保护者准备协助其抓另一小环。做法就是当训练者右脚用力蹬横踏板时，保护者同时双手也用力向上支撑，使训练者右手顺利抓牢另一小环。

当训练者站稳后，保护者应提醒训练者身体与动作要领不一致的部位进行改正。

2. 右侧转（图2-2）

（1）开始动作　预备姿势后，头部稍向转动方向，臀部向右移，蹬右脚，同时右臂往下用力撑，左臂、左手往上用力拉，当滚轮起动后，右、左臂依次用力支撑，向右转动。经身体倒立部位后右手拉环，蹬左脚，臀部移向转动方向。在训练过程中腰部和臀部始终不能松弛，肌肉稍保持紧张状态，不能低头。

滚轮转圈技术

（2）动作要领与训练方法　预备姿势完成后，头部稍往右肩关节靠，臀部向右移，蹬右脚，同时右臂往下用力撑，左臂、左手往上用力拉，进行滚轮起动。当滚轮滚动后，人体将与地面平行时，此时右臂开始往下按并同时支撑，左脚开始蹬横踏板或勾横踏板小环（根据人身高而定，身高高者采用蹬，身高偏矮者采用脚尖勾脚跟蹬），当人体全部重量移到双手臂上成倒立状态时，那么双脚将蹬横踏板或勾横踏板小环。为了继续转动，此时右手同时用力拉环，用力蹬左脚，左手与右脚肌肉稍放松，同时臀部移向转动方向。

初学者也可在保护者的帮助下完成以上动作，具体做法：当训练者预备姿势完成后，保护者双手用力往下按，起动滚轮，此时，训练者开始右臂、左臂依次开始支撑。同时，当滚轮滚动到训练者身体将与地面平行时，保护者提醒训练者左、右脚开始蹬横踏板或勾横踏板小环。当训练者身体全部重量移到双手臂上成倒立状态时，此时训练者双脚将蹬横踏板或勾横踏板小环，这样就完成了向右旋转一周，同时，保护者双手再用力往下拉或按滚轮时，训练者又开始重复以上动作，只是手臂用力与支撑正好相反。

（3）保护与帮助　当训练者自己训练时，保护者始终站在滚轮的一侧或正对滚轮，提示动作要领和提醒训练者在训练过程中错误的姿势，特别是手脚的用力与支撑以及腰部、臀部肌肉是否保持相对紧张状态和头部位置是否正确。训练者如不小心或做错误动作掉下时，保护者应帮助其快速使滚轮制动（即迅速双手抓滚轮不让滚轮继续转动或慢转，使滚轮静止下来），以免造成对训练者不必要的伤害。

3. 左侧转

左侧转与右侧转动作要领相同，只是方向相反（图2-2）。保护与帮助同右侧转。

4. 制动

此处的制动就是使滚轮停止转动，处于静止状态。要想使滚轮停止转动，训练过程中头部和臀部移向转动的相反方向，同时，手臂的肘关节放松，脚不再用力蹬横踏板。

（1）动作要领与方法　为了使滚轮静止，训练者应该在训练过程中将头部和臀部慢慢移向转动的相反方向，同时，身体处于半正立或正立状态时，手臂在上的一只手肘关节逐渐松弛，在上的一只脚也不再用力蹬横踏板，这样依次进行，滚轮就会慢慢地停止下来。

（2）保护与帮助　如果训练者不想再训练，或训练过程中出现错误动作以及训练者跌落滚轮等，保护者都要对滚轮进行制动，避免不必要的伤害。做法是保护者双手抓住滚轮，紧握滚轮使其不再旋转，或手握滚轮朝相反方向稍用力协助训练者慢慢制动。

5. 前后转

（1）预备姿势　双脚踏进纵踏板脚套内，两手分握轮栓或前后正握大环（图2-3）。

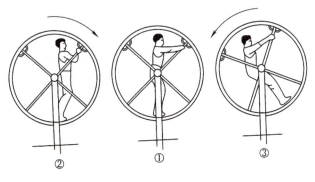

图　2-3

（2）动作要领与方法　预备姿势完成后，训练者蹬地脚向前下方用力蹬地，蹬地脚蹬地后，迅速踏上轮柱下端，同时，双手用力拉轮栓，使轮向后方摆动。当轮由后上方回落时，上体顺势后仰；转至前上方时，上体向前屈，低头，屈肘向里合，向后转动。

初学者也可在保护者的帮助下完成动作。训练者预备姿势完成后并将双脚都置于轮柱下端时，保护者站其身后手握滚轮用力向下按，使滚轮进行转动，反复训练使训练者体会到运动方向改变的感觉和身体肌肉用力的感觉后，训练者再按动作要领自我训练。

（3）保护与帮助　保护者站在一侧或手扶滚轮进行保护。当训练者蹬地力量小不能顺利进行后转时，保护者可以帮其加大用力。同时，训练者如不小心或做错误动作掉下时，保护者应帮助其快速使滚轮制动（即迅速双手抓滚轮不让滚轮继续转动或慢转，使滚轮静止下来），以免造成对训练者不必要的伤害。

6. 起动前转

（1）开始动作　预备姿势后，蹬地脚向前下方用力蹬地，使轮向后上方摆动。蹬地脚蹬地后，迅速踏上轮柱下端，同时双手用力拉轮柱。轮由后上方回落时，上体顺势前屈，低头屈肘向里合。转至后上方时，两臂伸直，抬头，肩向前移，继续向前转动（图2-4）。

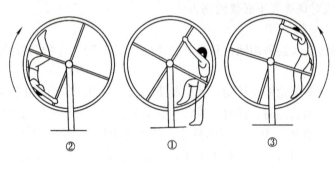

图　2-4

（2）动作要领与方法　预备姿势完成后，训练者蹬地脚向前下方用力蹬地，蹬地脚蹬地后，迅速踏上轮柱下端，同时，双手用力拉轮栓，使轮向后方摆动。轮由后上方回落时，上体顺势前屈，低头屈肘向里合。转至后上方时，两臂伸直，抬头，肩向前移，继续向前转动。

初学者也可在保护者的帮助下完成动作。训练者预备姿势完成后并将双脚都置于轮柱下端时，保护者站其身前手握滚轮用力向下按，使滚轮进行转动，反复训练使训练者体会到运动方向改变的感觉和身体肌肉用力的感觉后，训练者再按动作要领自我训练。

（3）保护与帮助　保护者站在一侧或手扶滚轮进行保护。当训练者蹬地力量小不能顺利进行后转时，保护者可以帮其加大用力。同时，训练者如不小心或做错误动作掉下时，保护者应帮助其快速使滚轮制动（即迅速双手抓滚轮不让滚轮继续转动或慢转，使滚轮静止下来），以免造成对训练者不必要的伤害。

7. 前后坐转

（1）预备姿势　坐在纵踏板上，用保护带绑住髋部，两手分握轮栓。一脚踏轮柱下端，另一脚蹬地面（图2-5）。

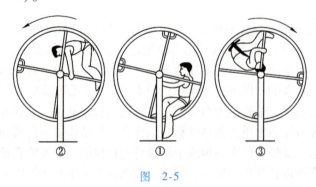

图　2-5

（2）动作要领与方法　双脚踏进滚轮内，左右分腿，双手分握轮栓，然后坐在踏板上，并系好保护带于髋部，低头塌腰收腹，一脚踏在轮柱下端，另一脚蹬在地面上。

（3）保护与帮助　保护者站在一侧，手扶滚轮使滚轮处于静止状态进行保护。

三、浪木

1. 浪木起动与转髋训练

人站立在静止的平衡的浪木上，前后开立，稍宽于肩，两手自然下垂或自然伸向左右两边，做大约30°的前后摆动训练。人横站在静止的浪木中间，左右开立稍宽于肩，身体重心在两腿之间，两腿膝关节微屈，上体正直，两手自然下垂或自然向左右伸出，做左右蹬腿摆动转髋训练。

（1）动作及训练方法　右大腿压小腿，右脚掌用力向前蹬浪木，身体重心稍向后，浪木向前摆动，当浪木摆动到一定高度时，重心前移，同时换左腿向前，在换左腿的同时左脚掌向后蹬浪木，随浪木后移时身体重心前移，这样来回交换（图2-6）。

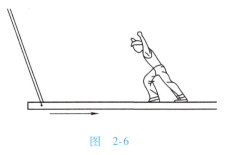

图　2-6

右大腿压小腿，右脚掌用力向右蹬浪木，重心移到左腿上，当浪木摆到一定高度后回摆时，转髋重心落到右腿上，同时左大腿压小腿，左脚掌用力向左蹬浪木，上体保持不动，这样来回交换。

（2）保护与帮助　浪木两侧放好垫子，位置适当，以利于训练者不小心掉下时进行保护。

训练时，保护者应站立在浪木一侧跟随训练者移动或原地进行保护，训练者也可把一只手置于保护者手中，但重心不应落于保护者手中。保护者要时刻注意训练者，主要是扶住训练者，以免训练者被浪木撞伤。

2. 后摆上浪木与立定漂浪

人站立在浪木中间位置的地下，与前后摆动的浪木成90°。右脚第一步蹬上或向上向前跳上，左脚同时跨上站立在右脚尖前（距离10cm左右）位置上。这时上体保持正直稍收腹，两手自然向左右伸出，两腿膝关节微屈，并保持腿部肌肉紧张，但髋关节要放松，身体随浪木前后摆动而移动（做到浪木向前身体重心向后，浪木向后身体重心向前，即浪木向前人向后，浪木向后人向前），在浪木前后摆动中，逐渐熟悉与掌握身体平衡（图2-7）。

图　2-7

立定漂浪

（1）动作及训练方法　右脚搭在浪木上跟随摆动，眼睛注视浪木的末端，当看到浪木处于静止状态的一瞬间（因为浪木摆到最高点时会停顿一瞬后再回摆），左脚蹬地跳上浪木站立在右脚尖前（距离10cm左右）位置上，跟随浪木的摆动而移动（做到浪木向前身体重心向后重心落在左脚上，浪木向后身体重心向前重心落在右脚上）。

右脚弯曲，眼睛注视浪木的末端，当看到浪木处于静止状态的一瞬间，左脚蹬地向上向前跨上浪木，同时左脚站立在右脚尖前（距离10cm左右）位置上，跟随浪木的摆动而移动（做到浪木向前身体重心向后重心落在左脚上，浪木向后身体重心向前重心落在右脚上）。建议初学者先在地面训练，具体做法：姿势同跳上后姿势，两脚前后开立（距离10cm左右），平行站在离摆动的浪木2m位置，随着浪木摆动身体重心跟着前后移动（做到浪木向前身体重心向后，浪木向后身体重心向前）。或原地训练，当熟练后上浪木训练。

（2）保护与帮助　浪木两侧放好垫子，位置适当，以利于训练者不小心掉下时进行保护。

保护者开始应与训练者并排站立协助训练者上浪木，当训练者上浪木后，保护者应站在浪木中央位置，做好训练者跳上后和行进时失落的保护。主要是对训练者失落后或在浪木上颠簸时进行安全保护，避免失落后被浪木撞伤。

当训练者上浪木后，保护者可以在浪木上进行保护，主要是控制浪木的摆动幅度与训练者身体重心的转移，以免训练者被震落。

3. 浪木上前进3步

前进是利用浪木后摆结束之际（即摆到最高点相对静止的一瞬间）在浪木上向前行进。第1步为右脚迈出，右脚掌底应与浪木平行，迈出不大于50cm步距后，紧接第2步左脚以同样的姿势及距离向前迈出，同时脚掌往后蹬浪木。此时利用浪木后摆至结束前，右脚迅速向前走至离左脚跟大约10cm的位置上（即2s内，右脚前进两步，左脚前进一步）（图2-8）。

（1）动作及训练方法　上浪木站稳之后，眼睛注视浪木的末端。当看到浪木处于相对静止的一刹那，右脚蹬浪木同时迈出，右脚掌与浪木平行，迈出的距离小于50cm，紧接着左脚以同样姿势及距离向前迈进，同时左脚掌向后蹬浪木。当浪木后摆至结束前，右脚再迅速向前走至离左脚跟大约10cm的位置上。重心始终在前脚，右脚、左脚、右脚依次轮换重心。

（2）保护与帮助　垫子的保护同前。保护者站立在浪木一侧或中央位置，提示动作要领与保护训练者失落后的安全。始终注视训练者，对训练者失落后进行帮助，避免失落后撞伤。

4. 后退3步

后退是利用浪木前摆，背向行走，是较复杂的动作。由于后退时观察受限，后退用力点及掌握重心困难，容易造成跌下，因此，身体重心应尽量下压，使小腿与浪木不小于70°。这时膝关节微屈，两手自然前后摆动。第1步应以左脚前脚掌的蹬撑力，支撑身体大部分重心，右脚迅速向后跨一小步（鞋底尽可能贴于浪木）。当右脚接触浪木后左脚迅速以同样姿势及距离向后迈出第2步。第3步为右脚以同样姿势缩小步距，以最快速度回到后退前两脚姿势的站法上（图2-9）。

图 2-8   图 2-9

（1）动作及训练方法　初学者站稳在摆动上的浪木上，眼睛注视浪木的终端。当看到浪木处于相对静止的一刹那，重心落于左前脚掌，右脚迅速向后跨一小步。右脚接触浪木并支撑身体重心后左脚也迅速以同样姿势和距离向后迈出第2步，第3步同第1步，但距离要缩小，最后迅速回到后退前两脚站立姿势。重心始终在后脚，左脚、右脚、左脚依次轮换重心。

（2）保护与帮助　垫子的保护同前。保护者站立在摆动的浪木一侧跟着训练者走动，开始时训练者可伸出一只手给保护者，保护者要注意提醒训练者的动作要领与注视训练者的脚步移动，同时提醒训练者脚是否踏在浪木上，同时，注意训练者跌落后的安全保护。

初学者学习前 3 步与后 3 步的注意事项：

第一，避免跳的动作，始终保证有一只脚不离开浪木。第二，尽量做到步子小、动作协调、重心前后移动及时，差不多像"一"字步型，避免左右步或"八"字步。同时，蹬浪木用力时力量把握恰当，应与身体重心转移协调。第三，学会自我保护动作，如果浪木摆动过大重心转移不及时造成一只脚震落，或后退时没踏上浪木一只脚跌落时，尽量做到在浪木上的另一只脚蹬离浪木往两侧跳落垫子上。

---

5. 180°转体

向后转体必须是在浪木向后摆动时进行，利用最短时间完成 180°转体。上身向下用力（不能跳起），两腿前后分开（左脚在前），自然弯曲，上体稍前倾（图 2-10a）。浪木后摆接近终点时，以两脚前脚掌为轴向右转体 180°，随即趁浪木回摆之势前进（图 2-10b）。

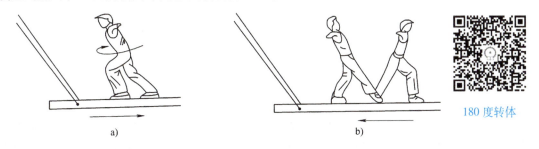

a)   b)

图 2-10

（1）动作及训练方法　向后转体是当浪木向后摆动时，利用最短的时间完成 180°转体。左腿向前迈出一步，同时向右转动髋关节、膝关节、踝关节向内旋转，上体不动或稍向前并迅速跟着旋转，此时身体重心降低且重心落在右脚上。当浪木后摆接近终点时，以右脚掌为轴迅速转体180°，同时趁浪木回摆之势左腿迅速前进，右腿始终作支撑跟着浪木摆动（不能跳起）。

（2）保护与帮助　垫子的保护同前。保护者始终站在浪木的一侧进行保护，如果训练者动作不对或转体较慢跟不上回摆的浪木向前前进被震落时，保护者应迅速扶住训练者身体或拉训练者到自己身后，避免不必要的伤害。初学者要学会自我保护，即当被浪木震落时，不要害怕，应该快速蹬离浪木往保护者一边跳离浪木，进行自我保护。

6. 跳下

（1）后摆跳　当浪木向后摆至终点时，迅速按左、右脚的顺序向左前方跳下，双脚落地站稳（图2-11a）。

图　2-11

1）动作及训练方法　站在摆动浪木上，左脚在前，右脚在后，眼睛注视浪木，当看到浪木向后摆至终点时，按左、右脚的顺序蹬浪木向左前方跳下，双脚落地。

2）保护与帮助　保护者站立训练者的身后，如训练者跳下站立不稳时，应快速上前扶其远离摆动的浪木。

（2）挥臂挺身跳　浪木向前摆至最高点时，身体保持同地面垂直。利用浪木后摆的惯性，两腿膝关节弯曲，同时两手迅速向上摆动，利用右脚支撑，左脚迅速提起，使身体重心移向左侧上方，同时两脚及时并拢，挥臂挺身跳下。身体离开浪木垂直面后，双脚落地站稳（图2-11b）。

1）动作及训练方法　站在摆动浪木上，左脚在前，右脚在后，身体保持与地面垂直，眼睛注视浪木，当看到浪木向前摆至最高点时，利用浪木后摆的惯性，两腿膝关节弯曲，同时两手迅速向上摆动，左脚迅速提起，利用右脚支撑蹬离浪木，使身体重心移向左侧上方，同时两脚及时并拢，挥臂挺身跳下。

2）保护与帮助　同后摆跳。

7. 摆动中坐下与起立

浪木向前摆接近终点时，迅速屈膝下蹲，手扶浪木板坐下（必须在浪木后摆时完成），两腿前伸（图2-12）。当浪木再向前摆至终点时，迅速屈膝，两臂用力支撑浪木板，同时上体稍前倾起立，趁浪木回摆之势前进。

（1）动作及训练方法　眼睛注视浪木末端，当看见浪木向前摆接近终点时，迅速屈膝下蹲，重心降落在小腿和膝关节上，身体前倾，最后手扶浪木板坐下（必须在浪木后摆时

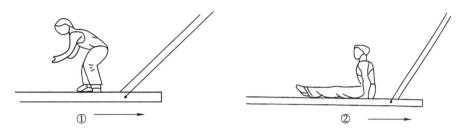

图 2-12

完成），两腿前伸，随后重心跟着浪木移动。

眼睛注视浪木末端，当浪木再向前摆至终点时，迅速屈膝，两臂用力支撑浪木板，同时用力蹬腿，上体稍前倾起立，趁浪木回摆之势，重心向前移动脚跟随浪木摆动。

（2）保护与帮助　保护者在一侧与训练者并排站立，当训练者做以上动作时，跟随训练者前后移动，若看其训练过程中被震落时迅速上前扶其离开浪木，或手抓训练者协助其完成动作。

8. 摆动中跳跃

浪木前摆结束时，两臂向侧上摆，两腿迅速向上跳起；落下时，两腿弯曲有弹性地落在浪木上，上体稍前倾，趁浪木回摆之势前进（图2-13）。训练时应在浪木靠后部位进行。

图 2-13

（1）动作及训练方法　训练时站在浪木靠后部位，脚前后开立，重心落在后腿上，眼睛注视浪木末端，当看到浪木前摆结束时，两臂向侧上摆，两腿蹬离浪木迅速向上跳起；落下时，两腿弯曲有弹性地落在浪木上，上体稍前倾，趁浪木回摆之势，一腿迅速前进，另一腿支撑，跟随浪木摆动。向上用力跳的高度应与浪木摆动的大小成比例（浪木摆动较小时，跳离浪木高度小，反之稍大），对此要有所估计。

（2）保护与帮助　保护者始终跟随训练者移动，如果训练者落下后滑落或被震落时，应迅速上前扶其离开浪木。

（3）陆地上辅助模仿训练

1）站立在静止浪木的一侧，一腿搭在浪木上做起动训练。动作是大腿压小腿，脚掌用力蹬浪木，重心跟随移动。

2）在训练起动熟练的基础上，随即人在浪木一侧的地上跟随摆动的浪木前后走动（刚开始时，走动成"一"字步为好）即做原地漂浪训练。原则上做到浪木向前身体重心向后，浪木向后身体重心向前，即"浪木向前人向后，浪木向后人向前"。

3）在体操凳上或静止的浪木上，做跳上与跳下的模仿训练（图2-14）。

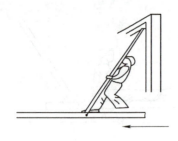 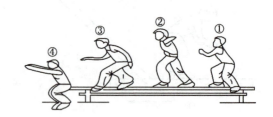

图 2-14

浪木训练的原则应从易到难。

顺序：起动→制动→跳上→跳下→前进→后退→转体→坐下与起立→摆动中跳跃。

　　　　陆地训练→模仿浪木上动作训练→浪木上训练。

四、滚轮、浪木运动的特点

1）滚轮、浪木运动是在人所不习惯的回环、翻腾、旋转、晃动、倒立等动作下进行的。在进行滚轮、浪木训练时，改变了人体空间定向的正常感觉，它直接影响了人体前庭器官的稳定性，使身体处于不平衡状态，让人体的平衡感觉所受到的刺激强于运动感觉和机体感觉，所以与其他运动项目不同（一般都是成直立姿势）。进行滚轮、浪木的训练，就是不断地调节人体平衡感觉，使人体在变换不同姿势的情况下处于不同的肌肉紧张与松弛状态。这项运动中人体对肌肉的本体感觉与控制肌肉的用力程度与其他运动不一样，所以与陆地上的运动相比要复杂些。这些运动对协调性、肌肉感觉与肌肉力量转换等方面提出了更高的要求。

2）由于以前从来没接触过滚轮、浪木的训练，初学者都会存在害怕心理，或因对特定器械环境不习惯，导致训练时紧张或害怕上器械，所以会有一个逐步适应和熟悉器械的过程。

3）滚轮、浪木是锻炼人体平衡器官的器械。它们都是在回环、翻腾、旋转、晃动、倒立等动作下进行运动，因此就决定了训练过程中存在不安全因素，所以在做滚轮、浪木训练时，必须注意加强安全保护及自我保护,.以防止伤害事故。

五、滚轮、浪木运动要注意安全与保护

在进行滚轮、浪木训练时，安全保护工作十分重要，任何人不得轻率马虎。做到训练前，检查训练器械是否牢固，保护垫子是否放置妥当，衣服、鞋子穿着是否合适；训练中，要注意自我保护，遇到意外情况要学会保护自己，特别要注意在训练中器械要由慢而快，逐渐进行，要循序渐进，不可一蹴而就。

任务 2　攀爬能力的培养与训练

攀爬是指在特定环境中，充分运用四肢，有时甚至改变身体姿势，克服各种地形或障碍物而进行的一种运动，它在日常生活、劳动和军事方面都有广泛的使用价值。对于航海专业学生来说，经常进行攀爬运动的训练，能有效地增强上肢的力量，发展灵敏、协调等身体素质，培养不畏艰险、勇于进取的精神。滚翻、攀爬与攀岩运动不仅可以调节人体生理，改善前庭器官和中枢神经系统的功能，而且可以调节心理，发展各种身体素质，在航海体育锻炼

中有着非同一般的锻炼价值与意义。

一、攀爬

1. 俯爬横梯

双脚一前一后分别蹬踏于两节横梯上，同时双手抓握于两腿前的一节横梯，开始向前爬行（图2-15）。

2. 仰爬双横杠

双脚分别蹬于横杠上，双手也分别抓握横杠，同走路一样，异侧的脚和手协调地前进（图2-16）。

图　2-15　　　　　　　　　　　图　2-16

3. 攀爬肋木

手足并用爬肋木：双脚依次蹬踏肋木横杆上，双手正握肋木横杆上成站立状，异侧手脚并用同时蹬抓肋木向上依次爬行（图2-17）。

4. 仰爬云梯

双手前后各抓云梯一节，双脚同时前后各蹬踏云梯一节，异侧手脚并用同时蹬抓云梯向前爬行（图2-18）。

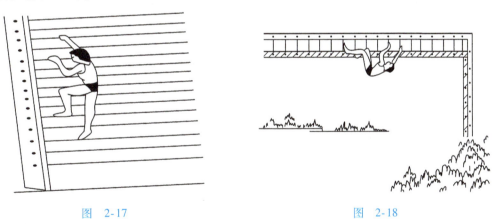

图　2-17　　　　　　　　　　　图　2-18

5. 横梯移行

1) 两臂自然伸直、双手正握横档，利用身体前摆力量，一手继续握紧，另一手迅速换握另一根横档，然后继续利用身体前摆的力量，不断换握，移动身体，向前移行(图2-19a)。

2) 两臂自然伸直、双手正握横杆，双脚前后开立分别站立于双横档上，利用身体前移速度，双手抓横杆迅速换移，这样依次轮换训练（图2-19b）。

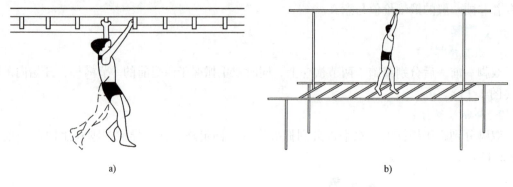

图 2-19

6. 爬楼梯

航海类学生一般在船舶上工作，爬楼梯是经常的事情，而且在日常生活中也经常遇到，所以训练爬楼梯是符合实际需要的。爬楼梯可以锻炼腿部力量，如果楼道狭窄还可以手脚并用爬楼梯，在此，我们只介绍用脚向上爬楼梯与下楼梯。通常爬楼梯的方法是一脚支撑另一脚大腿压小腿用力往上蹬楼梯，手前后自然摆动，身体重心前移。下楼梯动作相反，但一只手最好扶住楼梯横杆（图2-20a、图2-20b）。

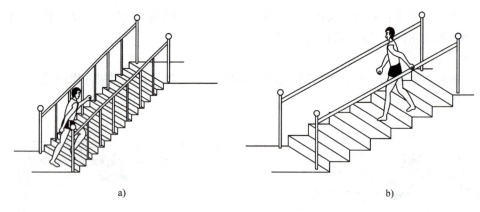

图 2-20

二、爬杆、爬绳和爬绳梯

（一）爬杆的各种基本技术

1. 手脚并用的爬杆技术（图2-21）

1）预备姿势。两手上举，用拳式握法，上下握住杆并引体，身体成悬垂姿势，同时，双膝微屈，用右脚的脚背外侧靠近外踝处与膝关节内侧稍上的大腿夹住杆，左脚搭在右脚上并用左脚背外踝后跟和左大腿内侧夹紧杆。

2）向上攀爬。向上爬时，收腹然后蹬腿并蹬直，脚用力蹬杆。同时，手臂用力拉杆，使身体向上。这样就完成了一次向上攀爬动作，随后两腿尽量弯曲向上收，再按照预备姿势动作要领和攀爬要领，依次轮臂并反复交换继续做同样的动作向上攀爬。

3）下杆落地。当爬到一定高度时，大腿和小腿充分伸展开，然后，双臂往下轮换，用向上攀爬相反的动作往下滑落，快与地面接触时，腿分开然后双脚落地，松手站稳。

爬杆

图 2-21　　　　　　　　　　　　　　　图 2-22

2. 只用手的爬杆技术（图 2-22）

1）预备姿势。开始时，两手一上一下，紧握竖立的杆成直臂悬垂。

2）向上攀爬。向上爬时，两手用力拉杆，使手臂弯曲，身体向上。在拉杆的同时，两手轮换交替向上握杆。两手向上轮换倒手时，动作要连贯，要借助身体向上的力量倒换双手。身体要直，尽量靠近杆。两腿不要摆动，也不要借助蹬腿的力量向上爬。

3）下杆落地。当爬到一定高度时，双手紧握杆成直臂悬垂，然后两手向下轮换倒手，用向上攀爬相反的动作往下滑落，快与地面接触时，腿分开然后双脚落地站稳。

3. 爬杆的基本训练方法与保护

（1）加强上肢力量的训练　训练方法有单杆上的引体向上，双杆上的双臂屈伸，俯卧撑和靠墙倒立等。

（2）加强身体的协调性训练　训练方法有上下肢配合的协调动作，脱离器械的爬杆动作用力过程的模仿训练和健美操等。

（3）爬杆训练过程中的安全与保护

1）杆下要放置垫子保护，位置要妥当。保护者站在垫子旁边，两眼注视训练者上、下移动。下落时提醒其位置。落地时，扶其腰部帮助站稳。

2）训练者从高处下滑时，因手臂无力握杆，应双脚和大腿夹住杆，同时两手轻握杆慢慢滑下。

3）训练者要充分估计自己的力量，不要逞强，若爬到一定高度觉得自己力量不足时，应慢慢往下滑，不要再向上攀爬。

（二）爬绳的各种基本技术

1. 手脚并用的爬绳技术（图 2-23）

1）预备姿势。两手上举，用拳式握法，上下握住绳子并做向上引体，用一脚的脚背外侧和另一脚跟夹住绳子，身体成悬垂姿势。

2）向上攀爬。向上爬时，收腹，膝关节弯曲，用右脚的脚背外侧靠近外踝处与膝关节内侧稍上的大腿夹住绳子，左脚搭在右脚上并用脚跟和左大腿内侧同时夹紧绳子，蹬腿，脚用力蹬绳子，同时手臂用力拉绳，使身体向上。这样就完成了一次向上攀爬动作，随后两腿尽量弯曲往上收，再按照预备姿势动作要领和攀爬要领，依次轮臂并反复交换继续做同样的动作向上攀爬。

3）下绳落地。当爬到一定高度时，大腿和小腿充分伸展开，双脚掌夹住绳子，然后，双臂往下轮换（或用向上攀爬相反的动作往下滑落），慢慢下滑，快与地面接触时，腿自然分开，双脚落地后松手站稳。

图 2-23　　　　　　　　　图 2-24　　　　　　　爬绳

2. 只用手的爬绳技术（图 2-24）

1）预备姿势。开始时，两手一上一下，拳式握法握住绳子成直臂悬垂。

2）向上攀爬。开始爬时，两手用力拉绳，做悬垂引体向上动作。在用力拉绳的同时，两手轮换交替向上握绳，动作要连贯，要借助身体向上的力量倒换两手。身体要直，使绳子尽量靠近身体，攀爬时两腿不要摆动，也不要借助蹬腿的力量向上爬。

3）下绳落地。当爬到一定高度时，双手紧握绳子成直臂悬垂，然后两手向下轮换倒手，用向上攀爬相反的动作向下滑落，快与地面接触时，腿分开然后双脚落地站稳。

3. 手脚并用爬横绳技术（挂膝法和挂踵法）（图 2-25）

（1）挂膝爬横绳技术

1）预备姿势。两手拳式握绳，同时前面手的异侧腿的膝关节倒钩于横绳上，另一腿自然放下。

2）向前爬绳。以右膝倒钩挂于横绳上，左手在前，右手在后为例。向前爬绳时，将右手换握到左手的前面，同时挂左膝，右腿放下，依次轮换交替挂膝前进。

3）落地。当爬到目的地后，一手换握成另一手同样的方向后双膝自然放下，身体成悬垂姿势，收腹然后松手跳下或自然落地。

（2）挂踵爬横绳技术　动作要领同挂膝法，但因为挂踵法的臀部和身体离横绳较远，所以在向前爬绳时，上肢力量用得更多，对上肢力量的要求更高。

4. 手脚并用爬斜绳技术（图 2-26）

动作要领同手脚并用爬横绳，但因为斜绳有一定的角度，所以爬斜绳时，角度越大，引体的力量也越大。

图 2-25　　　　　　　　　　　　　　　图 2-26

5. 只用手爬横绳或斜绳技术（图 2-27）

只用手爬横绳或斜绳的技术与只用手爬垂直绳是基本相同的。由于横绳与地面平行，爬的时候是身体水平位移,所以比爬斜绳或垂直绳用的力量更小。只用手爬横绳可以背对、面对或侧对前进方向,也可以"转体前进"。只有爬斜绳是背对前进方向。

6. 手握绳足蹬墙爬绳技术(图 2-28)

1)预备姿势。双手拳式握法握住吊绳,双腿分开,双足蹬在约与腰同高的墙上。绳放在身体一侧或双腿之间。

2)向上爬蹬。向上爬时,双手用力拉绳并沿绳依次向上换握,同时双足依次蹬墙(手足并用要协调),向上爬蹬。注意双足蹬墙力量不宜过猛,单足离墙的时间不能过长。

3)下法与落地。当爬蹬到一定高度时,双手依次向下换握,其他动作与向上爬蹬相反。

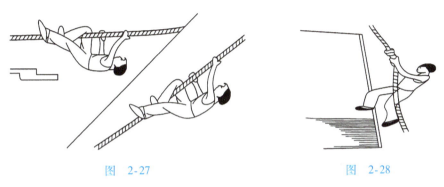

图 2-27　　　　　　　　　　图 2-28

7. 爬绳的基本训练方法与保护

爬绳的基本训练方法与保护同爬杆的基本训练方法与保护相类似。

(三)爬绳梯的各种基本技术

1. 侧面爬绳梯

1)预备姿势。身体面向绳梯一侧,双手抓紧绳梯(一手在上,一手在下),双脚分上、下蹬踏在绳梯上(蹬踏呈外八字形)。

2)向上攀爬。开始向上爬绳梯时,要求在上的一条腿大腿用力压小腿蹬绳梯,同时,两臂用力做向上拉引动作,然后在下的一只手向上面的一格绳梯换握。当该只手抓牢绳梯横格后,原来在下的一只脚蹬踏到另一只脚的上方一格或几格。如此两手不断依次向上换握,两脚不断依次向上攀爬(图 2-29)。

3)下绳梯。当爬到一定高度后,在上面的一只手先换握原来在下的一只手的下一格,然后在上的一条腿向下移动到原来在下的一条腿的下面一格,这样依次交换向下移动。最后双脚落地站稳后再松手离开。

2. 正面爬绳梯

1)预备姿势。身体面向绳梯,双手分上、下正握住绳梯。一脚在上,腿弯曲,小腿尽量靠近大腿;另一只脚在下,腿伸直踏在绳梯上成向上攀爬的姿势。

2)向上攀爬。开始向上爬绳梯时,两臂用力向上做拉引动作,要求在上腿的大腿用力压小腿蹬绳梯(若人较高,可以把绳梯蹬离身体),尽量蹬直大腿,原来在下的一只脚蹬踏到另一只脚的上方一格,然后在下的一只手向上面的一格绳梯换握。这样两腿不断依次攀爬,两手不断依次换握向上攀爬(图 2-30)。

3)下绳梯与侧面下绳梯方法相同。

3. 爬绳梯的基本训练方法与保护

（1）基本训练方法

1）加强上肢和下肢力量的专门训练。

2）开始训练爬绳梯时，动作要由慢逐渐到快，由易到难，循序渐进。

（2）爬绳梯训练的安全与保护

1）绳梯下要放置垫子，位置要妥当。保护者站在垫子旁边，两眼注视训练者上、下移动。落地时，扶其腰部帮助站稳。

2）从绳梯高处下降时，应一格一格地下落，不准向下跳。

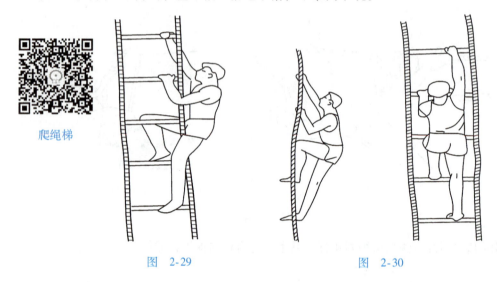

爬绳梯

图 2-29　　　　　　　图 2-30

三、爬杆、爬绳和爬绳梯运动的特点与锻炼价值

爬杆、爬绳和爬绳梯运动是一种提高身体素质的有效锻炼手段，更是发展力量素质的特别运动项目，也是航海专业不可缺少的一门实用技能。学习和锻炼爬杆、爬绳和爬绳梯，可以增强上肢和躯干的肌肉力量，促使关节、韧带和内脏器官机能的发展，提高力量、柔韧、协调和灵敏等身体素质和攀登能力，培养勇敢、顽强、果断的思想品质和克服困难的精神，从而适应船舶摇晃时的各种工作，能在任何复杂情况下，圆满完成任务以达到适应船舶工作的需要。

杆、绳和绳梯都是锻炼攀登能力的典型器械。爬杆、爬绳和爬绳梯是以发展上肢力量为主的动力性训练，其最大的特点是对抗肌交替收缩和放松，使身体在空间发生位移。

船员在船上工作中经常需要攀登爬高，如船体保养、舷外作业时的爬绳梯，桅杆上工作中的爬绳梯等，所以爬绳和爬绳梯对航海专业具有很大的实用价值。

四、爬杆、爬绳和爬绳梯运动的安全与保护

在爬杆、爬绳和爬绳梯训练中，安全保护很重要。这不仅是防止事故和保障安全的措施，而且能提高训练效果。训练前，首先要检查器械是否牢固结实，保护垫子是否放置妥当，衣服、鞋子是否合适。此外，还应学会自我保护的方法。在爬杆、爬绳和爬绳梯训练中，应做到以下几点：

1）训练前应充分做好准备活动，防止运动受伤。

2）训练时，保护者应站在杆、绳、绳梯的一侧，认真观察训练者的动作，及时发现可能发生伤害事故的迹象，立即采取保护和帮助。

3）训练时，杆、绳和绳梯下面要放置垫子，位置妥当。从杆、绳的高处下来时，采用手脚并用顺杆、绳慢速滑下，不得从杆、绳的高处向下跳，以免造成伤害事故。

4）初次训练时，不要爬得太高，或训练次数太多，以免从杆、绳高处下来时，因为臂无力，抓不牢杆和绳而摔伤。

5）不要几个人爬杆、绳和绳梯，以免因杆、绳承重过大，造成杆、绳断裂，发生伤人事故。

实践前提示

航海类专业学生由于职业特性，毕业后将长期在海上生活和工作，时常遭遇风浪的袭击；由于机舱油味及机舱运转噪声等不利工作环境所造成的精神压力，以及晕船反应带来的身体不适、体力消耗等导致的人体正常生理功能和机体防御功能下降，使其身体健康受到影响。要成为一名合格的海员，更快更早地适应海上工作环境，不仅要具备良好的身体素质，还要掌握各种海上特殊技能，如攀爬软梯、攀爬桅杆、遇风浪时抵抗船体的摇摆以及抵抗眩晕等，才能在风云变幻的海上环境中得以求生与工作。

航海职业的专业身体素质应该是指具有较强的抗眩晕平衡控制能力和水平平衡控制能力以及攀爬能力。为此，航海类专业学生必须在有较好的身体素质条件下，通过各种专门的体育训练和课外训练强化并提高这些专项身体素质，以适应海上特殊的工作和生活环境。

思考与练习

1. 滚翻与固定滚轮训练对身体素质提升有什么作用？如何长期坚持滚翻与滚轮训练？
2. 浪木训练对身体平衡能力有什么作用？经常训练会对船员的船上工作有什么作用？
3. 滚轮、浪木训练时如何保护和帮助？
4. 攀爬对于航海类专业学生有什么作用？经常训练能锻炼哪方面的肌肉力量？
5. 爬杆、绳、绳梯要注意哪些保护与帮助？如何正确掌握其技术要领？

模块3 航海专业技能训练

【航海文化提示】具备极强水性的航海者操作小船、绳子、船帆、木桨漂洋过海是传统航海文化影响之下航海者最显性的外在技能特征。随着科学技术的发展，航海活动的物质文明快速发展，航海者显性的外在技能特征转变为对船舶设备的操作和维护技能。但是，无论科学技术怎样发展，无论航海文化如何发展，航海者具备游泳、驶帆、划桨、撇缆绳等技能一定是航海文化重要特征之一。

子模块8 绳结操作技能与撇缆绳技能

学习与训练目标

1. 熟悉、掌握绳结的操作方法与操作要领。
2. 熟悉、掌握几种常用的撇缆绳方法与技巧。

学习情境

帆缆作业是船上一项经常性的工作，应用范围很广。甲板工作处处离不开缆绳（如纤维绳、钢丝绳）、帆布等索具，帆缆作业与船舶上各项日常工作和生产运输有着密切的联系，是船员必须掌握的基本技能。

任务1 绳结操作方法与训练

系解缆绳、舷外高空作业、海上救生、撇缆绳（抛绳），都要求船员熟练掌握绳结操作技术，为此，航海类专业学生在校学习期间必须掌握8~12种绳结操作方法，才能更好地适应船上工作的需要。

平结

1. 平结

平结用于两根大小近似的短绳相接，一般用在不经常解开的地方。

方法：先系反手结，再系成平结，两绳头必须分别与两根端同孔穿出。当需要系一个结实又容易解开的平结时，可将其中一绳结端系成活头。在捆系救生器具时，为了便于迅速解开，应系成双活头平结（图3-1）。

2. 缩帆结

缩帆结用于粗细相似的断绳相接，用在经常解开的地方。

方法：与平结打法基本相同，在第二个半结时要留出一个活头，收紧即成。此结容易解

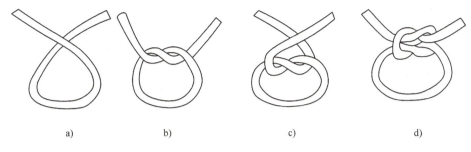

a) b) c) d)

图 3-1

开，使用方便，但不如平结牢固（图3-2）。

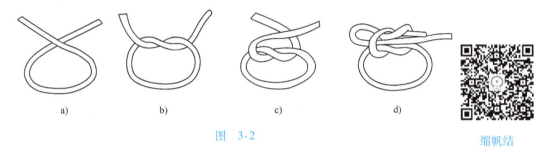

a) b) c) d)

图 3-2

缩帆结

3. 丁香结

丁香结用于高空作业时或特殊情况下能单手迅速在圆柱形的物体上打好。

方法：将绳头由里向外绕物体一周，压住绳根，将绳头再绕物一周并将绳头穿进第2道绳圈内，收紧即成。根据需要可在绳根上加一个半结，增加牢固性（图3-3）。

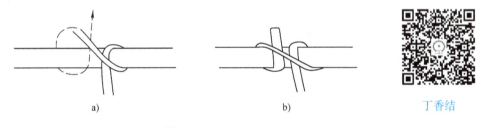

a) b)

丁香结

图 3-3

4. "8"字形结

"8"字形结用于绳索穿过圆形孔洞，防止绳索滑脱，打法简单，使用牢固，松解方便。

方法：将绳头压住绳根构成一个绳圈，并用绳头绕绳根一周再将绳头穿入圈内，收紧即成（图3-4）。

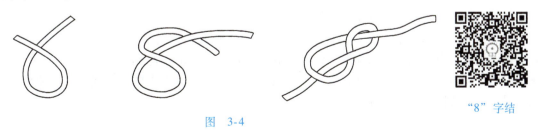

"8"字结

图 3-4

91

5. 杠棒结

杠棒结用于吊各种货物时使用，打法简单，容易松解，可随意调整长短。

方法：先用绳子的一端做眼环，捏在左手，然后右手将另一端绳头在左手眼环上绕一圈或两圈形成第 2 眼环，将第 2 次形成的眼环从两绳子中间穿过，同时将两个眼环收紧即成（图 3-5）。

图　3-5

杠棒结

6. 缆绳活结

缆绳活结用于撇缆与大缆绳琵琶头临时连接，系结迅速，牢固可靠，松解方便。

方法：将撇缆的绳端穿进大琵琶头里，在离大缆绳琵琶头大约 30cm 处的撇缆尾端做一眼环，再将撇缆的另一端绕一周并做一个活头，穿过下面的绳圈后，将活头塞进眼环内收紧即可（图 3-6）。

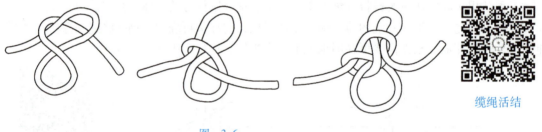

图　3-6

缆绳活结

7. 水手结

水手结用于高空、舷外作业时做临时保险带，实用、牢固、受力平衡。

方法：将绳子放在两手，各往上打两个半圆单边重叠，左手拿好绳根后部，右手前端重叠交叉，从前向上翻，左手后部交叉形成 4 个对称小圈，然后将大圈往相邻的小圈中穿入并拉拢，整理平顺即成（图 3-7）。

8. 艇罩结

艇罩结用于固定救生艇帆布罩，松解迅速，一拉即可散开。

方法：先用艇罩内舷一侧的绳索绕过船尾，穿进外舷一侧艇罩上的帆布圈内，然后收紧。在该绳索上有预先做好的绳圈，将收回的绳索做一活头穿入绳圈内，再将多余的绳索在靠近根部处紧密缠绕至绳圈顶部，最后做一活头，穿入顶部绳圈内即可。绳索必须绕整齐，最后绳头一定要留活头（图 3-8）。

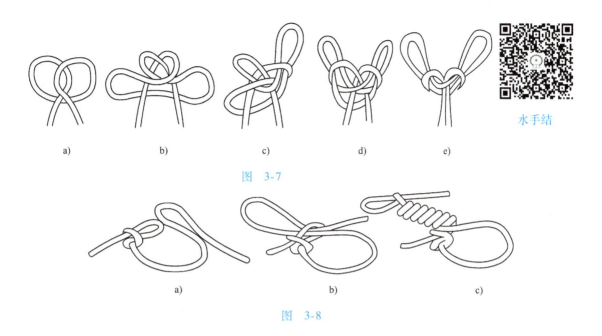

图 3-7

图 3-8

9. 单套结

单套结用于高空、舷外作业时做临时安全带，或绳与绳、绳与绳眼环临时连接作为临时琵琶头带缆。打法简单、迅速、牢固，能单手打结，容易松解。

方法：在离绳头一定距离处打一半结，拉紧绳头使绳根形成一个绳圈，将绳头绕过绳圈内，收紧即可。绳头不宜过短，以防受力后绳头滑落（图3-9）。

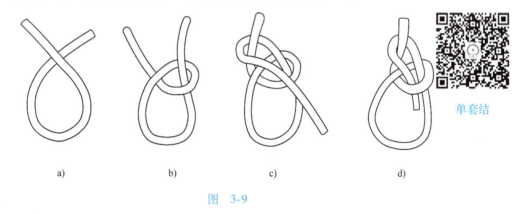

图 3-9

10. 双套结

双套结用于临时代替座板，适宜短时间的高空与舷外作业，此结牢固。

方法：把绳子折成双段，然后将双股绳构成一个绳圈（基本上与单套结的第一步打法相似），再将绳头由下向上从绳圈中穿出，以张开的绳圈从上向下套过双股绳圈，然后向后翻上，收紧双股绳圈即可（图3-10）。

图 3-10

11. 系缆活结

系缆活结用于固定双系缆桩上的钢丝绳，防止钢丝绳弹出，系结简便，松解迅速。

方法：将细绳折成双股，由上向下的钢丝缆从第三道钢丝缆的下面细绳穿出，将一端的绳做一个活头穿出绳圈，再将另一端绳头收紧也做一个活头穿过第 1 个绳头圈头即成。但一定要扎在第 3 道钢丝缆下面，并保持活头（图3-11）。

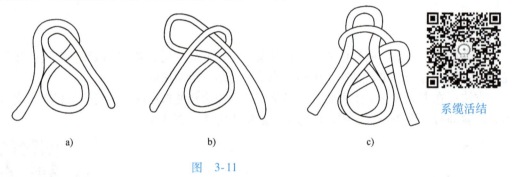

图 3-11

12. 撇缆头结

撇缆头结用于包缠撇缆头，船舶撇缆绳时使用。

方法：用一根 4cm 的绳子，手心向里，手背向外，将绳子在手上按顺时针方向绕 4 圈，将绕好的绳圈从手心中脱出转向，按逆时针方向在绳圈上再绕 4 圈，接着把绳子在已绕的十字形绳圈的左右空隙中按逆时针方向穿 4 道，然后将准备好的铁球放入中间，依次将每股绳子都收紧，并排列整齐，最后将两绳头打结即可（图3-12）。

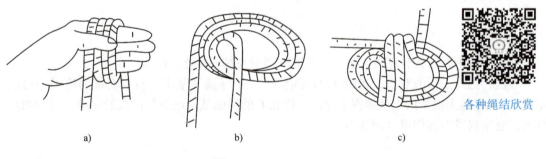

图 3-12

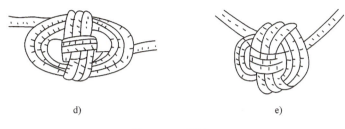

图 3-12（续）

任务 2　撇缆绳技术训练

船舶停靠码头时通常都是顶风、顶流，与码头有相当距离，这时船员要尽快地把带缆带到码头缆绳桩上，以便将船拉进码头或使船舶更好地靠近码头。由于船用带缆都比较粗重，不能直接送上码头，所以都采用撇缆牵引带缆，把带缆送上码头。

通常船用撇缆的直径为 6~7mm，长度为 40m 左右，尾端插一眼环接，前端插接在撇缆头上，撇缆头的重量为 0.35~0.4kg，一般采用硬橡胶制成或硬橡胶中间包实心的铅（铁）质材料制成。船员必须将撇缆头抛向码头岸上，将撇缆牵引的带缆送上码头，以便固定在码头缆绳桩上。所以，船员应具备相应的力量、速度和撇缆的抛绳的能力。

撇缆绳技术主要有抛投式、旋转式、摆动式和摆动旋转式。

一、抛投式撇缆绳技术与训练方法

一般在 25m 的距离内采用这种技术。首先把撇缆按顺时针方向由尾端开始放在左手上绕圈，盘到一半后用大拇指和食指隔开，然后盘后半盘。盘妥后，尾端琵琶头套在左手中指上或手腕上，左手持前半盘，右手持后半盘，撇缆头稍长于撇缆绳圈，以防打结。

撇缆绳时，人的身体左侧对着目标，左脚在前右脚在后，两脚距离稍宽于肩。左、右手同时摆动，将撇缆头摆动起来，然后右脚掌发力蹬伸右腿，躯干向左转到一定位置挺胸，使用全身力量将撇缆投向目标，右手撇缆抛出时，左手应顺势同时送出。

二、旋转式撇缆绳技术与训练方法

旋转式撇缆绳技术是在抛投式技术的基础上，增加了身体和撇缆的旋转加速动作，使身体全身力量更加容易发挥出来。一般在距离较远时采用这种撇缆绳技术。

首先，把撇缆以逆时针方向盘在左手中，在距离撇缆头约 0.8~1m 处折一环状，将折好的环穿过左手盘好的撇缆环中间，然后将环从两头拉出，这样把盘好的撇缆套住，再用右手食指和中指勾住，尾端套在左手腕上。

撇缆绳时，身体右侧对着目标，两脚左右开立稍宽于肩，身体重心降低，然后摆动双臂使撇缆随着摆动。当撇缆摆动到身后时，以右脚掌为轴，左腿蹬伸，身体重心从左向后快速旋转 180°成左脚单腿支撑后，身体躯干左侧对着目标时，右腿蹬伸，同时以最快速度将全身的力量集中在右手上，以 30°的出手角度将撇缆投向目标。

三、摆动式撇缆绳技术与训练方法

在宽敞的甲板上，人站的位置距离栏杆比较远时采用这种撇缆绳技术。

首先，把撇缆以逆时针方向盘在左手中，盘至一半时逐渐缩小盘圈，然后，左手中指或手腕扣牢尾端琵琶头，右手持撇缆头约 0.9m 处。

撇缆绳时，身体左侧对着目标，左右开立稍宽于肩，以逆时针方向摆动右臂数次，将撇缆头垂直转动并加速，同时，右脚向左侧前跨一步，身体向左转。当右臂向左摆动，摆过右肩至最高点时，用全身力量将撇缆抛向目标，左手顺势将另一侧撇缆送出。

四、摆动旋转式撇缆绳技术与训练方法

当船舶离码头较远，用其他撇缆绳方法无法达到要求，而且船舶甲板又比较宽敞时，可采用摆动旋转式撇缆绳技术，能更远地抛出引缆绳。

首先，把撇缆以逆时针方向盘在左手中，由于缆绳较长，当缆绳盘至 1/3 后套在手腕上，然后继续将剩余缆绳逐渐缩小盘圈盘在左手中。在距离撇缆头约 0.8～1m 处折一环状，将折好的环穿过左手盘好的撇缆环中间，然后将环从两头拉出，这样把盘好的撇缆套住，再用右手食指和中指勾住，尾端套在左手腕上（图 3-13）。

图 3-13

撇缆绳时，身体左侧对着目标，左右开立稍宽于肩，身体半蹲重心在右腿上，然后深吸一口气，使身体全身放松后，以逆时针方向摆动右臂数次，将撇缆头垂直转动并加速。当撇缆摆至身后时，右脚向左侧横跨一步后，左脚跟上一步且身体重心从左向右快速旋转 180°（即小跳 180°转体），重心继续落在右腿上；此时，以左脚掌为轴，右腿用力蹬伸，带动身体和手臂与拿撇缆的右手从前下方向左上方用力摆动，成左脚单腿支撑。当身体正面摆动到投掷方向时，将全身力量集中在右手上，以 30°～38° 的出手角度快速将撇缆投向目标，同时将盘在左手上撇缆也顺势送出。（图 3-14）。

撇缆绳

图 3-14

模块 3　航海专业技能训练

图 3-14（续）

思考与练习

1. 学习绳结对今后航行工作中有哪些帮助和用途？
2. 怎样才能掌握好各种撇缆绳技术？

子模块 9　划桨、驶帆与皮划艇技能

学习与训练目标

1. 学习和掌握划桨技术，掌握划桨与驶帆动作方法。
2. 了解和掌握皮划艇技术和练习方法。
3. 掌握划桨技术与皮划艇技术动作的区别。

学习情境

划桨与皮划艇动作的全过程都是由划桨周期组成的，即桨叶入水、桨叶划水、桨叶出水、回桨。从划桨者的动作来说，是提桨、拉桨、按转桨、推桨。整个划桨周期是连贯而不间断的。

航海类专业学生必须学习和掌握划桨技术，主要是为了海上作业或船舶航行过程中遇到危险时作为逃生所用。同时，经常练习划桨，还可以锻炼身体、增强体质。划桨也是一种很好的体育运动项目。

任务 1　划桨技术训练

一、划桨前的口令与动作要领

1. 就位

桨手上体姿势保持正直坐在座板上，两脚踏在底板下方的花格板上，两腿自然弯屈，面对正前面桨手。这个口令也适用于休息后再划桨的准备口令。

2. 报数

桨手按自己坐的位置顺序报数。

3. 撑开

头桨手用挽篙顶在大船舷或码头上，用力将艇首迅速撑开一定距离以便划桨。其余桨手收进碰垫，放在艇内，但不应放在桨上，以免妨碍出桨。

4. 上桨叉（6~12桨用桨叉艇）

各桨手用外舷手拿桨叉插入桨叉孔中并转正。

二、划桨的口令与动作要领

1. 预备桨（拿桨）

从艇尾开始按座位顺序依次拿桨。各桨手上体半面转向舷外，以内舷手握住桨柄末端向下压，外舷手肘部向上托起桨柄，把桨放在靠近自己的桨叉（桨门）的舷缘上，同时用外舷手帮助后面桨手传递，迅速出桨。

2. 放桨（平桨）

各桨手一齐把桨托起，将桨杆护皮部分放在桨叉上。身体转正后，坐在座板上约1/3宽处，两脚掌心自然踏在脚蹬上，两膝微屈，并向领桨手看齐（图3-15）。

两手握桨，距离约与肩同宽，大拇指与其他四指分开握桨，两手掌心向下或一手掌心向上，另一手掌心向下（图3-16）。桨成水平状态，桨手应坐正，两眼注视桨叶。

图 3-15　　　　　图 3-16

3. 桨向前

这是桨划水前最后一个准备动作。各桨手听到"桨向前"的口令后，上体尽量前倾，双臂反桨柄推向艇尾方向，使桨叶移向艇首方向，桨叶与水面约成45°~60°，桨叶端与水面距离约20cm，有浪时应适当提高（图3-17）。

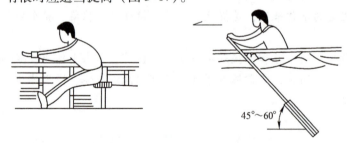

图 3-17

4. 一齐划（一齐荡）

这是使艇前进的主要动作。初学这个基本动作时，可用以下分解动作来训练。

1）各桨手向领桨手看齐，同时注视自己桨叶，上体迅速前倾，两臂伸直，随上体前倾的同时两手腕将桨柄向内转，使桨叶与水面约成45°~60°（图3-18①）。

2）稍提桨柄使桨叶1/2~1/3插入水中，同时上体向后倒，带动双臂拉桨。两脚蹬在脚踏板直至使桨柄接近与艇缘垂直时，上体后倒至最大限度。

3）两肘迅速屈臂收腹使桨叶给水以鞭打力（很快的作用力），同时使上体起至正直，将桨柄压在胸前（图3-18②～⑥）。

4）当上体起至正直时，开始做桨向前动作。双臂推桨柄向艇尾方向，上体前倾，前内转动桨柄，使桨叶与水面约成45°～60°，桨叶端距水面约20cm，即桨向前的动作姿势（图3-18⑦～⑩）。

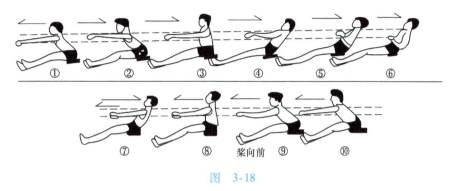

图 3-18

按照上述动作要领，可在分解动作训练的基础上进行连续动作的训练。训练时应注意：

1）划桨时，桨叶与水面垂直（桨叶划水轨迹应与水面成平行的直线）。

2）桨叶划水应保持一定的弧度，该弧度为80°～90°，前半弧约为50°～55°，后半弧约30°～35°。

3）回桨时，桨叶的轨迹应接近水面与水面平行，桨叶与水面约成150°。这样桨叶所走的路程短，空气阻力小，可节省体力。顶风浪时，桨叶与水面应保持平行，以减少阻力。

4）在划水接近结束时，两臂应突然用力，收腹，下压桨柄使桨叶顺利出水，进入回桨阶段。

5. 一齐退（倒划）

使艇向后退的划桨动作。可用两个动作分解训练。

1）外舷腿退出脚踏板，蹬在底板下方的花格板上。上体稍向后仰，反桨柄靠在胸前，外舷肘顶住桨柄。桨叶与前进入水角度、离水距离相同（图3-19）。

2）两臂向上使桨叶1/3入水，外舷腿用力支撑，推臂收腹使桨柄用力推向艇尾，下压桨柄使桨叶出水。

两个动作熟练后即可做连续动作。

图 3-19

6. 左进右退（或右进左退）

在艇需要迅速向右转弯时，舵手下达此口令。这时左舷桨手用"一齐划"的动作，右舷桨手用"一齐退"的动作（"右进左退"时与此相反）。

7. 桨挡水

这个动作主要用于迅速减慢艇速。如在靠近大船舷梯或码头及接近水上其他浮动物体时，下达此口令。估计艇速太快或偏离方向时也可采用一舷桨挡水，使艇靠近物体或拨正舵向。

各桨手听到口令，应立即停止划桨动作，同时将桨叶移到正横位置。外舷腿退出脚踏板，蹬在底板下方的花格板上。两腿用力支撑，两臂弯曲，舷内肘靠紧上体，舷外肘臂靠紧上桨柄，同时收腹。上体前倾并使桨叶与水面成45°，桨叶1/3入水。随艇速减慢，桨叶与水面的角度由45°逐渐变成90°（图3-20），桨柄随之离开胸部准备做下一个动作。

8. 顺桨

艇在前进中为了避免桨叶碰撞两侧附近物体如浮筒、船舶或堤岸等，及通过狭窄水道时，下达此口令。桨手上体应后仰，同时外舷手抓住桨柄，拉向胸前由内向外推靠于艇缘。外舷手压住桨柄，同时上体坐起，这样桨叶垂直于水面并紧靠艇缘，桨不易滑落水中，艇则顺着惯性前进。在宽敞水面上顺桨时，桨手可借此稍休息（图3-21）。

9. 平桨

结束正进行着的划桨动作时，下达此口令。一般用于降低艇速，纠正桨手不正确动作，或短暂休息及变换动作时。平桨即上体保持正坐姿势，两手握住桨柄末端，桨叶与水面平行（图3-22）。

10. 立桨

用于通过狭窄水道或避让船艇和其他阻碍物。立桨可表示敬礼或荡桨竞赛已到达终点。桨手听到"立桨"口令后，内舷手猛地用力压握桨柄的同时，外舷手立即扶起桨杆使桨直立，桨柄放在两脚之间的艇底花格板上，桨叶与艇首尾线平行，并向尾桨看齐。内舷手握住桨杆，手与肩同高。外舷手握住桨杆与腰部同高，身体坐正，面向艇尾（图3-23）。

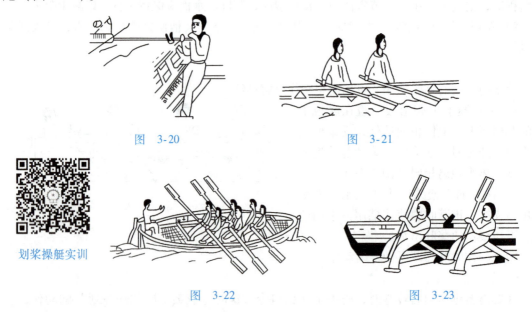

图 3-20　　　　　　　　　图 3-21

划桨操艇实训

图 3-22　　　　　　　　　图 3-23

11. 收桨

将要靠近码头或停泊处，结束划桨不再用桨时，下达此口令。由艇首开始收桨，各桨手用外舷肘托桨杆，内舷手压桨柄，将桨托出桨叉、桨门，上体向舷外转，把桨放在舷缘上，桨叶向艇首。其他桨手用外舷手接桨帮助摆好，拔出桨叉。

三、划桨常见错误动作及纠正方法

1. 甃桨

主要因为桨叶入水角度过大，划桨时过早转动桨叶，形成切水动作，使桨叶入水较深，形成甃桨。

纠正方法：通过讲解和训练，反复训练加以纠正。

2. 漂桨

因桨叶入水角度过小，内舷手过于向下压按桨柄，划水时形成划空桨，即漂桨。

纠正方法：桨手必须注意力集中，眼盯桨叶，严格控制桨入水角度。另外，在桨杆护皮上涂上黄油，以避免桨叉发涩影响桨柄转动而造成甃桨、漂桨错误动作。

3. 屈臂划桨

主要是桨手单纯用臂划桨，不会充分利用腿和腰腹力量而造成的。

纠正方法：讲解动作要领，多做示范加以纠正。

4. 直臂回桨过猛

桨手开始就伸直手臂，既容易碰撞前面桨手的背部，又形成回桨过猛，而消耗体力。

纠正方法：要求前半屈臂，用胸部顶推桨柄，使手臂肌肉放松，同时可采用分解动作的方法进行训练加以纠正。

5. 回桨过高

由于内舷手下压桨柄过大而造成架桨过高。这样不仅加长回桨路线，也增加回桨阻力，易消耗体力和破坏动作的整齐。

纠正方法：握桨柄的两手用力一致，使桨叶转正水平回桨。

6. 划桨身体后仰太小或起身太早

主要是划水弧度太小或怕后仰太大身体起不来，而不敢后仰，或一仰倒不等屈臂划桨动作完成，立即起身。

纠正方法：可采用分解动作的训练和后仰不喊口令不准起身的方法进行纠正，同时加强腰腹肌的训练来克服后仰太小和起身太早的错误动作。

7. 桨叶入水拍溅浪花

主要是因为桨叶入水时，不是顺着桨叶入水角切入水中，或是桨未转好就划水而造成桨叶拍溅浪花。

纠正方法：可采用"四动"分解训练法，即桨叶入水、划水、桨叶出水、停止不动，回桨至桨叶入水前预备划动作，加以纠正。

8. 桨叶出水挑水

桨叶出水时，不是将桨叶顺出水仰角抽出，而是用力向上挑造成的。

纠正方法：通过讲解和示范，反复训练加以纠正。

9. 桨与桨碰撞

由于同舷桨手划桨动作不整齐，有快有慢而造成桨碰撞。

纠正方法：要求桨手思想集中，按艇长口令统一动作，艇首桨手按顺序逐一跟随前面桨手的划桨动作，不应抢先入水。

10. 两舷划桨动作不一致

主要是因为两舷桨手划桨动作不一致而造成的。

纠正方法：强调左舷领桨手必须随时观察和跟随右舷领桨手的划桨节奏进行划桨，保持动作协调一致。

任务 2　驶帆技术训练

驶帆就是利用救生艇的桅帆，以风为动力，帆受风力，通过驶帆和操舵使艇前进。它对在海上生活及生产有一定的实用意义。

一、驶帆设备、索具的名称与作用

1. 桅

救生艇驶帆时，用来挂帆，位于艇中骨的叫主桅，前部叫前桅（图 3-24）。

1) 桅顶：桅的顶部，成半圆形，用以保护桅的上梢。
2) 桅根：桅下端的方形部分，在座板下，桅基之上，用铜皮包覆，用以增强桅的强度。
3) 桅基：桅根下端的长方形凸出部分，用以插入桅座内。
4) 桅座：艇内龙骨上的凹形槽，用于固定桅基，以保证桅的稳定。
5) 桅支索：使桅维持在桅杆固定位置的绳索，有左、右、前支索。大型艇用钢丝绳，小艇用纤维绳。
6) 起帆索（辘绳）：通过桅顶部张帆滑轮用于张帆的绳索。
7) 滑轮：在桅上箍下面设有一个滑轮，作为起帆用。
8) 风标：插在桅顶上的小旗，导示风向。
9) 桅上箍：固定在桅顶的铁箍，箍上有个固定眼环，用来连接桅支索用。
10) 夹桅环：设在横座板边缘的用以固定桅杆的环。
11) 插销（索柱）：用以固定夹桅环和系缚张帆索用（图 3-25）。

图 3-24

图 3-25

2. 帆

艇帆一般用帆布或尼龙布制成，按其形状可分为三角帆和梯形帆，按其张挂形式可分为切断帆和横杆帆。两面大小不同的帆装在同一根横杆上，称为切断帆，前面面积较小的称为前帆，后面面积较大的称为后帆。

一根横杆上装一面帆，称为横帆。挂在主桅上的称为主帆。长度大于 7m 的救生艇，在主帆前面艇首设有一面三角帆（图 3-26）。

1）帆根：帆的前边。
2）帆梢：帆的后边。
3）帆头：帆的上边。
4）帆脚：帆的下边。
5）帆上根：帆的前上角，即帆头和帆根所成的角。
6）帆下根：帆的前下角，即帆根和帆脚所成的角。
7）帆上梢：帆的后上角，即帆头和帆梢所成的角。
8）帆下梢：帆的后下角，即帆梢和帆脚所成的角。
9）帆杆：用来张开帆面的圆木长杆，有上、下杆之分。
10）帆肋：支撑帆面的竿。
11）缩帆绳：固定在帆下部帆面上，缩帆时用以捆帆。

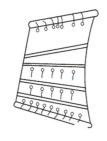

图 3-26

图 3-27

3. 桅、帆属具（图 3-27）

1）缭绳：维持帆位的动索，用于前帆的称前缭，用于主帆的称主缭。前缭是连接在帆下梢的较长绳索，驶帆时用来操纵前帆，使它张向左舷或右舷。主缭是连接在主帆下梢的较长绳索，另一端通过导向滑车，由艇员牵引，驶帆时用来操纵主帆，使主帆张向左舷或右舷。
2）前帆前角索：连接在前帆帆下根上的一根短绳，驶帆时另一端固定于艇首。
3）主帆前角索：连接在主帆帆下根上的一根短绳，驶帆时另一端固定于桅杆下部。
4）底根绳：一根较短的纤维绳，用来固定帆下梢。
5）卧杆：一根圆长杆，自艇尾向后伸出，根端固定在卧杆支圈内，在杆的顶端设有滑车，主缭绳经过这个滑车拉向艇首，以便将帆充分张开。

二、桅、帆的整理

1）主桅和前桅并排放在艇的中部，主桅在左，前桅在右，桅根部朝向艇首。
2）帆：将帆套开口的一端朝艇尾，主帆放在左，前帆放在右。
3）卧杆：有滑车的一端朝艇尾，放在右舷后部。
4）桨：每舷放二层桨，用小绳缚住，挽篙放在上边，以便随时取用。

三、驶帆基本原理

驶帆的行进动力就是风吹过帆面时所产生的压力，该压力在艇首尾方向的分力，即为推动艇前进的动力（图 3-28）。

当帆受风时，帆面即形成弧形，流过帆背面的风速超过帆受风面的风速。因此，帆正反两面间形成压力差，垂直于帆面的 P 力，即为该压力差。P 分为 P_x 和 P_y，分别为沿首尾方向的分力和垂直于首尾线的分力。P_x 即为推艇前进的动力，P_y 为推艇横移的分力。

P 力的大小与风力的大小和风与帆之间的夹角有关，风速越大，P 力越大。P_x 和 P_y 的大小比例与帆位角 β 有关。当风舷角 α 不变而帆位角增大时，P_x 也增大，P_y 减小。帆位角 β 减小时，情况与上述相反。由于艇的横移阻力较大，而纵向移动阻力较小，因此，即使在小帆位角 β，P_x 小于 P_y 的情况下，艇的前进速度仍大于横移速度。这就是风舷角 α 不大时，艇也能驶帆前进的原理。

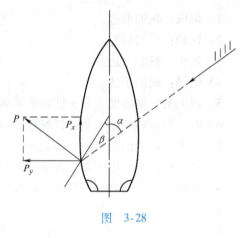

图 3-28

一般来说，风从艇首左、右40°以上吹来时，艇便可驶帆前进。风舷角 α 越大，行进速度也越快。

1. 最佳帆位角

帆位角 β 的大小、风舷角 α 的大小与艇的前进速度有关，如能采取适当的角度，则可以取得好的效果。一般情况下，将帆位放在风向和艇首尾线夹角的中间，才能得到较好的推进效果。如帆位角 β 偏大，推力就没能很好利用；反之帆位角 β 过小则使艇速降低（图3-29）。

2. 驶帆口令

（1）立桅升帆

1）准备驶帆：各桨手把桨和桨叉放好，绑妥，协同一起将帆套脱掉，折好放于艇首平台下面。

2）准备立桅：以12号桨手为例，12号桨手打开艇首花板，立于左舷边。前半段桨手（7、8、9、

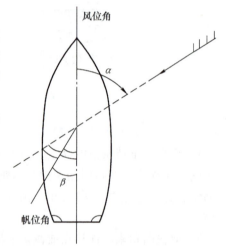

图 3-29

10、11、12号）将前桅根移到前桅座附近。5、11号桨手打开前、后夹桅环后扶桅根。其他桨手将前、后桅举起。6、12号桨手扶桅基对准桅座，然后向艇长报告前、后桅备妥。

3）立桅：前后桨手将前后桅竖起，5、11号桨手关上夹桅环，插上插销后，报告前后桅立妥。3、4、9、10号桨手解开前、后桅支索并加以固定。

4）准备升帆：将前、后帆放在中间进行解帆，并将升帆索系结在上帆杆前端1/3处。如帆杆无眼环应打扬帆结系牢。1号桨手安装卧杆（无需可以不装）。2、8号桨手系穿好前后缭绳握在手中。5、6、11、12号桨手拉住起帆索，准备听令升帆。

5）升帆（张帆）：5、6、11、12号桨手拉起帆索将帆升起，并将起帆索系固于系索柱上。3、4、9、10号桨手将前、后帆的前角收紧后，系固在桅座旁的座板上。1、2、7、8号桨手在上风舷侧控制缭绳。各项工作做好后，各艇员应坐在艇底花格板上，面向帆。舵手在艇尾，轮流隙望。

（2）落帆下桅

1）准备落帆：6、12号桨手将升帆索解开，留一道系在索柱上，握在手中。其他桨手准备收帆。

2）落帆：6、12号桨手缓慢松下起帆索。其他艇员将缭绳及帆收进艇内。

3）收帆：各桨手按立桅升帆所分配的工作职责，分别解开帆杆上的帆索及前后帆的角索，取下卧杆，将帆捆好，放回原处，待下桅后与桅一起放在艇中间。

4）下桅：解开桅立索，连同起帆索围绕在桅杆上整理好。最后，11号桨手打开夹桅环。6、12号桨手拔出桅基。其他艇员协同一起将桅放好。

（3）驶帆术语

1）上风：向风侧。

2）下风：背风侧。

3）左舷受风：左舷在上风侧。

4）右舷受风：右舷在上风侧。

5）顺风行驶：张帆行驶，而风来自正横后方。

6）迎风掉樯：在艇首顶风中变更受风舷侧。

7）顺风掉樯：在艇尾顺风中变更受风舷侧。

8）松帆角索：解开帆角索。

9）向后拉平：用力拉紧帆角索。

10）上风舵：将舵柄转向上风，即使舵偏向下风。

11）下风舵：将舵柄转向下风，即使舵偏向上风。

12）转向下风：操艇使艇首偏离风向。

13）转向上风：操艇使艇首接近风向。

14）逆风行驶：艇首尽量靠近上风行驶。

15）顺航拨舵转帆：改变航向，使艇尾由一侧受风，变为另一侧受风。

16）缩帆：系结缩帆索，以减小帆的受风面积。

17）风压差：帆艇受风影响而被推移至下风侧的力量大小。

18）风舷角：风向与首尾线的夹角。

19）帆位角：帆与首尾线的夹角。

（4）风向专用名词（图3-30）

1）顶风：从艇首左、右0°~10°范围内吹来的风。这种风难以驶帆。

2）迎风（逆风），从艇首左、右10°~80°范围内吹来的风。在这种风下驶帆，行进速度较慢。

3）横风：从艇首左、右80°~100°范围内吹来的风。驶帆速度较快，但艇的横移最大，艇的倾斜度也较大。

4）偏顺风：从艇首左、右100°~170°范围内吹来的风。此风向驶帆速度很快，横移

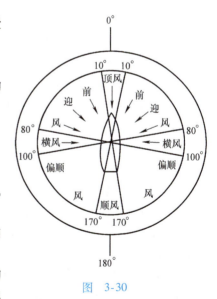

图 3-30

少，较安全，容易操纵。

5）顺风：从艇首左、右170°～180°范围内吹来的风。顺风驶帆比较安全，速度也最快。

四、驶帆航行操作方法

1. 顶风曲折航行

若欲到达上风某地，但艇不能顶风驶帆时，可采取顶风曲折航行的方法逐渐接近目的地。即采用60°左右的风舷角行驶，行驶一段后，经过掉樯改为另一舷与风成60°左右行驶。再行驶一段落后，经过掉樯改为另一舷与风成60°左右行驶。这样来回若干次掉樯后，可抵达目的地。这种航行操作方法称逆风航行，"之"字形航行或"S"形航行。

顶风曲折航行时，要掌握其要领，否则难以抵达目的地，其操作要领如下。

1）要选择有利的风舷角：如果风舷角过小，航程虽短，但航速很慢；反之，风舷角过大，航速虽快，但航程加远，实际效果也不好。因此，要根据当时的风速、流向、流速及艇的性能等情况而定，一般以50°～70°较好。

2）要把两帆的帆位角调整到最佳位置：如果帆位角偏大，推力就没有充分利用；反之，帆位角过小，横移力增加，艇速降低。一般帆位角应调至风舷角的一半。

3）正确选定掉樯的位置和时机：掉樯时，艇速会减慢，故过多的掉樯是不利的。每段的航程不宜过短。掉樯操作要熟练，相互动作要配合协调。

4）可充分利用水流：逆风逆流是不能驶帆的。当处于顺流时，风舷角可小些；反之则大些。

5）航向要把定：偏航时，用舵要及时，而舵角要适当。集中精力操舵，反应要快。

2. 迎风掉樯口令与动作

1）准备逆风掉樯：各艇员按分工做好前、后帆的掉樯准备工作（图3-31①）。

2）上风满舵：舵手把舵柄慢推向上风35°，使艇首转向下风，以增加艇速（图3-31②）。

3）松前缭、紧后缭：操前缭的艇员把前缭松开，使前帆不受风力。操后缭的艇员把后缭逐渐收紧，保持后帆一直受风，使产生的横向推力帮助转向（图3-31③）。

4）推向帆：当艇首转至接近风向时，下达此令。操前缭的艇员将前帆推向下风艇首方向。为了增加前帆受风面积，也可用挽篙将三角帆撑出。前帆受风后，如艇仍有前进的余速，舵可不动。如余速消失，则取中舵。如艇已后退，则施反舵（图3-31④）。

5）松后缭：当艇首越过风向后，即下此令。放松后缭绳，以使后帆不妨碍艇首向下风转动（图3-31⑤）。

6）过前帆、紧前缭：当艇首转过风向20°左右时，下此令。将前帆从上风舷转到下风舷侧，收紧前缭，利用前帆协助艇继续向下风转动（图3-31⑥）。

7）紧后缭、松前缭、正舵：当艇转到与风向约60°时，调整航向与帆位，恢复逆风航行（图3-31⑦）。

在迎风掉樯中，常因指挥或操作不当，或因风流不利等影响，使掉樯有困难，以致失败。此时应迅速恢复原航向行驶，待具有一定航速后，再进行掉樯。

3. 顺风掉樯口令动作

航行中顺风掉樯将艇首向下风转动，使艇尾越过风向，而改变受风舷。

1）顺风掉樯准备：各艇员做好操作准备（图3-32①）。

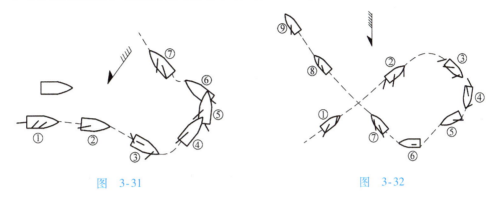

图　3-31　　　　　　　　　　　　图　3-32

2）上风满舵，松后缭：将舵柄操至上风舷35°左右。持后缭艇员松开后缭绳（如风较大，不要全部松掉，仅松到风舷角为60°左右，以防发生危险），使艇首向下风舷旋转加速（图3-32②）。

3）紧前缭：将前帆位紧到与风向成垂直的位置。当旋转加速后，随着艇的旋转，应逐渐松前缭，使帆始终保持受风（图3-32③）。

4）过前帆：当艇尾接近风向时，将前帆转过另一舷，以利于艇的旋转（图3-32④）。

5）紧后缭，过后帆：操纵后帆的桨手迅速将后帆收到艇首尾线附近之后，将后帆越过艇首尾线，然后逐渐松后缭（图3-32⑤）。

6）松前缭、紧后缭：松前缭后，因舵和后帆受力，使艇更快地转向上风（图3-32⑥）。

7）把定：当艇转至风舷角为60°左右时，把定，并调整后帆，使之处于逆风航行（图3-32⑦）。

顺风掉樯的操纵比迎风掉樯较容易，但旋回所占水域较大，需要在掉樯前，下风要有足够水域，而且艇两次受横风，易产生较大横倾，比较危险。在风浪大时，不宜顺风掉樯。如必须顺风掉樯时，应先落帆或缩帆再掉樯。

4. 各种事故的处理和应急措施

1）若双桅中主桅折断，可将前桅移作后桅。损坏的主桅稍加修理后若能使用，可移作前桅。

2）若单桅艇的桅中部折断，可用2～3把桨和绳索将折断部分固定绑牢。驶帆时，适当缩小帆面，缭绳应松些，以减轻受力。

3）卧杆折断时，可将后缭绳直接通过艇尾领圈用力控制。

4）舵损坏时，可用桨代替，采取调整两帆风舷角来代替舵。

5）桅座板破裂时，先使艇首迎风，再用绳索与桅箍上缚结，系固在前后座板上加固。

6）支索、缭绳在驶帆时破断，应立即使艇迎风，接好后继续航行。

7）若起帆索破断，使艇首迎风，下桅，连接好后立桅再航行。

8）上或下帆杆折断时，可用挽篙或其他木材用绳索在折断处绑扎牢固。

9）发生搁浅时，迅速将帆落下，检查有无漏水或其他损坏。如艇有漏水，应用木楔等物堵漏，及时排水，并采用相应的脱浅措施。

10）驶帆中，若风力大，艇横倾过大，有危险时，可迅速将帆降下一部分，用缩帆索系结妥后,再升帆继续航行。如风力太大,缩帆后仍有危险,可适当减小风舷角,艇横倾情况将会有改善。若遇大风浪,不能张帆航行,应落帆下桅,抛海锚,艇首迎风顶浪漂流。艇员适当移坐艇尾,以保安全。

任务 3　皮划艇技术训练

一、皮划艇简介

(一) 皮划艇起源

皮划艇包括皮艇和划艇,都是两头尖小没有桨架的船艇。皮艇是桨手坐在艇内,使用一支两端桨叶互成约90°的桨,在艇的左右轮流划水;划艇则是桨手前腿成弓步,后腿跪着,两手握一支像铲子般的单面桨,在艇的一侧划水(图3-33)。皮艇有舵,由桨手两脚操纵;划艇无舵,全靠桨手的划桨动作控制方向。

皮艇起源于北美洲格陵兰岛上爱斯基摩人用动物皮包在木架子上制作的兽皮船。1865年,苏格兰的麦克格雷戈(John MacGregor)仿兽皮船制作了1条长4m、宽75cm、重30kg的"诺布·诺依"号皮艇,驾艇穿越了瑞典、芬兰、德国、英国。19世纪90年代,皮艇运动在欧洲得到广泛开展。

划艇起源于加拿大,原始时期是人类渔猎的工具,在北阿拉斯加以渔猎为生的印第安人将树干掏空,坐在里面用木棍划行,故又称独木舟(图3-33)。

中国是一个历史悠久的文明古国,在我国新石器时代遗址浙江湖州钱山漾、浙江余姚河姆渡、福建连江、广东化州等都出土过独木舟或船桨的残骸,这些文物已有5000~9000年的历史。早在2000多年前,我国西藏、云南、广西等一些少数民族地区就在制造和使用独木舟,并且还组织独木舟竞渡比赛,即与皮划艇运动十分相似的"划龙舟"比赛。

图　3-33

(二) 皮划艇运动的发展

皮划艇运动属于速度耐力项目,经常参加皮划艇运动,能有效地增强人体心血管系统和呼吸系统的功能,发展全身肌肉的力量和耐力。它还用于勘探、测量、侦察和游乐,有一定实用价值。

现代皮划艇运动产生于1865年,苏格兰人麦克格雷戈继制造出第一支皮艇"诺布·诺依"号后,1867年他创建了英国皇家皮划艇俱乐部,并举办了第一次皮划艇比赛。1924年1月由丹麦、瑞典、法国和奥地利发起,在丹麦首都哥本哈根成立了"国际皮划艇联合会"。同年,第8届奥运会期间还进行了划艇表演赛。1936年第11届奥运会,皮划艇开始被列为奥运会正式比赛项目,共进行了9项比赛。此后,皮划艇的比赛项目不断变化,现代奥运会共设有12个项目。1930年前后现代皮划艇运动传入我国。

(三) 皮划艇分类与比赛项目分类

皮划艇包括皮艇和划船,都是两头尖小,没有桨架的船艇。

由于这两种艇的比赛场地、比赛距离、比赛规则和裁判方法基本相同,因此皮艇和划艇统称为皮划艇运动。但这两种艇的船形结构、桨的形状、运动员的划桨姿势、握桨方法和技术动作则完全不同。

皮艇运动员是坐在前后都有甲板的座舱内,握一只两端都有桨叶的桨,在艇两侧左右轮流划桨。

划艇则是桨手前腿成弓步,后腿跪着,两手握一支单面桨在艇的一侧划水,分左桨和右桨。皮艇有尾舵,由桨手两脚操纵;划艇无舵。

现在国际皮划艇联合会(International Canoe Federation)用 canoe 代表皮艇和划艇。皮划艇的种类有:单人皮艇(K1)、双人皮艇(K2)、四人皮艇(K4)、单人划艇(C1)、双人划艇(C2)、四人划艇(C4)、单人旅游艇(T1)、双人旅游艇(T2)。

皮划艇项目分为静水和激流两个部分。

静水比赛项目:根据比赛距离、舟艇的种类和运动员的性别予以区分的。

激流比赛项目:分为激流回旋(Slalom)和漂流(Wild Water)两种。

激流回旋项目:分为男子单人皮艇、单人划艇、双人划艇和女子单人皮艇,这四个项目既是奥运会项目,也是全国运动会项目。

漂流项目:采用各种艇型或橡皮艇在有一定流速和落差的河流进行,可分为单人、双人或多人。

属于皮划艇运动范畴的还有:皮划艇马拉松和皮艇球。

皮划艇的基本技术大致可分为插桨(入水)、拉桨、出桨和推桨(摆桨)。

皮艇技术是周期性的划桨运动,多次重复一种循环动作,运动员手臂、躯干、上肢和身体各环节总是沿着一定的运动轨迹做动作,这种动作轨迹与划桨技术的合理性是内在联系的。相对运动轨迹,是指运动员身体各部位,有一个循环动作中的相互位置的关系,包括肩、肘、腕等关节的运动轨迹,以及各环节速度力量的变化。绝对运动轨迹,是指一桨动作的连续轨迹,包括桨从出水到脚前入水和从腿的中部向上到复位等。

成功的皮艇运动员在整个划桨过程中有一个较为合理的上肢、躯干运动轨迹。

躯干的作用:躯干的正确坐姿是垂直于艇的纵轴,维持脊柱正确姿势主要是竖脊肌、背短肌的收缩和重力共同的作用。

引导手前侧伸带动躯干,一侧前伸,目的是使这些原动肌的肌纤维在收缩前已被拉长,这些肌肉大都是位于躯干的大肌肉,生理横断面比较大,动力也较长。引导手运动轨迹的标准是以脊柱为轴,配合躯干的转动,充分利用躯干的大肌肉群和肩带肌的力量,为拉桨提供力量。

上肢的作用:引导手的肘关节运动是积极自然地前侧伸,并绕垂直轴做旋内运动。肩关节运动是上臂绕额状轴在肩关节处屈转。为了增大划距,加大幅度,肩胛骨也参加前伸运动。由于肩锁关节属于微动关节,锁骨只能围绕胸锁关节的垂直轴做前后运动,使肩胛骨做前侧伸运动,拉长斜方肌和菱形肌的纤维,为拉桨储备弹性势能。

前方桨叶入水,接近皮艇的纵轴线是引导手转为拉桨手工作的重点。

二、皮艇划行技术动作分解

(一)皮艇划桨技术

1. 复位阶段

桨叶出水至前方手前侧引至最远处,由于桨的长度大于运动员的坐高,桨不能做前后运动,必须先经过侧向做外侧弧线运动,向上举桨。(图3-34)

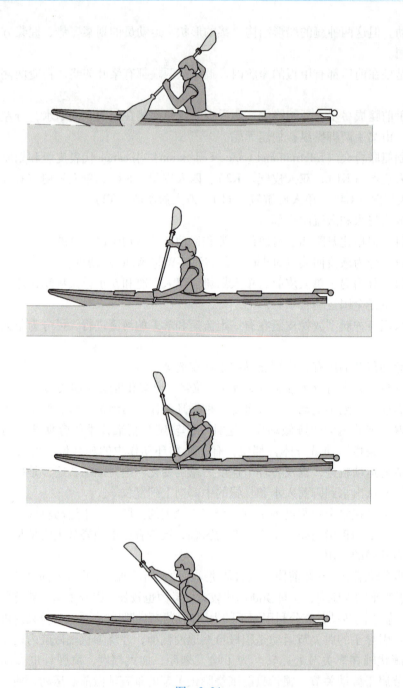

图 3-34

特点：躯干轴保持自然坐姿，通过躯干一侧向前转动，带动肩轴向前转移，使人和桨完成外侧弧线的摆动。与此同时，二肩平行，（以左手拉桨为例）左肩前移，肩轴前伸，并随躯干轴扭至艇的运动平面。这时左臂伸直，手臂的高度与水面平行，与艇的纵轴线反向成10°~15°的夹角，有利于入水桨角度的旋转，更有利于创造加速度。右手将桨提出，并向上抬过肩部，手臂和肩平行，肘关节夹角为80°左右。此阶段的作用是以最短路线完成向前和侧向举桨的过程，使桨与艇的纵轴线成25°，为下一段插桨赢得最大的动作幅度及势能。

2. 桨叶入水阶段

宽度缩小后的皮艇，平衡性起到了变化，稳定性系数减小，船体与水的摩擦力减小，所以桨叶入水越靠近船沿，平衡能力就越下降，但是速度就越高。因此，桨叶迅速向前下贴近船沿入水，此阶段是从高位到低位的运动，要完成桨叶的变换角度，势能变为动能，是一个加速度的过程，所以用时很短，但特点明显，左边躯干前侧，右边略有后拉，带动左臂顺势向前舒展，使桨在尽可能的远处迅速插入水中。

桨叶向前下插入水中，与水平面的角度是整个划桨过程中最小的，继续增大划桨幅度，为桨在水中划水赢得尽可能大的划程。

躯干、上肢肩带和手臂的肌群，在前一阶段的基础上继续向前下扭紧，为参与划水动作的各肌群用力储蓄了能量。上方手积极前移，肘关节平推为左侧的躯干发力做准备。此阶段的艇无任何推动力，只受水和空气阻力的影响，而当桨叶入水划桨，才是艇获得动力的阶段。

3. 桨叶的包水过程

桨在水中到垂直位，是划桨过程中最关键的时期，桨叶在水中的包水效果体现在速度上。这段过程用时短，运动员突然憋气和躯干的发力，上肢协调配合，同时躯干拉桨，上方手固定高度配合划桨手用力，桨叶入水很快地抓住水，这就是所谓"包水"。

包水无水花出现。把桨叶全部埋入水中，在桨叶入水附近建立稳固的划水支撑点，区别优秀运动员和一般运动员的主要标志是"桨叶的包水技术"。"包水技术"的特点是力量足，桨叶入水稳，正对水，桨叶支撑点无晃动，无移动。包水动作速度快，在瞬间能充分调动身体各环节肌力，增加桨对水的稳固支撑，上方手配合拉桨推桨，水就在桨上产生巨大的反作用力。

躯干的发力转动在先，其次是上肢发力拉桨。最终通过上肢、躯干、下肢连接，传递到脚蹬板上，从而推动艇的前进。可见这阶段是艇的速度变化最明显的时候，也称为桨的包水加速过程。

4. 提桨过程

待桨运动到垂直位时，水与桨的相互作用力达到最大之后，上肢的用力方向发生了改变，小臂弯屈外展，躯干的动作发力减小。此时桨的运动轨迹向外侧"八"字方向，便于桨叶的出水。

5. 出水

当桨叶改变角度离开水面时，称为出水。此时运动员的躯干、上肢肌肉间隙放松，为下一个划桨周期做准备。要求运动员左边躯干减缓旋转，桨叶出水，应迅速、果断，手臂与肘明显上抬，肘关节的高度低于肩关节。

小臂的位置应高于耳，每一桨结束时保持艇速，保证艇的行进速度是匀速的，因此出水必须干净利落，技术动作连贯。

（二）技术要领与技术分析

1. 技术要领

在无宽度限制的皮艇运动中，运动员应注重操作顺序和技术动作的细小环节，如躯干、上肢的协调配合，桨的运行轨迹，两侧的均匀发力，直道中减少使用舵的次数，出水时手腕的翻转动作，桨叶包水时的发力时机等。拉桨包水过程中，桨叶是沿着艇沿外弧线向后、向外的轨迹在运动，桨叶与侧向的水流相互作用。桨叶的包水是相对固定在艇的一侧，通过力的传递推动艇体的前进，因此，桨叶要靠近艇，又有桨推离艇体的过程。技术动作并没有固定的模式，主要是根据个人特点，在基本动作一致的情况下，有各种细节上的不同。

2. 技术分析与讨论

躯干上肢的发力主要集中在桨叶上。最适宜的施力角在60°~110°，同时要考虑桨的入水角以30°~45°为限，并且变化很快，要求在入水之初就积极地加大用力，达到最大支撑力，并且最大用力有短暂的持续，且持续相对比较平稳，其冲量曲线呈梯形，由小至大，这才可以保证最佳效果。采用奇峰突起式的增大用力和在划行效果明显的中段集中冲量的方案也有一定效果。

1）桨叶划行的"8"字形路线，既是弧线运动，也是侧向运动。

2）侧向运动的特点是桨叶做侧向运动比做平行运动的时间要长。运动员利用升力和对皮艇平行拉桨，桨对水做向后运动之前，就已经产生推进力。为了更好地完成这个动作，桨叶入水要比皮艇向前运动的速度更快，对水做向后移动，这意味着在"包水"和开始产生推进力之前，桨迅速地对皮艇做向后运动。为避免桨叶入水和包水之间有制动力，桨叶在入水前开始向后运动，但需要求运动员复位阶段到位。桨叶出水同样存在制动力，拉桨手应在上方手充分伸展之前提桨，这样桨叶仍对水做向后运动。

这种对皮艇的迅速向后运动，必须在下一次拉桨期回桨之前倒过来。当桨叶包水完毕，对皮艇不产生过多推动力时，就会对水产生向前的运动，这意味着制动力将发生。若桨叶在入水时迅速做侧向运动，制动力可由升力抵消。

侧向运动比直线向后拉的技术，能使桨叶维持几乎垂直方向的时间更长，加大了向前的推进力。侧向运动能使人体的肌肉、关节和杠杆系统更有效地使用，用力也较小，运动员能轻易地利用上肢、躯干长轴的旋转产生桨叶的快速运动。

3）桨叶的侧向运动比平行于皮艇的运动要省力。因为便于旋转上肢躯干的大肌肉群，能减少氧的消耗和减轻局部肌肉疲劳，具有生理效益。

4）优秀运动员在接近出水时只有极少的侧向运动，桨叶的后拉方向应是顺着水流的自然方向，桨叶入水后可借助流速加快拉桨的速度，帮助运动员做向前运动，减少舟艇在水中移动的摩擦力和压力。

5）精湛的皮艇运动技术是通过有效的用力方式产生更大的推进速度。推进力越大效果越好。当推进力和桨叶包水的力量相等时，桨频将以相反的关系影响推进力，桨频越高，对两侧划桨同等所给的推进力越小。

三、皮划艇运动术语

划幅：指桨叶入水至出水间划行的距离。

划水路线：指桨叶在水中划行的轨迹。

划桨频率：指一定时间内划桨的次数。一般为每分钟30~40桨。

划桨节奏：指桨叶划水和回桨的时间比例。每一划桨周期中，推桨时放松，拉桨时用力，形成鲜明节奏，能使有关部位的肌肉得到短暂休息，有利于合理发挥体力、加快划速。

划桨周期：指划桨完整动作的总称。由桨叶入水、划水和回桨3个连贯动作组成。一个完整动作称为一个划桨周期。

模块 3　航海专业技能训练

起航：指舟艇由静止状态转为运动状态。正确掌握起航技术，能使舟艇在最短时间内获得最快速度，取得领先的优势。

倒桨：同划桨动作相反，倒桨可使舟艇反方向前进。

乘浪：皮划艇行进时，借助其他艇产生的波浪力量，使自己舟艇加速向前推进的一种操纵技术。

思考与练习

1. 驶帆与皮艇技术动作要领主要有哪些？
2. 航海类学生掌握驾帆与皮划艇技术对于海上求生有什么重要性？怎样学好这些技术？

子模块 10　实用游泳技能

学习与训练目标

1. 熟悉和掌握水性练习方法和手段。
2. 掌握实用游泳技能和训练手段。

学习情境

人类在适应自然与征服自然的过程中与水有不解之缘。人们的生产、生活离不开水，但同时水会给人的生命财产安全带来危害。游泳是人类征服自然的过程中创造的一项重要的生存技能，在生产、生活、军事上被广泛应用。现代社会游泳已成为一项受广大群众喜爱且具有实用价值的健身运动与体育竞技项目。航海类专业学生今后要在海上工作生活，经常与水打交道，掌握一些实用游泳技能对于工作、生活和求生都有着极其重要的意义和作用。为此，成熟的航海类院校都有自己的游泳场馆，并且都开设了游泳课程，而且大多数学校都将游泳课程作为航海体育课程的重要组成部分，要求学生必须掌握一种或几种实用游泳技能。

游泳运动是肌体在水中划行，配合有节奏的呼吸来完成的一项运动，既可增强肌肉力量又可增强人体的心肺功能。对于航海专业学生来说，游泳不仅是强身健体的一项体育运动，也是海上生存和求生的一项技能。

任务 1　水性练习与注意事项

一、熟悉水性的基本训练

熟悉水性是游泳中的一个重要的环节，目的是使初学者体会和了解水的特性，逐渐适应水的特性和环境，消除怕水的心理，学会漂浮和呼吸方法，为掌握游泳技术打下基础。

1. 水中行走训练

在水中做各种方向的行走、跑、跳动作，掌握在水中维持身体平衡的方法，消除怕水心理。

水中行走练习

2. 呼吸训练

游泳的呼吸是用口吸气,然后在水中用鼻、口同时呼气。在水面吸口气后,憋气将头浸入水中,然后再在水中将气呼出,以进一步消除怕水心理。

3. 浮体训练

1) 抱膝浮体训练。原地站立,深吸气后闭气低头下蹲团身,两手抱小腿,双膝尽量靠近胸部,前脚掌蹬离池底,身体放松就会自然漂浮于水中。

2) 展体浮体训练。两臂平伸水面,两脚开立,深吸气后上体前倾,低头入水,两脚蹬离池底,成俯卧姿势漂浮水中。

3) 滑行训练。蹬池底滑行训练。两腿前后开立,两臂前平伸,吸气后蹲下,身体前倾,头肩没入水中,前脚用力向后蹬池底,后脚上摆,两腿并拢使身体成流线型向前滑行。

呼吸训练

浮体训练

二、游泳的注意事项

1. 忌饭前饭后游泳

空腹游泳会影响食欲和消化功能,也会在游泳中发生头昏乏力等意外情况;饱腹游泳也会影响消化功能,还会产生胃痉挛,甚至呕吐、腹痛现象。

2. 忌剧烈运动后游泳

剧烈运动后马上游泳,会使心脏加重负担;体温的急剧下降,会使抵抗力减弱,引起感冒、咽喉炎等。

3. 忌月经期游泳

月经期间游泳,病菌易进入子宫、输卵管等处,引起感染,导致月经不调、经量过多、经期延长。

4. 忌在不熟悉的水域游泳

在天然水域游泳时,切忌贸然下水。凡水域周围和水下情况复杂的都不宜下水游泳,以免发生意外。

5. 忌长时间暴晒游泳

长时间暴晒会产生晒斑,或引起急性皮炎,又称日光灼伤。为防止晒斑的发生,上岸后最好用伞遮阳,或到有树荫的地方休息,或用浴巾披在身上保护皮肤,或在身体裸露处涂防晒霜。

6. 忌不做准备活动游泳

水温通常比体温低,因此,下水前必须做准备活动,否则易导致身体不适。

7. 忌游泳后马上进食

游泳后宜休息片刻再进食,否则会突然增加胃肠的负担,久而久之容易引起胃肠道疾病。

8. 忌游时过久

皮肤对寒冷刺激一般有3个反应期。第1期:入水后,受冷的刺激,皮肤血管收缩,肤色呈苍白;第2期:在水中停留一定时间后,体表血流扩张,皮肤由苍白转呈浅红色,肤体由冷转暖;第3期:停留过久,体温热散大于热发,皮肤出现鸡皮疙瘩和寒战现象。游泳持续时间一般不应超过 1.5~2h。

9. 忌有癫痫史者游泳
无论是大发作型或小发作型，在发作时有一瞬间意识失控，如果在游泳中突然发作，就难免"灭顶之灾"。

10. 忌高血压患者游泳
特别是顽固性的高血压患者，药物难以控制，游泳有诱发中风的潜在危险，应绝对避免。

11. 忌心脏病患者游泳
先天性心脏病、严重冠心病、风湿性瓣膜病、较严重心律失常等患者，对游泳应"敬而远之"。

12. 忌患中耳炎者游泳
不论是慢性还是急性中耳炎，因水进入发炎的中耳，等于"雪上加霜"，使病情加重，甚至可使颅内感染等。

13. 忌患急性眼结膜炎者游泳
该病病毒在游泳池里传染速度快、范围广。在该病流行季节即使是健康人，也应避免到游泳池内游泳。

14. 忌某些皮肤病患者游泳
各种类型的癣、过敏性的皮肤病等，不仅易诱发荨麻疹、接触性皮炎，而且易加重病情。

15. 忌酒后游泳
酒后游泳，体内储备的葡萄糖大量消耗会出现低血糖现象。另外，酒精能抑制肝脏正常生理功能，妨碍体内葡萄糖转化及储备，从而发生意外。

16. 忌忽视泳后卫生
泳后，应即用软质干毛巾擦去身上水垢，滴上氯霉或硼酸眼药水，擤出鼻腔分泌物。若耳部进水，可采用"同侧跳"将水排出。之后，再做放松体操及肢体按摩或在日光下小憩 15~20min，以避免肌群僵化和疲劳。

三、游泳卫生
从体育卫生的角度看，参加游泳锻炼的人，事先都要进行一次体格检查。凡患有心脏病、高血压、活动性肺结核、传染性皮肤病、中耳炎、癫痫病的患者，都不宜游泳。发热病人也应该暂停游泳。

要注意水质卫生。游泳池的水质应透明无色，无臭无味，清澈可见池底，池水的理化标准要符合卫生标准。利用江河、湖泊、池塘等自然水域进行游泳时，要合理选择水源，不要在不清洁的水中游泳，因水中如果有病菌或有毒物质，可通过皮肤、黏膜和口腔进入体内，引起痢疾、眼结膜炎、中耳炎、皮肤病等。

下水前要做准备活动。如果水温较低，先用冷水泼身，以提高肌体对水温的适应性。在水中的时间不要过长，更不要静止不动，以免发生肌肉痉挛或因散热过多而发生寒战。若出现寒颤时，应立即上岸，用干毛巾擦干身体，穿好衣服并做暖身运动，如徒手操、慢跑等，以增加身体发热量，预防受凉发生感冒。

任务2 蛙泳技术

1. 蛙泳身体姿势

蛙泳在游进之中,身体不是固定在一个位置上,而是随着手、腿的动作在不断地变化。当一个动作周期结束后,身体应展胸、稍收腹、微塌腰,两腿并拢,两臂尽量伸直,颈部稍紧张,头置于两臂之间,眼睛注视前下方。整个身体应以横轴为轴做上下起伏的动作(图 3-35)。

蛙泳身体姿势

蛙泳腿

2. 蛙泳腿的动作

蛙泳过程中身体前进主要依靠腿部力量。它的主要动作环节可分为收腿、翻脚、蹬夹水和滑行4个阶段,这4个环节是紧密相连的完整动作。

(1) 收腿 收腿时,两腿随着吸气的动作,自然放下,同时两膝自然逐渐分开,小腿向前回收,回收时两脚放松,脚跟向臀部靠拢,边收边分。收腿时力量要小,两脚和小腿回收时要收在大腿的投影截面内,以减少回收时的阻力(图 3-36)。

图 3-35　　　　　　　　　　图 3-36

收腿结束后,大腿与躯干约成 120°~140° 角(图 3-37),两膝内侧大约与髋关节同宽。大腿与小腿之间的角度约为 40°~45°,并使小腿尽量成垂直姿势,这样能为翻脚、蹬夹水做好有利的准备。

(2) 翻脚 当脚向腿部靠拢时,两脚迅速翻转勾脚踝,使脚跟相对,脚尖向外,以加大对水的对抗力(图 3-38)。

图 3-37　　　　　　　　　　图 3-38

(3) 蹬夹水 蛙泳腿部动作效果的好坏,完全取决于蹬夹水技术的正确与否。蹬水应由大腿发力,先伸髋关节,这样使小腿保持尽量垂直对水的有利部位,向后做蹬夹水的动作,其次是伸膝关节和踝关节(图 3-39)。蹬夹水的动作实际是一个连续的完整动作,只是蹬水在先,夹水在后。实际上在翻脚的动作中,两膝向内,两脚向外已经为蹬夹水固定住唯一的方向(图 3-40)。

图 3-39　　　　　　　　　　图 3-40

蹬夹水效果的好坏不但取决于腿部关节移动的路线和方向，以及蹬夹水时推水面积的大小，最主要的是取决于两腿蹬夹水的速度和力量的变化，蹬夹水的速度是从慢到快，力量是从小到大的。

（4）滑行　蹬夹水结束后，两腿伸直并拢，使人体保持水平，以蹬腿获得的速度向前滑行，并准备做下一个动作循环（图3-41）。

图 3-41

3. 蛙泳手臂的动作

蛙泳臂的动作可分为开始姿势、抓水、划水、收手、向前伸臂5个阶段。

（1）开始姿势　当蹬水动作结束时，两臂应保持一定的紧张，自然向前伸直，并与水面平行，掌心向下，手指自然并拢，使身体成一条直线，形成较好的流线型。

蛙泳手臂

（2）抓水　从开始姿势起，手臂先前伸，并使重心向前，同时肩关节略内旋，两手掌心略转向外斜下方，并稍屈手腕，两手分开向侧斜下方压水，当手掌和前臂感到有压力时，就开始划水。抓水动作一方面能给划水创造有利条件，另一方面还能造成身体上浮和前进的作用。抓水的速度，根据个人的水平不同而不同，水平较高者抓水较快，反之则慢。

（3）划水　肘关节逐渐弯曲，并保持较高位置。划水的路线是向侧、下、后加速划水。

（4）收手　收手是划水阶段的继续。收手时，收的运动方向为向内、向上、向前。手的迎角大致为45°。由于前臂外旋，掌心逐渐转向内。收手动作应有利于做快速向前的伸手动作，并且肘关节要有意识地向内夹。当手收至头前下方时，两手掌心由后转向内、向上、向前的姿势，这时大臂不应超过两肩的横向延长线。在整个收手动作过程中，手的动作应积极、快速、圆滑，收手结束时，肘关节应低于手，大、小臂的角度小于90°。

（5）向前伸臂　肩向前，肘、手快速向前伸，手臂边伸边内旋，掌心逐渐转向下方，使臂靠近水面。

4. 蛙泳配合技术

手臂滑下（抓水）的同时，开始逐渐抬头，这时腿保持自然放松、伸直的姿势。手臂划水时，头抬至眼睛出水面，腿还是不动。只有收手时才开始收腿，并稍向前挺髋，这时头抬至口出水面，并进行快速、有力的吸气。伸手臂的同时低头，用鼻或口鼻进行呼气，并且在手臂伸至将近1/2处时，进行蹬夹水的动作。之后，让身体伸展滑行一段距离，等速度降低时进行第2个周期的动作。

蛙泳配合技术

在蛙泳的游进过程中，一般都是一个周期一次呼吸，这样有利于机体的有氧供应，从而降低疲劳速度。需要注意：在抬头吸气前，必须将体内的废气全部吐完，这样才能吸进新鲜氧气。

5. 基本技术训练

（1）腿部训练

1）陆上模仿训练

① 坐姿蹬水：依地而坐，上体稍后仰，双手在体后支持，重复训练收腿、翻脚、蹬夹、停动作。

② 卧姿蹬水：脸朝下卧于凳上或台面上，循环做收腿、翻脚、蹬夹、停动作。

2）水中训练

① 手扶池边仰卧或俯卧做蹬腿动作。

② 蹬离池壁，在滑行中做腿部动作训练。

③ 在水中手扶固定物，两臂前伸，做腿部动作训练。

（2）臂部训练

1）陆上模仿训练。取站姿，上体前倾，两臂前伸，掌心向下，重复做滑行、划水、收手与伸臂动作。划水时抬头吸气，伸臂时低头呼气，注意臂的动作与呼吸的配合。

2）水中训练

① 划水训练：站在齐胸深的水中，上体前倾，两臂前伸，划水时不要用力，体会水对手的压力及划水轨迹。

② 配合呼吸做上述动作，手臂滑下时抬头吸气，伸臂时低头呼气。

任务3　爬泳技术

1. 爬泳的身体姿势

爬泳时，身体要尽量保持俯卧的水平姿势。但是为了取得更好的动作效果，头部应自然稍抬，两眼注视前下方，头的1/3露出水面，水面接近发际，双腿处于最低点，身体纵轴与水面约成3°～5°的仰角（图3-42）。

爬泳身体姿势

2. 爬泳腿部动作

爬泳打腿由向下和向上两部分交替进行，向下时屈腿打水，向上时直腿打水。打水时，两腿自然靠拢，脚稍内旋，脚尖相对，动作既有力又有弹性，打水幅度约为30～40cm，膝关节弯屈约160°角（图3-43）。

爬泳腿部动作

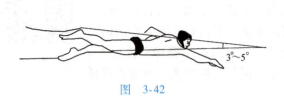

图　3-42

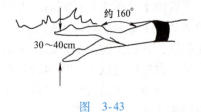

图　3-43

3. 爬泳手臂动作

爬泳的手臂动作是推动身体前进的主要动力，它分为入水、抱水、划推水、出水和空中移臂五个阶段，这五个阶段在划水动作中是紧密相连的一个完整动作。

（1）入水　手臂入水时，肘关节略屈，并高于手臂，手指自然伸直并

爬泳手臂动作

拢，向前斜下方且插入水。注意手掌向外，动作自然放松。手入水的位置应在肩的延长线上，或在身体的中线和肩的延长线之间（图3-44）。入水的顺序为：手—小臂—大臂。

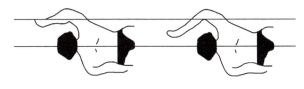

图 3-44

手切入水后，手和小臂继续向前下方伸展，手由向前、向下、稍有向内的运动变为向前、向下、稍向外的运动。

（2）抱水　手臂入水后，应积极插向前下方，此时小臂和大臂应积极外旋，并屈腕、屈肘。在形成抱水的动作中，开始手臂是直的，当手臂划下至与水面成15°～20°角时，应逐渐屈肘，使肘关节高于手。在划水开始前，也就是手臂约与水面成40°角时，肘关节屈至150°左右（图3-45）。

图 3-45

抱水动作主要是为划水做准备，因此手臂是相对放松和缓慢的。抱水就好像用手臂去抱一个大圆球一样。抱水时，手的运动由向后、向下、向外的3个分运动组成。

（3）划推水　手臂在前方与水面成40°角起至后方与水面成15°～20°角止的运动过程都是划推水动作。它分为两个阶段：从抱水结束到划至与水面垂直之前称为"拉水"，过垂直面后称为"推水"。拉水时，应保持高肘姿势，手向内、向上、向后运动。当拉水结束时，手在体下接近中线，这时，肘关节弯曲的角度为90°～120°，小臂由外旋转为内旋，掌心由向内后方向变为向外后方向（图3-46）。

图 3-46

向后推水是通过屈臂到伸臂来完成的。在推水过程中，手是向外、向上、向后的运动。肘关节要向上、向体侧靠近，并且手掌始终要与水面保持垂直。整个划推水过程中，手掌的运动路线并不是始终在一条直线上和同一平面上，实际上是一个较复杂的三维曲线，从身体的正面来看是一个"S"形，从身体的侧面来看是一个"W"形（图3-47）。

在整个划水过程中，肩部应配合手臂进行向前、向下、向后的合理转动，这样有利于加长划水路线和加大划水力量。

（4）出水　在划水结束后，臂由于惯性的作用而很快地靠近水面，这时，由大臂带动肘关节做向外、上方的"提拉"动作，将小臂和手提出水面。小臂出水动作要比大臂稍慢

图 3-47

一些,掌心向后、上方(图3-48)。

图 3-48

手臂出水动作应迅速而不停顿,但同时应该柔和,小臂和手掌应尽量放松。

(5) 空中移臂　臂在空中前移的动作是手臂出水的继续,不能停顿。移臂的动作应该放松自如,尽量不要破坏身体的流线型,要和另一臂的划水动作协调一致,并且要注意节奏。在整个移臂过程中,肘部应始终保持比手部高的位置(图3-49)。

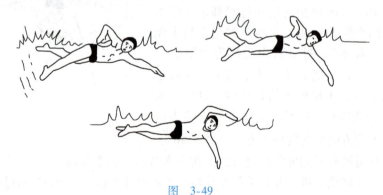

图 3-49

4. 爬泳配合技术

(1) 两臂配合技术　爬泳两臂的正确配合是保障前进速度均匀性的重要条件,并且还有利于发挥肩带力量积极参与划水。根据划水时两臂所处的位置,可以把手臂的配合技术分为4种:前交叉、中交叉、中前交叉和后交叉。一般优秀运动员都采用中前交叉的技术。

爬泳配合技术

（2）两臂和呼吸的配合技术　爬泳技术中的呼吸技术较为复杂，将直接影响着划水的力量和速度、耐力。爬泳的呼吸和手臂的配合为一次呼吸 N 次划水（N＞2）。吸气时，头随着肩、身体的纵向转动转向一侧，使头在水面的波谷中吸气。此时，同侧臂正处在出水转入移臂的阶段

图 3-50

（图3-50）。移臂时，头转向正常位置。同侧臂入水时，开始慢慢呼气，并逐渐用力加快呼气的速度。

（3）完整的配合技术　呼吸、手臂和腿的配合。因为手臂是产生推进力的主要来源，因此在配合中，呼吸和腿的动作都应该服从于手臂动作的需要。呼吸、手臂和腿的配合比例主要有3种：1∶2∶2（即1次呼吸，2次手臂动作，2次打腿的动作）；1∶2∶4；1∶2∶6（图3-51）。也有极少数优秀运动员采用1∶2∶8的技术。

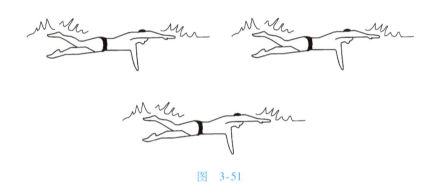

图 3-51

任务4　仰泳技术

1. 仰泳身体位置

仰泳时，身体要自然伸展，仰卧在水面，头和肩部稍高，腰部和腿部保持水平，身体纵轴在水面上构成的迎角约为10°，腰部和两腿均处在水面下（图3-52）。

2. 仰泳腿部动作

腿部动作主要是维持身体平衡，控制摇摆，产生一定的推进力。以髋关节为支点，由大腿发力，带动小腿和脚做上下踢水动作（图3-53）。

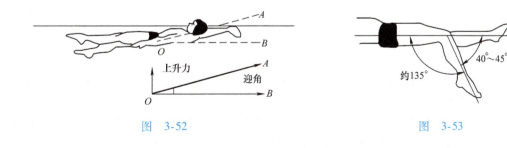

图 3-52　　　　　　　　　　　图 3-53

3. 手臂动作

目前一般采用两臂交替的体侧划水技术。

4. 全身动作配合

仰泳时身体成仰卧姿势，脸一直露出水面，注意控制用嘴有节奏地呼吸即可。动作配合时，两臂各划水1次，呼吸1次。两臂、两腿、呼吸的配合次数比例为6∶2∶1，即在一个动作周期内打腿6次，划水2次，呼吸1次（图3-54）。

仰泳配合动作

图 3-54

任务5 侧泳技术

侧泳是身体侧卧在水中，两臂交替划水，两腿做蹬剪水，呼吸时头稍向侧转动的一种游泳姿势。侧泳能够托运物品，用于水中救护、武装泅渡、军事侦察、进行水下作业和探索海底情况等，有较大实用价值。

1. 身体姿势

身体侧卧在水中，稍向胸侧倾斜，与水面成10°～15°角。头的下半部浸入水中，下臂前伸，上臂置于体侧，两腿并拢伸直。

2. 腿的技术

侧泳腿的技术包括收腿、翻脚和剪腿3个部分。

（1）收腿　大腿向前收与腹部成90°角，小腿与大腿成45°～60°角，小腿向后膝关节屈成30°～40°角。

（2）翻脚　上腿脚尖勾起，下腿将脚尖绷直。

（3）剪腿　上腿用大腿带动小腿，脚掌向后侧蹬水。下腿以脚面和小腿对着蹬水方，向下做伸腿形成蹬剪水动作。

3. 臂的技术

（1）上臂　上臂前移时，上体绕纵轴略转动，两肩连线与垂直线之间的角度增大到45°～50°，使上臂的划水离身体更远而划水距离增长。

（2）下臂　下臂动作分为准备姿势、滑下、划水、臂前移4个阶段。

1）准备姿势：手臂前伸，掌心向下，手略高于肩。

2）滑下：稍勾手、屈肘，当臂与水平面成20°～25°角，臂与大臂成约175°角时，快速过渡到划水动作。

3）划水：下臂的划水动作在靠近胸侧的斜面上进行，划至腹下时结束。如果再继续用力向后划水，就会产生沉力。

4）臂前移：侧泳的下臂前移动作结束后，屈肘，使手心向上，并沿着腹、胸向前移臂，当手臂移至头前时，手掌向内转动，随着臂向前伸直，掌由内转至向下。

4. 两臂的配合动作

下臂开始划水时，上臂前移；上臂开始划水时，下臂开始做前伸动作；上臂划水结束，下臂开始滑下。

5. 腿、臂与呼吸的配合

臂、腿自然伸直，头的一侧浸入水中，吸气。上臂从空中向前移，下臂用力向后划水，吸气。上臂肩前入水，下臂划至腹下，开始屈膝收腿。

闭气。上臂滑下，下臂屈肘准备前移，同时继续收腿，吸气。上臂用力向后划水，下臂向前伸直，收腿完毕。

呼气。上臂划至大腿旁，转头吸气，下臂在肩前伸直，掌心向下，两腿用力向后蹬剪水。

侧泳腿、臂和呼吸的配合：两腿蹬剪 1 次，两臂各划水 1 次，呼吸 1 次。两腿蹬剪水后，在上臂划水结束与下臂前伸时，有短暂的滑行阶段。

侧泳训练口诀：侧卧水中成一线，划臂提肘腿不动，上臂入水微收腿，下臂划水收好腿，上臂滑下慢收腿，用力向后蹬剪水。

侧游泳技术

6. 侧泳完整技术配合图解

侧泳完整的技术图解如图 3-55 所示。

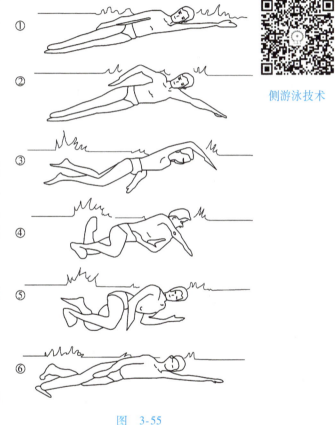

图 3-55

7. 侧泳训练法

（1）腿的训练

1）在陆上侧卧在地面上，一臂前伸，一臂置于腹前，做侧泳腿的训练。

2）在水中手扶池壁或侧卧河岸浅水滩，做侧泳蹬剪腿动作的训练。

3）扶浮水板，做侧泳蹬剪腿动作的训练。

4）蹬池边（底）滑行，两臂前伸，做侧泳蹬剪腿动作的训练。

（2）臂的训练

1）在陆上两脚分开侧站立，做臂的划水模仿训练。

2）站立齐胸深的水中，边走边做侧泳臂的划水动作训练。

（3）侧泳腿、臂和呼吸完整技术训练　在侧泳分解训练的基础上先进行臂、腿配合（闭气），然后再进行完整配合练习，逐步加长游泳距离。

任务6 反蛙泳与潜泳技术

一、反蛙泳技术

反蛙泳技术

反蛙泳就是身体翻转过来的蛙泳,也叫蛙式仰泳。反蛙泳呼吸自然,动作自如,节省体力,容易学习和掌握,具有很高的实用价值,如水中拖物品、抢救溺水者时常采用这项游泳技术。在长时间、长距离游泳时,反蛙泳是一种轻松悠闲的休息方式。

1. 动作要点

1)反蛙泳时,身体仰卧在水中,两腿做蛙泳腿的蹬夹动作,两臂同时经空中前摆入水,然后在体侧同时向后划水。

2)反蛙泳腿的蹬夹动作是推动身体前进的主要因素。腿的动作从身体伸直仰卧滑行姿势开始,收腿、翻腿、蹬夹三个环节是紧紧相连的。收腿尚未完成就开始翻脚,在翻脚的开始阶段继续完成收腿;翻脚尚未完成即开始蹬夹,在蹬夹的开始阶段继续完成翻脚。整个动作要连贯,中间不能有明显的停顿。尤其应该注意的是,在收腿、翻脚、蹬腿的全过程中,膝关节不能露出水面。

3)两臂动作从贴于身体体侧的滑行姿势开始。首先,以拇指领先,两臂自然伸直提出水面,并放松沿体侧的垂直面经空中向前摆动。两臂摆过脸部上方时开始内旋,使小指侧转向下,然后两臂伸直在肩前同时入水。

2. 配合动作

反蛙泳的臂、腿动作是交替进行的,蹬脚与划臂轮流起着推动身体前进。配合方式是:两臂提出水面经空中前移时,做收腿和翻脚的动作;两臂摆至头前即将入水时,两腿开始向后蹬夹;蹬夹结束两腿伸直并拢时,两臂在体侧向后划水;划水结束后,两臂贴于体侧,身体自然伸直向前滑行。

3. 注意事项

1)反蛙泳时,脸部始终在水面上,呼吸不受限制,但要与腿部动作协调一致,一般是在空中移臂时吸气,臂入水后稍闭气,臂划水时用口、鼻均匀地呼气。

2)俯卧蛙泳是在两臂前伸后做短暂的滑行,而反蛙泳则是在两臂划至大腿旁后进入滑行的。

二、潜泳技术

潜泳是在水下游进的一种游泳技术,它的实用价值也很大,如打捞溺水者、水中沉物以及水下工程等,都要采用潜泳。潜泳有蛙式潜泳、长划臂潜泳和爬式潜泳,这里介绍前两种技术。

(一)蛙式潜泳(图3-56)

潜泳的姿势很多,但多采用蛙式潜泳。蛙式潜泳技术和水上蛙泳技术稍有不同。蛙式潜泳要求躯干和头的姿势始终保持水平,但两臂开始划水时要稍低头,以防止身体浮起。蛙式潜泳的划水动作为:两臂向前伸直分开,同时向侧下方划水,屈肘,向后加速划水至大腿时结束。向前移臂时,收手屈肘,掌心向上,使手掌与前臂沿躯干下方前移,经腹、胸、头部向前伸直。蛙式潜泳腿的动作比一般蛙泳的腿收得少,两腿分开也较小。腿和臂的配合是收腿和臂前伸动作几乎同时开始，蹬水和划水结束后身体成一直线向前滑行，然后做下一循环动作。潜泳时，身体应保持在水下一定的深度游进。在较浑浊的水中潜泳时，特别要注意安全。

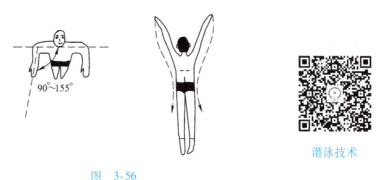

图 3-56

潜泳技术

蛙式潜泳技术基本与蛙泳相同，在游进中为了避免身体上浮，头的姿势要稍低于蛙泳，头与躯干成一直线。臂划水的幅度要比蛙泳小，向前移臂时直接前伸。收腿时屈髋较小，腿向侧分开的角度也比蛙泳小，配合动作与蛙泳相同。

1. 腿部

潜泳的腿部动作和蛙泳腿的动作只有很小的差别，即收腿时屈髋较小，腿向两侧分开的角度小。

2. 臂部

（1）划水动作　潜泳的划水动作和蝶泳划水相似，只是两手掌之间的距离稍大一点，并且手掌转动的方向没有多大的变化，几乎完全垂直于水面。

（2）移臂动作　当划水结束并滑行一会儿之后，两手从大腿两侧外旋，沿腹部、胸部前伸，至头下时，手掌开始内旋，掌心转向下方，在头前方伸直，准备下一个划水动作。

3. 臂、腿配合

臂划水时和划水结束后，两腿自然伸直并拢，在水里做滑行动作。移臂时收腿，臂移至胸前向前伸的同时蹬腿，两臂伸直时蹬腿结束。由于在水下游进不受波浪阻力的影响，水平姿势好、阻力小，速度比水面蛙泳快。

（二）长划臂潜泳（图 3-57）

长划臂潜泳比蛙式潜泳速度快，在相同的条件下用长划臂潜泳比蛙式潜泳游的距离长，但在水下情况比较复杂的条件下，采用这种技术时要小心谨慎，防止出现意外。

1. 划水

两臂从头前伸直开始，手掌和前臂内旋，稍勾手腕，臂划水开始时稍慢，两手向侧下方做抓水动作，然后两臂逐渐向后抽，内屈臂用力划水。划水时两臂自然提肘，使手和前臂尽量与划水方向接近垂直，当手划至肩下方时肘关节大约屈成 60°~100°，然后肘关节由外侧向躯干方向靠拢，上臂带动前臂加速向后推水。两手推水完毕，两臂几乎在大腿两侧伸直，手掌朝上。划水结束后，应稍有滑行阶段。

2. 移臂

滑行动作结束后，两手外旋，两手沿身体前部前伸。当手伸至头下时，手掌开始内旋，

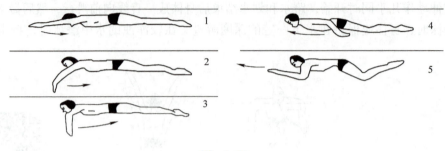

图 3-57

掌心转向下方,在头部前方伸直,然后准备开始做下一次划水动作。腿的技术与蛙泳相似。

3. 腿和臂的配合技术

臂划水时和划水结束后,两腿自然伸直并拢做滑行动作。移臂时收腿,臂向前伸直后用力蹬夹水。

任务7 踩水技术

1. 身体姿势

身体在水中的角度接近于直立,头部始终露出水面。踩水收腿时脚尖要伸直,大腿与躯干约成135°角,小腿与大腿成45°~60°角,两膝约与肩同宽,两臂间距离约与两个肩宽相等。下蹬时应先由大腿发力,用大、小腿内侧向下压水,并过渡到用脚掌向下蹬水,两腿不需并拢,两手心向下由中间向外划水。

2. 腿的技术

大腿动作的幅度较小,蹬夹腿时先弯曲膝关节,然后两膝向里扣压。小腿和脚向外翻,用小腿和脚内侧向下侧方蹬夹水。做动作时两腿不要蹬直并拢,动作要连贯。

3. 臂的技术

两臂弯屈,手和前臂在胸前做向外、向里的摸水动作。向外摸水时掌心稍向外,向里摸水时掌心稍向内,手掌要有压水的感觉。两手摸水路线呈弧形。

4. 腿、臂配合技术

腿和臂的动作配合要连贯,两腿每蹬夹一次,双手做一次摸水动作。踩水时腿、臂动作要有节奏,呼吸自然,不要用力憋气。

5. 踩水训练法

1)站立在与下颌平齐的水中做手分开向下划压水、屈腿、脚蹬夹水动作的训练。如身体下沉,则直腿站立休息一会儿。

2)在深水区,双手扶池槽,做踩水动作训练。

3)在深水区,用一条绳子缚住训练者的胸部,岸上一人提拉绳子,使水中训练者下颌露出水面,训练划手、蹬夹的踩水配合动作。

思考与练习

1. 航海类学生为什么要学游泳?实用游泳主要有哪几种泳姿?

2. 简述学习游泳对人体的好处以及游泳要注意哪些事项与卫生。
3. 各种游泳完整配合技术的区别应该注意哪些方面？
4. 如何才能学好实用游泳技术？

子模块 11　实用跳水技能

学习与训练目标

1. 了解竞技跳水的相关知识。
2. 熟悉求生跳水的基本步骤。
3. 掌握求生跳水的基本姿势和"HELP"姿势。
4. 了解水中求生技巧和知识。

学习情境

船舶在海上航行会受到当地气象、水文和周围环境的影响，如果船舶操作人员对各种因素估计不足、判断不准确、采取的措施不妥当，或者遇到自然灾害、意外情况，航行的船舶就可能发生失控、搁浅、触礁、失火、碰撞、倾覆、沉没等危及财产和生命安全的严重事故。

当船舶遇险后，为了及早脱险或者尽量减少损害，遇险人员要奋力自救，并不失时机地用各种方法不断地、准确地向外界报告遇险船舶的船名、船籍、呼号、装货港、遇险位置（经纬度）、损害程度等情况。船舶无法进行修复时，随时有爆炸、折断、倾覆和沉没的危险，虽然经过最大努力进行抢救，仍然无法摆脱危险局面，在船长下达弃船命令后，又来不及利用救生设备逃生情况下，船上人员必须果断采取正确的跳水姿势进行跳水以获得生存机会。

任务 1　了解竞技跳水运动概况

一、跳水运动的起源与发展

（一）跳水运动起源

我国宋朝以前就出现一种跳水运动，当时叫"水秋千"。表演者借着"秋千"使身体凌空而起，在空中完成各种动作之后，直接跳入水中。它动作惊险，姿态优美，类似现代的花样跳水。唐代赵璘的《因话录》记载：洪州（今南昌）曹赞能在"百丈樯上，不解衣投身而下，正坐水面，若在茵席"，或在水中"回旋出没，变化千状"。这可看作我国早期的跳水运动。

历史上的跳水曾经以谁跳得更远为比赛标准。跳水运动的历史非常久远，人类在掌握了游泳技能之后，就开始有了简单的跳水活动。早在公元前 5 世纪，古希腊花瓶上就有描绘一群可爱的小男孩正头朝下跳水的图案。

（二）跳水运动的发展

现代竞技跳水始于 20 世纪初。1900 年，瑞典运动员在第 2 届奥运会上做了精彩的跳水表演，一般公认这是最早的现代竞技跳水。1904 年第 3 届奥运会上，男子跳水被列为正式比赛项目。1908年正式制定了跳水比赛规则。到1912年第5届奥运会时，增加了女子比赛项目。

近代竞技跳水在20世纪初传入我国。1979年以来，我国选手在一系列重大比赛中取得优异成绩，中国、美国、俄罗斯、德国、加拿大已经被公认为世界跳水强国。

二、跳水的分类

跳水是指运动者在一定高度的器械上起跳，完成空中动作后，以入水为结束的一项水上技巧运动。跳水运动一般可分为竞赛性跳水和非竞赛性跳水两大类。

（一）竞赛性跳水

竞赛性跳水由竞技跳水和高空跳水组成。

竞技跳水是奥运会正式竞赛项目之一，分跳板跳水和跳台跳水。比赛时，运动员在一端固定一端有弹性的跳板上起跳完成跳水动作称跳板跳水（跳板距水面的高度规定为1m和3m）。运动员在平直坚固的跳台上起跳完成跳水动作称跳台跳水（跳台距水面的高度规定为5m、7.5m和10m）。

高空跳水是一种十分惊险的跳水运动。运动员从很高的悬崖上或特制的超高跳台上起跳并完成空中动作后入水。在美国，有一种高空特技跳水比赛，特制的钢架跳台高48m，台面宽约70cm。运动员自由选择比赛动作，由裁判员评分，得分多者为优胜。在墨西哥，有一种传统的悬崖跳水比赛，悬崖高达60m，下面是大海。运动员所跳动作与美国48m高空跳水相似。由于高空跳水危险性较大，容易出现伤害事故，所以在世界上开展得不是很普遍。

1. 跳台跳水

跳台跳水在坚硬无弹性的平台上进行。跳台距水面高度分为5m、7.5m和10m三种，奥运会、世界锦标赛、世界杯赛限用10m跳台。跳台跳水动作根据起跳方向和动作结构分向前、向后、向内、反身、转体和臂立6组。比赛时，男子要完成4个有难度系数限制的自选动作和6个无难度系数限制的自选动作，女子要完成4个有难度系数限制的自选动作和4个无难度系数限制的自选动作。每个动作的最高得分为10分，以全部动作完成后的得分总和评定成绩，总分高者名次列前。男、女跳台跳水分别于1904年和1912年被列为奥运会比赛项目。

2. 跳板跳水

跳板跳水在一端固定，另一端有弹性的板上进行，跳板离水面的高度有1m和3m两种。跳板跳水动作根据起跳方向和动作结构分向前、向后、向内、反身和转体5组。比赛时，男子要完成5个有难度系数限制的自选动作和6个无难度系数限制的自选动作，女子要完成5个有难度系数限制的自选动作和5个无难度系数限制的自选动作。每个动作的最高得分为10分，以全部动作完成后的得分总和评定名次，总分高者名次列前。男、女跳板跳水分别于1908年和1920年被列为奥运会比赛项目。

3. 双人跳水（图3-58）

双人跳水是两名运动员同时从跳板或跳台起跳完成跳水动作，又称双人同步跳水。分双人跳水个人和双人跳水团体两类比赛项目。双人跳水个人比赛包括5轮不同的动作，其中2轮动作的平均难度系数为2.0，其余3轮动作无难度系数限制。在5轮动作中，至少有1轮动作是2人同时向前起跳，1轮动作是2人同时向后起跳，1轮动作是1个人向前起跳和1个人向后起跳的组合动作。双人跳水团体比赛包括8轮动作，4轮跳板跳水，其中2轮难度系数为 2.0，另外 2 轮无难度限制系数；4 轮跳台跳水，其中 2 轮难度系数为 2.0，另外 2 轮无难度限制系数。在跳板、跳台的各 4 轮比赛中，至少有 1 轮动作是 2 人同时向前起跳，1 轮动作是 2 人同时向后起跳，1 轮动作是 1 个人向前起跳和 1 个人向后起跳的组合动作。

双人跳水从 2000 年第 27 届奥运会起被列为比赛项目，设男子 3m 跳板双人跳水、10m 跳台双人跳水，女子 3m 跳板双人跳水、10m 跳台双人跳水 4 个项目，当时共 8 个队参加比赛。

（二）非竞赛性跳水

非竞赛性跳水可分为实用性跳水、娱乐性跳水和表演性跳水。以生产、军事、救护为目的而进行的跳水活动称为实用性跳水。以娱乐、健身为目的而进行的跳水活动称

图 3-58

为娱乐性跳水。表演性跳水，通常是在盛大节日或跳水比赛结束后所举办的跳水表演。表演项目包括花样跳水、特技跳水、滑稽跳水等。为丰富表演内容，常常把竞技跳水动作作为表演的内容。我国的双人跳水和定点跳水表演以配合默契著称。由中国首创的集体烟花跳水更是别具一格，引人入胜，在国际国内的表演中深得好评。

任务 2　海员实用性求生跳水

海员实用性求生跳水训练是在游泳馆（池）的跳台、跳板上进行练习或熟悉的实习船上进行，或在跳水池中 1m、3m、5m 和 10m 跳台上进行。跳水训练要求充分做好准备活动，在心理上、生理上调动起跳水训练的积极性。跳水时应平稳起跳、果断有力，起跳角度要恰当，并具有一定高度，以干净利索的姿势入水，入水时身体与水面垂直，水花越小越好。跳水要求有空中平衡感、协调感和时间感等综合素质。

1. 海上求生跳水三步骤

1）跳水逃生时应做好以下准备：跳水前尽可能向水面抛投漂浮物，如空木箱、木板、大块泡沫塑料等，跳水后用作漂浮工具；如果有时间、有机会，应先放救生筏；跳水逃生前要多穿厚实保暖的衣服，系好衣领、袖口等处以更好地防寒，如有可能，跳水前要穿救生衣。观察选择适合的跳水的位置，不要从 5m 以上的高度直接跳入水中，尽可能利用绳梯、绳索和消防水龙等滑入水里；跳水前要先观察水面，确认无落水者、无障碍物，尽可能选择在上风处、远离船舶的破损缺口处跳水；避开船舶尾部螺旋桨的上方位置，以免跳水后被桨叶伤及身体造成二次伤害或危及生命。

2）跳水时，尽量往远处跳，一般采用直立跳水方式，即两肘夹紧身体两侧，一手捂鼻，一手向下拉紧救生衣，深呼吸，闭口，两腿伸直，以头上脚下的姿势直立跳入水中；也可以采用团身式跳水，先做深呼吸，跳出后一手捂鼻，闭口，屈膝团身，另一手臂抱膝入水。

3）入水后双手及时向下压水，两腿蹬夹，尽快上浮，上浮后尽快游离遇难船舶，防止被沉船卷入漩涡，抓紧时间向锁定的救生筏或水上浮体游进。跳水后若发现四周有油火，应

该脱掉救生衣,潜水向上风处游去;到水面上换气时,要用双手将头顶上的油或火拨开,然后再抬头呼吸。若在紧急情况下跳水,没有救生艇(筏)可以依赖,就要采用"HELP"(Heat Escape Lessening Posture)姿势在水上漂浮,减少热量散失,其动作姿势是:将两腿弯曲,尽量收拢于小腹下,两肘紧贴身旁夹紧,两臂交叉抱紧在救生衣胸前,仅将头部露出水面,避免身体表面暴露在冷水中;要使头部、颈部尽量露出水面,以保持视野和避免伤害。两人以上时尽可能地团抱在一起,肩搭肩围成一圈,各人蜷缩双腿、双脚,双膝贴近腹部,以减少体温扩散,互助互惠,保持体力,浮于水面等待救助。

2. 求生跳水训练方法

做好准备活动之后,以轻松、果敢的步伐走到跳水台端站立,两臂并拢。脚趾紧扣跳台前段,头与身体保持正直,眼睛向前平视,两臂自然下垂贴于体侧,然后手肘弯曲,前臂抱于胸前并用一只手指和大拇指捏住鼻子。起跳时,用单脚(跨越式)或双脚用力蹬离跳台。腾空后,身体伸直,两腿及两脚并拢,膝关节伸直,胸部稍微挺出,腹部收紧,两臂下垂贴于体侧。入水时,稍微含胸,腰腹肌肉紧张,腿和脚尖绷直,两臂自然下垂贴于体侧,以脚先入水,身体与水面成直角或接近直角,尽可能不溅起水花。入水后,应迅速采用腿蹬夹水或采用剪式夹水动作游出水面。

若穿救生衣,一手捏鼻捂口闭气,脚趾紧扣跳台前端,头与身体保持正直,眼睛向前平视。其余起跳、入水动作与前面相同(图3-59)。

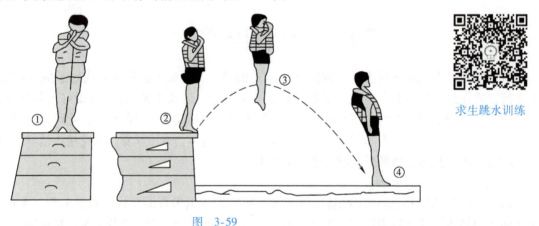

求生跳水训练

图 3-59

实践前提示

跳水训练,特别是高台跳水训练,动作难度大,腾空时间长,具有一定的危险性,训练前必须充分做好准备活动,防止造成伤害事故。初学者必须谨慎对待,且要循序渐进地进行训练,动作由易到难,跳台由低到高,掌握1m跳台动作后再练习3m、5m和10m跳台的跳水。训练中出现头晕、恶心、寒颤等现象,应立即停止训练,擦干身体水分,穿衣保暖。训练时安排好跳水顺序,确定前一位训练者已经游离跳水区域后另一位再跳水,防止跳下时砸在水中的人身上,造成伤害事故。训练时为保证安全,要安排救护人员进行现场观察与看护,没有救护人员不应进行训练。

思考与练习

1. 航行船舶遇险时,什么情况下选择跳水求生?
2. 跳水前要注意哪些事项?
3. 如何掌握正确的跳水姿势?

模块4　拓展训练与攀岩运动

【航海文化提示】 古有郑和七次下西洋、海上丝绸之路，今有"雪龙"号极地考察船创造我国航海史上最北纪录，航海活动在永无止境地拓展中不断为人类社会的发展做贡献，拓展精神、冒险精神是航海文化的价值核心。

子模块 12　拓 展 训 练

学习与训练目标

1. 了解拓展训练的特点、意义。
2. 了解拓展训练的注意事项。
3. 掌握部分拓展训练项目的方法与要领。

学习情境

海上工作环境要求船员和相关人员团结协作完成有关工作，在遇到突发事件或海难情况下，要求所有人员协调配合，共同克服害怕心理，磨炼意志，战胜困难。为此，航海类专业学生应加强班级的团队凝聚力，增加同学之间的友谊，培养相互之间团结协作的意识，由教师或班干部组织一次全班拓展训练，发挥各自的潜能，磨炼坚忍不拔的意志品质和战胜困难的勇气，是很有意义的。

任务 1　拓展训练的实质与意义

拓展训练通常利用崇山峻岭、瀚海大川等自然环境，通过精心设计拓展训练项目，以体验活动为主，引发受训者的情感、意志和潜能，要求受训者全身心地投入到体验活动中。拓展训练包括个人挑战和团队协作的项目，能培养受训者良好的团队协作精神和促进个人潜能的充分发挥。拓展训练是一个自我教育的过程，训练人员将内容、目的、要求以及必要的安全注意事项向受训者讲清楚，活动中一般不进行讲述，也不参与讨论，充分尊重受训者的主体地位和主观能动性。在训练后，训练人员引导受训者讲出体会、心得，达到自我反省和自我教育的目的。

一、拓展训练概述

1. 定义

拓展训练是在特定的情景条件下，通过受训者的自主活动，以受训者直接体验为基本方式，以受训者的个性养成为目标的实践活动。

拓展训练从心理发展、人格形成角度着手进行教育，与传统教育有很多的不同，是现代教育的一种表现形式。传统教育更多在知识积累和能力发展等智力因素方面，对受教育者提出较高要求，而常常忽视非智力因素的发展，如人的情感、意志、个性、气质等。证书、文凭是有形的人际资本，意志、精神孕育着无形的巨大的能量，这也是现代教育关注人类非智力因素发展的原因。非智力因素水平作为社会认可的重要标志，是升学、就业、晋升过程的重要指标。

2. 拓展训练对学科教育的补充作用

随着我国教育体制改革的深入进行，综合实践课等新型课程纷纷开设，使拓展训练与现代学校教育的结合越来越具有现实意义。作为学科教育的补充，拓展训练可以突破单一学科课程体系的封闭性，使学生对世界的认识比较全面和深刻，弥补学科教育结构上的弊端，同时为学生提供更多的学习机会，有利于学生有机地建立学科间的联系，实现技能的迁移。

二、拓展训练的目的、特点与价值

（一）拓展训练的目的

拓展训练通常利用崇山峻岭、瀚海大川等自然环境，通过精心设计的活动达到"磨炼意志、陶冶情操、完善人格、熔炼团队"的培训目的。

（二）拓展训练的组成

拓展训练的课程主要包括水上、野外和场地三类课程。

1）水上课程包括：游泳、跳水、扎筏、划艇等。

2）野外课程包括：远足露营、登山攀岩、野外定向、伞翼滑翔、野外生存技能等。

3）场地课程是在专门的训练场地上，利用各种训练设施，如高架绳网等，开展各种团队组合课程及攀岩、跳越等心理训练活动。

拓展课程又分室内拓展课程和室外拓展课程。室内拓展课程主要是以游戏拓展训练和场地拓展训练为主；室外拓展课程主要以崇山峻岭、瀚海大川等自然环境训练为主。

（三）拓展训练的训练环节

（1）体验　这是开端。受训者投入一项活动，并以观察、表达和行动的形式进行。这种初始的体验是整个过程的基础。

（2）分享　有了体验以后，受训者要与其他体验过或观察过相同活动的人分享他们的感受或观察结果。

（3）交流　分享个人的感受只是第一步，训练的关键部分则是把这些分享的内容结合起来，与其他受训者探讨、交流以及反映自己的内在生活模式。

（4）整合　按逻辑的程序，下一步要从经历中总结出原则或归纳提取出精华，并用某种方式去整合，以帮助受训者进一步定义和认清体验中得出的成果。

（5）应用　最后一步是策划如何将这些体验应用在工作及生活中，而应用本身也成为一种体验。有了新的体验，循环又开始了，因此受训者可以不断进步。

（四）拓展训练的特点

1. 综合活动

拓展训练的项目以体能活动为指引，引导出认知活动、情感活动、意志活动和交往活动，具有明确的操作过程，要求受训者全身心地投入。

2. 挑战极限

拓展训练的项目都具有一定的难度，表现在心理考验上，需要受训者向自己的能力极限挑战。

3. 集体合作

拓展训练实行分组活动，强调集体合作，力图使每一名受训者竭尽全力为集体争取荣誉，同时从集体中吸取巨大的力量和信心，在集体中显示个性。

4. 高峰体验

在克服困难，顺利完成课程要求以后，受训者能够充分体会到发自内心的胜利感和自豪感，获得人生的高峰体验。

5. 自我教育

教员只是在课前把课程的内容、目的、要求以及必要的安全注意事项向受训者讲清楚，即使在课后的总结中，教员只是点到为止，主要让受训者自己来讲，达到自我教育的目的。

6. 能力提高

通过拓展训练，受训者在如下方面有显著的提高：认识自身潜能，增强自信心，改善自身形象；克服心理惰性，磨炼战胜困难的毅力；启发想象力与创造力，提高解决问题的能力；认识群体的作用，增进对集体的参与意识与责任心；改善人际关系，学会关心，融洽地与群体合作；学习欣赏、关注和爱护大自然。

（五）拓展训练的意义

1. 个人心理训练

拓展训练是一项旨在协助企业提升员工核心价值的训练过程，通过训练课程能够有效地拓展企业人员的潜能，提升和强化个人心理素质，帮助企业人员建立高尚而尊严的人格；同时让团队成员能更深刻地体验个人与企业之间、下级与上级之间、员工与员工之间唇齿相依的关系，从而激发出团队更高昂的工作热诚和拼搏创新的动力，使团队更富凝聚力。

2. 团队合作训练

拓展训练是一套塑造团队活力、推动组织成长的不断增值的训练课程，是专门配合现代企业进行团队建设需要而设计的一套户外体验式模拟训练，是大型商业机构所采纳的一种有效的训练模式。训练内容丰富生动，寓意深刻，以体验启发作为教育手段，受训者参与的训练将成为他们终生难忘的经历，从而让每一系列活动中所寓意的深刻的道理和观念，能牢牢地扎根在团队和每个成员的潜意识中，并且能在日后的工作合作中发挥应有的效用。

3. 现实社会意义

现代社会是一个高度人际互动的社会，是一个团队英雄主义的时代。如何实现团队的整体优势和优势互补？在这个生活节奏越来越快、工作分工越来越细、工作压力越来越大、人与人的情感交流越来越困难的竞争环境中，企业、组织和个人更需要团队。拓展训练糅合了高挑战及低挑战的元素，受训者从中在个人和团队的层面，都可透过危机感、领导、沟通、面对逆境和辅导的培训而得到提升。拓展训练强调受训者去"感受"学习，而不仅仅在课堂上听讲。研究资料表明，传统课堂式学习的吸收程度大约为25%，而要求受训者参与实际操作的体验式学习吸收程度高达75%，能更加有效地将信息传授给受训者。拓展训练正是一种典型的户外体验式培训。

拓展训练这种形式既安全又有一定的趣味性，易于被受训者接受。但拓展训练的最终目的是让受训者将培训活动中的所得应用到工作中去。如果缺乏专业培训师的指导及意见，则很难达到理想的效果。

拓展训练是体验式的学习过程但并非体育加娱乐，它是对正统教育的一次全面提炼和综合补充。大多数人认为，提高素质的手段，就是通过各种课堂式的培训来掌握新的知识和技能。其实，知识和技能作为可衡量的资本固然重要，但人的意志和精神作为一种无形的力量，往往更能起到决定性作用。在何种情况下能使有限的知识和技能释放出最大的能量？如何开发出那些一直潜伏在你身上，而你自己却从未真正了解的力量？

以体验、分享为教学形式的拓展训练的出现，打破了传统的培训模式，它并不灌输某种知识或训练某种技巧，而是设定一个特殊的环境，让你直接参与整个教学过程。在参与、训练中通过设计富有挑战性与思想性的户外活动，培养人们积极的生活态度与团队合作精神。教官充分调动受训者的积极性，投入到每个项目中，让受训者面对各种不同的环境及挑战，解决问题。通过看、听、行动、体验、分享交流与总结相结合的"立体式"培训，以小组讨论、角色的模仿、团体互动等方式让受训者切身地感受、体会、领悟。

任务2 拓展训练的内容与方法

针对航海类学生未来的工作环境与职业特点，需要结合特定的训练目的，有选择地开展拓展训练运动项目。

一、以心理挑战为目的

1. 信任背摔（图4-1）

信任背摔拓展训练：目的是培养受训者相互信任、相互配合的协调能力，优化人际环境关系，体会与理解团结协作和坚强毅力对团队的作用和重要性。

训练方法与手段：

全队每个人轮流上到1.7m的背摔台上背向队友，双脚后跟1/3出台面，身体重心上移，尽量伸直水平倒下去，下面的队员安全把他接住即为完成。

要求：

首先，背摔队员在背摔台只能严格按照动作要领来做才可以保证足够安全。特别要遵守以下

图 4-1

4点；不要向后窜跃、倒下时肘关节收紧不要打开、不要垂直向下跳、要控制自己的双脚不要上下摇动并打开。其次，搭人床的队员第1组队员的肩膀距背摔台沿约30cm的距离，个

子可以不用很高；第2、3组是用力最强的4个人，如果背摔者的个子较高受力点应向后调节。每组队员的肩膀应紧密相连不留空隙；人床形状应保持由低渐高的坡状，剩下的队员要用双掌推住最后一组队友的肩膀处，以保护人床的牢固。所有队员在任何时候都不可以撒手或撤退；当听到背摔队员的询问"准备好了吗"时，头要向后仰同时侧向队友的背部，当队友倒下来后一定遵守"先放脚后将身体扶正"的安全第一原则。另外，做保护的队员不要迅速撒手或鼓掌，以免发生其他意外。最后，2、3组队员在承接几名队员后要互相交换组位以免疲劳。

接人动作布置：

做右弓步，双手伸出，手掌掌心向上交叠放在对方锁骨上（要注意5指并拢、拇指不能向上），一组的两个人要将脚和膝盖贴紧，腰挺直，抬头斜向上45°看背摔者。

背摔者动作布置：

1）背摔者手部的准备动作：前伸、内翻、相扣、翻转抵住下颚。

2）绑带后，令背摔者站在站台上进行以下动作：脚跟并拢、膝盖绷直、腰挺直、含胸、低头、手抵住下颚，准备背摔。

注意事项：

这个项目的危险性大，所以一定要端正自己的态度，保持极高的警觉性，以保证队友的安全。如身体存在异常的（如脊椎错位），可告知教员后，视伤病程度决定参加与否。队员熟记动作要领后，教员检测每组"人床"的力量，必须坚实有力方可通过。队长组织其他队员喊名字及队训，鼓励背摔队员；所有队员进行前都要将身上的尖锐物品（如眼镜、发卡、手表、钥匙、戒指等）放在一边，做完项目后再取回。

拓展训练（一）

2. 空中断桥（图4-2）

空中断桥训练：目的是克服受训者紧张情绪、战胜恐惧心理，培养果敢的执行力，突破自我、挑战困难的自信心与勇气。

训练方法与手段：受训者爬上9m高的断桥立柱，站立于断桥桥面之上，两臂自然平伸，保持身体平衡，移步至桥面一侧边缘，以后脚的蹬力，使身体向前跃出，跨过断桥落于桥面另一侧，平稳走到终点。

图 4-2

二、以团结协作、默契配合和发挥潜能为目的

1. 生死电网（图4-3）

生死电网训练：目的是改变沟通方式。体验如何理解、倾听他人，如何让他人更能接受；如何合理地分配资源，分配资源与团队目标的关系；个人的利益与整个团队的利益关系将直接决定目标的达成。此训练项目强调整体协作与配合，资源的重要性，好胜与莽撞都将遭到淘汰，只有依靠团队的力量才能顺利完成任务。

模块4 拓展训练与攀岩运动

训练手段与方法：面对高压电网，参加者必须同心协力，尽量避免伤亡，以最小的代价换取最大的胜利。

2. 鳄鱼潭（图4-4）

鳄鱼潭训练：目的是统一沟通标准，避免因标准的不统一而造成混乱，延误时间；体会链式沟通的利弊，如何改善？如何解决？什么是最适合团队的沟通办法；制订行动计划时注意工作的前瞻性；正确分析资源，有效利用资源，细节管理；不论多完美的计划，如果在操作过程中不谨慎，一切就都要重新开始。

图 4-3

训练方法与手段：利用三个油桶、两块木板，所有人不得落地并安全通过一个个的鳄鱼潭。

图 4-4

三、以海上生存技能为目的

1. 孤岛求生（图4-5）

孤岛求生训练：目的是培养团队结构与沟通协作，团队的动态管理，有效沟通与协作；新角度管理的诠释以及遇险后求生技能的提高。

训练方法及手段：将所有队员分成3组，安置于3个已规定的岛上（珍珠岛、瞎子岛、哑巴岛），各组队员扮演各自岛上的角色，在规定的时间内，按规定完成任务。

2. 匍匐前进（图4-6）

匍匐前进训练：目的是培养受训者的求生技能，通常有受敌炮火威胁、遮蔽物较低的场合，或在特殊情况（如火灾或地震等自然灾害发生或海上遇险等）下，需要爬过烟雾弥漫或低洼地带的场合。

训练方法及手段：匍匐前进是指身体贴近地面以手臂和腿的力量推动身体前进的运动方法。前进时，屈回右腿，伸出左手，用右腿和左臂的力量使身体前移，然后屈回左腿，伸出右手，再用左腿和右臂的力量使身体继续前移，依此法交替前进，分为低姿、高姿和侧身3种方法。

137

图 4-5

图 4-6

3. 攀爬3m高网（图4-7）

a)　　　　　b)　　　　　c)　　　　　d)

拓展训练（二）

e)　　　　　f)　　　　　g)　　　　　h)

图 4-7

攀爬3m高网训练：目的是培养受训者求生技能。通常是当海上遇险或发生海难时，救援船舶或飞机到来救援，往往海浪太大不能接近，一般会采用抛网于水中，以便将遇险者救起，此时，遇险者只有沿着爬网攀爬到救援船舶或救援飞机上才能脱险。所以，攀爬高网也是航海类专业学生在遇险时必须掌握的一种求生技能。

训练方法及手段：攀爬高网是在应急时采用，在模拟遇险场景，设置高网并进行攀爬。例如在游泳池、水池或水源边上架设3m高网，然后攀爬者从水上或水面开始攀爬。

由于人在水下时间较长后，体力消耗较大，攀爬时身体应尽量靠近或紧贴高网一步步向

模块4 拓展训练与攀岩运动

上攀爬。当爬到顶端时，左手抓住高网一侧绳子，右手抓住高网另一侧绳子，然后一条腿横跨过杆踏牢绳子，最后翻越横杆并一步步向下至落地。

要求：爬到顶端并跨越横杆时，身体重心紧靠横杆，形成怀抱横杆跨越，而且当重心即将跨过另一侧时，在跨越端的左手手臂紧靠横杆用力支撑身体以免掉落。

实践前提示

拓展训练发展至今，绝非单纯的体能训练，绝非体育竞技项目，也绝非休闲娱乐活动。拓展训练是体验、探索型的训练，以分享互动的方式进行，受训者共同回顾训练过程，交流体会，分享训练过程中的收获。受训者在训练过程中，从个体角度感受和理解人与人的关系、人与集体的关系、人与自然的关系，从环境中寻求个体位置，体会集体力量的作用，同时发现自我的潜在能力，体验克服困难的愉悦，并在成功力量的驱使下，在积极向上的态度基础上，实现能力的迁移，进入良性循环的发展轨迹。

思考与练习

1. 拓展训练对航海类专业的学生的学习和生活会起到什么作用？其显著特点是什么？
2. 拓展训练对于海上遇险救援和海上遇险后的野外生存具有哪些现实意义与作用？

子模块 13 攀 岩 运 动

学习与训练目标

1. 了解攀岩运动的起源、发展及其功能。
2. 掌握攀岩运动的基本技术与训练方法。
3. 学习和掌握攀岩运动的损伤应急处理与防范措施。

学习情境

攀岩运动是一项深受人们喜爱的运动项目。它集健身、娱乐和竞技于一体，要求运动员身体素质全面，具备勇敢、顽强和坚忍不拔的精神。攀岩运动员能够在不同的高度及角度的岩壁上准确地完成腾挪、跳跃、引体等动作，优美而惊险，被称为"峭壁上的芭蕾"。攀岩运动主要分为速度攀登、难度攀登及抱石三种。抱石作为攀岩运动的一种，能极大地磨炼人勇往直前的意志和精湛的攀登技巧，因而使这项运动极富刺激性。

任务 攀岩运动的起源与发展

一、攀岩运动的起源

攀岩即徒手攀登岩壁，是指不依赖任何外在的辅助力量，只靠攀登者的自身力量完成攀登过程。攀岩运动要求人们在各种高度及不同角度的岩壁上，连续完成转身、引体向上、腾挪甚至跳跃等惊险动作，集健身、娱乐、竞技于一身，是一项刺激而不失优美的极限运动，被称为"峭壁上的芭蕾"。

攀岩运动是从登山运动中派生出来的竞技运动项目。攀岩技术的兴起最早可追溯到18世纪的欧洲，当时的登山者为了克服类似阿尔卑斯山等终年积雪的冰岩地形，进而发展出一套系统的攀登技术，只是此时无论在技术或者器材上都相当简陋。一直到第二次世界大战前后，部分是因应战争上的需求，才逐渐有了今日的雏形。

攀岩运动是一项深受人们喜爱的运动项目。它要求运动员身体素质全面，具备勇敢、顽强和坚忍不拔的精神，能够在各种不同的高度及角度的岩壁上轻松舒展，准确地完成腾挪、转身、跳跃、引体等惊险动作，给人以优美、惊险的感受。攀岩运动充分表达了人们要求回归自然、挑战自我的愿望。那在岩壁上稳如壁虎、矫若雄鹰的腾挪窜移，韵律与力度中透着的美会让所有的人由衷感叹攀岩运动的无尽魅力。

二、攀岩运动的发展

攀岩运动是指人类利用原始的攀爬本能，借助各种安全保护装备，攀登峭壁、裂缝、海蚀岩、大圆石以及人工岩壁等。1974年攀岩运动成为世界比赛项目。

为了在世界推广和普及攀岩运动，国际攀登联合会（UIAA）在各大洲成立了委员会，统筹洲内大赛。进入20世纪80年代，以难度攀登的现代竞技攀登比赛开始兴起并引起广泛的关注，1985年在意大利举行了第一次难度攀登比赛。1988年6月国际竞技攀登比赛在美国举行。1989年首届世界杯分阶段在法国、英国、西班牙、意大利、保加利亚和苏联举行。运动员参加各地比赛，最后累计总成绩，进行排名。世界杯攀登比赛每年举行一次。亚洲攀委会1991年成立，1993年8月在我国长春举行了第一届全国攀岩锦标赛。1987年中国登协主办了第一届全国攀岩比赛，并将其列入全国比赛项目。

三、攀岩的功能

1987年我国正式引进专业攀岩运动，开始不久就深受广大体育爱好者的喜爱。攀岩之所以成为现代都市的一项时尚运动，在于其精彩更在于其背后蕴藏着丰富的人文内涵，那就是攀岩无论从心灵深处还是生活方式都在深刻地改善身体、健全人格。

1）从身体上：锻炼了力量、速度、柔韧、灵巧、耐久等多项身体基本运动素质。

2）从心理上：加强了意志、品质、调控能力等多项心理素质。

3）从人文内涵上：提高了理性心态、协作精神、竞争勇气、创新意识等多项社会适应方面的基本素养。

四、攀岩运动形式

攀岩运动从不同的角度可进行不同的分类。按组织形式可分为竞技攀登（sport climbing）和自由攀登（free climbing）；按保护方式可分为先锋攀登（leading climbing）和顶绳攀登（top rope climbing）；按运动场所可分为人工场地攀登和自然场地攀登。竞技攀登有难度赛、速度赛及攀石赛三种比赛项目。按比赛形式又可分为：世界杯赛和世界锦标赛；20岁以上的成年赛和19岁以下的青少年赛；男子组赛和女子组赛；国际赛、洲际赛及国家级比赛。另外值得一提的是，攀岩还是各级极限运动会（X-Games）中很重要的一个项目。

五、攀岩的基本要领

1）抓：用手抓住岩石的凸起部分。

2）抠：用手抠住岩石的棱角、缝隙和边缘。

3）拉：在抓住前上方牢固支点的前提下，小臂贴于岩壁，抠住石缝，用力下拉引体向上。

4) 撑：利用台阶、缝隙或其他地形，以手臂和小臂使身体向上或左右移动。

5) 推：利用侧面、下面的岩体或物体，以手臂的力量使身体移动。

6) 张：将手伸进缝隙里，将手掌或手指张开，以此抓住岩石的缝隙作为支点，移动身体。

7) 蹬：用前脚掌内侧或脚趾的蹬力把身体支撑起来，减轻上肢的负担。

8) 跨：利用自身的柔韧性，避开难点，以寻求有利的支撑点。

9) 挂：用脚尖或脚跟挂住岩石，维持身体平衡，使身体移动。

10) 踏：利用脚前部踏在较大的支点上，减轻上肢的负担，移动身体。

六、攀登基本技术

攀岩要有良好的身体条件，但更重要的是要有熟练的技术。攀登技术实践性很强，必须在不断攀登中训练，如果能有技术熟练者在旁指导，将能收到事半功倍的效果。

1. 手法

攀登中用手的根本目的是使身体向上运动和贴近岩壁。岩壁上的支点形状很多，常见的有几十种，攀登者对这些支点的形状要熟悉，知道对不同支点手应抓握何处，如何使力。根据支点上突出（凹陷）的位置和方向，有抠、捏、拉、攥、握、推等方法。但也不要拘泥，同一支点可以有多种抓握方法，像有种支点是一个圆疙瘩上面有个小平台，一般情况是把手指搭在上面垂直下拉，但为了使身体贴近岩壁，完全可以整个捏住，平拉。又如有时要两只手抓同一支点时，前手可先放弃最好抓握处，让给后手，以免换手的麻烦。抓握支点时，尤其是水平用力时，手臂位置要低，靠向下的拉力加大水平摩擦力；要充分使用拇指的力量，尽量把拇指搭在支点上，对于常见的水平浅槽支点，可把拇指扭过来，把指肚一侧扣进平槽，或横搭在食指和中指指背上，都可增加很大力量。攀登中手指的力量十分重要，平常可用指卧撑、引体向上、指挂引体向上、提捏重物等方法训练。在攀登较长路线时可在容易地段两只手轮换休息。休息地段要选择没有仰角或仰角较小，且手上有较大支点处，休息时双脚踩稳支点，手臂拉直（弯曲时很难得到休息），上体后仰，但腰部一定要向前顶出，使下身贴近岩壁，把体重压到脚上，以减轻手臂负担，做活动手指、抖手动作放松，并擦些镁粉，以免打滑。

2. 脚法

攀岩要想达到一定水平，必须学会腿脚的运用。腿的负重能力和爆发力都很大，而且耐力强，攀登中要充分利用腿脚力量。攀岩一般都穿特制的攀岩鞋，这种鞋鞋底由硬橡胶制成，前掌稍厚，鞋身由坚韧的皮革制作，鞋头较尖，摩擦力大。穿上这种鞋，脚踩在不到1cm宽的支点上都可以稳固地支撑全身重量。在选购这种鞋时，千万不能买大了，只要能穿进去就行，大脚趾在里面是抠着的，不能伸直。鞋越紧脚，发力时越稳固。新手买鞋往往太大，一段时间后就会觉得脚上松松垮垮踩不上劲。一只脚能接触支点的只有4处：鞋正前尖、鞋尖内侧边（大脚趾）、鞋尖外侧边（第4趾趾尖）和鞋后跟尖（主要是翻屋檐时用来挂脚），而且只能踩进一指左右的宽度，不能太多。把整个脚掌放上去，为的是使脚在承力的情况下能够左右旋转移动，实行换脚、转体等动作。换脚是一项基本的技术动作，攀登中经常使用。常见到一些初学者换脚时是前脚使劲一蹬，跃起，后脚准确地落在前脚原在的支点上，看起来十分利落，但实际上是错的。因为这样一方面使手指吃劲较大，另一方面造成身体失衡，更重要的是在脚点较高时无法用这种方法换脚。正确方法是要保证平稳，不增加手上的负担，以从右脚换到左脚为例，先把左脚提到右脚上方，右脚以脚在支点上最右侧为轴逆时针（向下看）转动，把支点左侧空出来，体重还在右脚上，左脚从上方切入，踩点，右脚顺势抽出，体重过渡到左脚。动作连贯起来是，右脚从支点滑出，左脚同时滑入，体重一直由双脚负担，手只用来调节平衡。双脚在攀登过程中除了支承体重外，还常用来维持身体平衡。脚并不是总要踩在支点上，有时要把一条腿悬空伸出，来调整身体重心的位置，使体重稳定地传到另一只脚上。

3. 侧拉

侧拉是一项很重要的技术动作，它能极大地节省上肢力量，使一些原本困难的支点可以轻易达到，在过仰角地段时尤其被大量采用。其基本技术要点是身体侧向岩壁，以身体对侧手脚接触岩壁，另一只腿伸直用来调节身体平衡，靠单腿力量把身体顶起，抓握上方支点。以左手抓握支点不动为例，是身体朝左，右腿弯曲踩在支点上，左腿用来保持平衡，右腿蹬支点发力，右手伸出抓握上方支点。由于人的身体条件，膝盖是向前弯的，若面对岩壁，抬腿踩点必然要把身体顶出来，改为身体侧向岩壁就可以很好地解决这一问题，身体更靠近墙，把更多体重传到脚上，而且可利用全身的高度，达到更高的支点。侧拉动作有以下方面应当注意：身体侧向岩壁，踩点脚应以脚尖外侧踩点，不要踩得过多，以利换脚或转身。若此点较高，可侧身后双手拉牢支点，臀部向后坠，加大腰前空间，抬脚踩点，再双手使劲把重心拉回到这只脚上，另一条腿抬起，不踩点，保持平衡用，固定手只负责把身体拉向岩壁，身体完全由单腿发力顶起，不靠手拉，以节省手臂力量。发力前把腰肋顶向岩壁，体重传到脚上，千万不能松垮垮地坠着，这点在攀仰角时尤应注意。移动手应在发力前就向上举起，把肋部贴向岩面，否则蹬起后再把手从下划到头上，中间必会把身体顶离岩壁，加大固定手的负担。一次侧拉结束后，视支点位置可做第二个连续侧拉，双手抓稳后，以发力脚为轴做转体，脸转向对侧，平衡腿在发力腿前交叉而过，以脚尖外侧踩下一支点，这时平衡腿变成了发力腿，移动手变成了固定手，做下一次侧拉动作。其间发力脚踩点一定要少，否则不易做转体动作。侧拉主要在过仰角及支点排列近于直线时使用。

4. 手脚同点

手脚同点是指当一些手点高度在腰部附近时，把同侧脚也踩到此点，身体向上向前压，把重心移到脚上，发力蹬起，手伸出抓握下一支点，这期间另一手用来保持平衡。手脚同点需要的岩壁支点较少，且身体上升幅度大，做此动作时有以下几点需要注意：若支点较高，应把身体稍侧转，面向支点，腰胯贴墙向后坠，腾出空间抬腿，不要面向岩壁直接抬腿。脚踩实后，另一脚和双手发力，把重心前送，压到前脚上，单腿发力顶起身体，同点手放开原支点，从侧面滑上，抓握下一支点，另一手固定不动调整身体平衡。手脚同点技术主要用在支点比较稀少的线路上。

5. 线路规划

在人工场地攀岩时，一面岩壁安装着众多的支点，选择不同支点可以形成多条攀登线路，各人身体条件不同，都有各自不同的最优路线。训练时可以先看别人的攀登路线，根据自己的身体条件选择一条最优路线，并锻炼自己的眼力，发现、规划新的线路。在正式比赛时，是不能观看别人路线的，必须自己规划，这就要对自己的身高臂长、抬腿高度、手指力量等有较多的了解。一面岩壁往往有很多的利用价值：可以通过规划不同的线路来增加难度，一般是自觉地限制自己，放弃一些支点，如放弃某几个大点，或故意绕开原线路上的某个关键点，或只使用岩壁一侧或中间的支点，或从一条线路过渡到另一条线路。

七、攀岩的注意事项

1）攀登岩壁前要做好充分的准备工作，检查必需的装备是否带齐，保护装置是否正确。正式攀登前，要做好充分的准备活动。

2）要观察清楚正确的攀岩路线，注意可能遇到的难点，做好克服难点的准备。

3）攀登动作一定要做好"三点固定"，谨防蹿跳式攀登。

4）攀登途中遇到浮石或松动的石块，不要乱扔，要放置在安全处或通知下面的同伴注意后再做处理。

5）要重视安全保护工作，攀岩者和保护者要密切配合，没有充分安全的保护措施要拒绝攀岩。

6）在攀登中，切忌抓草或小树枝等作为支点。有积雪或过于潮湿的地方不宜进行攀登。

7）攀登者不能戴手套攀登，但要戴好安全帽。

8）在攀登过程中，要保持镇静，切忌惊慌失措。

八、攀岩的基本装备

攀岩的装备器材是攀岩运动的一部分，是攀岩者的安全保障，尤其在自然岩壁的攀登中，装备器材更是不可或缺。攀岩装备分为个人装备和攀登装备。

攀岩基本装备

1. 个人装备

个人装备指的是安全带、安全头盔、攀岩鞋、镁粉和粉袋等。

安全带：攀岩用安全带与登山用安全带有所不同，属于专用物品，并不适合登山。

安全头盔：一块小小的石块落下来，砸在头上就可能造成极大的生命危险，因此头盔是攀岩的必备装备。

攀岩鞋：一种摩擦力很大的专用鞋，穿起来可以节省很多体力。

镁粉和粉袋：手出汗时，抹一点粉袋中装着的镁粉，就不会滑手了。

2. 攀登装备

攀登装备指登山绳、下降器、安全铁锁及绳套、岩石锥、岩石锤、岩石楔，有时还要准备悬挂式帐篷。

绳子：攀岩一般使用直径为 9~11mm 的主绳，最好是 11mm 的主绳。

下降器："8"字环下降器是攀岩运动中普遍使用的。

安全铁锁及绳套：用于攀登过程中，休息或进行其他操作时自我保护。

岩石锥：固定于岩壁上的各种锥状、钉状、板状金属材料做成的保护器械，可根据裂缝的不同而使用不同形状的岩石锥。

岩石锤：钉岩石锥时使用的工具。

岩石楔：与岩石锥的作用相同，不过是可以随时放取的固定保护工具。

悬挂式帐篷：当准备在岩壁上过夜时，使用的夜间休息帐篷须通过固定点用绳子固定保护起来，悬挂于岩壁。

其他装备：包括背包、睡具、炊具、炉具、小刀、打火机等用具，根据活动规模、时间长短和个人需要准备。

九、攀岩运动的特点

惊险刺激是攀岩运动根本的特点，而其能充分满足人们要求回归自然、寻求刺激，并从中享受挑战自然、挑战自我的乐趣，又是它深受人们喜爱的根源。攀岩手法的抓、握、挂、抠、扒、捏、拉、推、压、撑等，脚的蹬、踩动作和手脚配合，准确有力地完成身体的腾挪、转体、跳跃、引体等惊险动作，攀岩者在岩壁上稳如壁虎、矫似雄鹰，使得它又是一项极具美感和观赏性的运动。攀登者既要具有勇敢顽强、坚忍不拔的拼搏进取的精神，又要具有良好的柔韧性、节奏感及攀岩技巧，这样才能娴熟地在不同高度、角度的人工岩壁上轻松攀登，给人以优美、流畅、刺激、力量的感受。

十、攀岩者的素质训练

力量是攀岩运动员的基本素质，而如何将力量灵活、协调地分配利用，则需经过系统的专项身体素质训练方可达到。下面浅谈一下攀岩运动专项身体素质及常用的训练方法。

攀岩训练

攀岩运动员的专项身体素质一般指：①肌力，包括四肢、腰背、腹部等的肌肉力量；②平衡能力，即在运动中维持身体稳定性的能力；③柔韧性，主要指肌肉、肌膜、韧带的可动范围、伸展程度；④灵巧性，即脑、神经、肌肉三者间的协调能力；⑤呼吸循环机能，主要体现在运动中呼吸节奏的调整方面。

1. 肌力训练的常用方法

人体肌肉分布很广泛，这里主要介绍几个与攀登运动员力量素质关系密切的肌肉群的力量训练方法。

（1）上臂肌 分为前、后群肌，前群肌主要是肱二头肌，即屈肌；后群肌主要是肱三头肌，即伸肌。前群屈肌一般可采用负重弯举、引体向上等方法加以训练；后群伸肌则采用双杠支撑臂屈伸，手倒立臂屈伸等方法训练。

（2）前臂肌 分为前群肌和后群肌，前群肌主要作用是屈腕、屈指和使前臂内旋，所以可采用反缠重锤、反握负重腕屈伸等方法训练；后群肌主要作用是伸腕、伸指和使前臂外旋，所以可采用正缠重锤、正握负重腕屈伸等方法训练。手肌即指手指力量，一般常用手指悬锤、握力器、指卧撑和手指抓重物等方法训练。

（3）盆带肌 分为前群肌和后群肌，前群肌主要是髂腰肌，其作用是使大腿屈和外旋，一般采用悬垂举腿、仰卧起坐等方法训练；后群肌主要是臀大肌，其作用是使大腿伸和内旋，一般采用后蹬跑、跑斜坡、俯卧背腿等方法训练。

（4）大腿肌 分前、后群肌，前群肌主要是股四头肌，其作用是使小腿伸直，一般采用负重深蹲、蛙跳、走鸭子步等方法训练；后群肌主要是股二头肌，其使用是小腿屈和外旋，一般可采用负重腿屈伸、后踢腿等方法训练。

（5）背肌 主要是指背阔肌，其机能是使上臂伸、内收和内旋，一般采用单杠引体向上、爬绳、向后或向体侧拉拉力器等方法训练；另外还有竖脊肌，它是人体强大的伸脊柱肌，一般采用提拉杠铃（或壶铃）、负重体前屈等方法训练。

（6）胸肌 主要是指胸大肌，它能使上臂屈、内收、内旋；一般采用双杠臂屈伸、卧推杠铃、俯卧撑和拉力器等方法训练。

（7）腹肌 主要是指腹直肌、腹内外斜肌、腹横肌和腰方肌，其机能是使脊柱前屈

（两侧收缩）、侧屈（一侧收缩）和旋转体。

必须指出的是，在每次进行力量训练之后，要特别注意肌肉的放松及拉伸，以防止肌肉僵化，失去弹性。

2. 平衡能力训练的常用方法

平衡能力在攀岩过程中主要体现在身体重心的移动和支点的选择方面。对平衡能力的训练，重要的是注意培养攀登者对时间和空间的判断能力，提高确定方位、方向的能力，培养在不同情况下控制身体姿态的能力。

经常采用的训练方法有：走平衡木、过独木桥、跨跳栏、跳跃台阶、滑冰、垫上翻、过绳索桥等。

3. 柔韧性训练的常用方法

发展柔韧素质有被动和主动两种形式。一般常用的方法有：双人操（如相互压肩、压背等）、体前屈、正压腿、侧压腿、跪躺、体侧运动等。在使用具体的训练方法时，应注意轻重缓急，要循序渐进，有些姿势应保持一定的时间，以促进韧带的伸展。

柔韧性相对来说发展较快，易见效，可是消退得也快。注意在训练前一定要做好准备活动，防止肌肉、韧带拉伤。

4. 灵敏性训练的常用方法

灵敏性通常是指人体在各种复杂条件下，快速协调，准确、灵活地完成动作的能力。发展灵敏性应采用多种多样的训练方法，并要经常地变换训练手段。若长期使用同样的训练手段，就会形成动力定型，不利于灵敏性的发展。灵敏性对于攀岩者来讲是非常重要，它可使攀岩过程中动作敏捷和协调，给人一种美的感受。常用的训练方法也很多，如球类训练、跳跃、游泳及多种器械体操等。

5. 呼吸循环机能训练的常用方法

呼吸循环机能主要是通过耐力训练来提高的。构成耐力训练负荷的时间应足够长，心率一般控制在 150 次/min 左右。另外在进行有氧耐力训练时，应十分注意呼吸方式，培养用鼻子呼吸、呼吸节奏和动作节奏协调一致的能力。

进行有氧耐力训练经常采用的方法有：匀速负荷跑、变速负荷跑。训练与休息的比例，原则是休息时间要短。匀速负荷训练时，训练中基本不休息；小强度间歇训练时，训练与休息之间的比例大约为 1:1/2。

十一、常见的攀岩损伤与急救

在治疗伤处时，处理方式是不同的。首先，先确立受伤的程度（患部外观是否正常，如有无肌肤破裂，骨头外露或异常突出等），然后根据"RICE"处理原则进行处理：

Rest（休息）：停止运动。

Ice（冰敷）：可抑制毛细孔的扩张，降低出血程度。

Compression（包扎）：包含固定、止血的功能。

Elevation（抬高）：抬高患部，然后依其需要决定是否请医生来或送医治疗。

其中以冰敷最重要，因为冰敷可以降低伤者疼痛的程度。

1. 扭伤处理

首先，扭伤时立即予以冰敷，即可减轻疼痛程度及消肿。最好 3 日内避免浸泡热水，以免加速发炎。扭伤后尽量休息。

2. 肌肉拉伤、肌腱或骨膜发炎

如果是肌肉拉伤、肌腱或骨膜发炎，一般人要注意休息，但对于专业的运动员而言，长期的停训会使肌肉萎缩，神经反应变慢，进而使运动技术变形，运动成绩明显下滑。所以运动员在受伤后，不用完全停止训练，但引起受伤的动作，应该停止或减少（尤其要完全禁止比赛）。

3. 骨折

如果是骨折，必须等到完全复原才能继续运动。需要注意的是有很多骨折，从外表是看不出来的。

思考与练习

1. 攀岩运动要求掌握哪些技术要领与要求？
2. 攀岩运动需要哪些身体素质，以及对身体素质的提高有什么好处？

模块5　求生与救护

【航海文化提示】人类社会发展进入海洋时代以来，航海活动是在科学思想指引之下的财富创造和文化交流活动，随着航海技术的不断发展，海洋环境保护和海上生命安全已经成为开展航海活动的先决条件。航海者求生与救护的能力已经成为航海活动的必备技能。

子模块14　水上求生与救护

学习与训练目标

1. 学习和掌握水上求生与救护的相关知识。
2. 了解水上求生的方法和救护过程中的注意事项。
3. 掌握人工呼吸和心肺复苏按压术的操作方法。
4. 预测水上救护的环境和可能遇到的困难。

学习情境

当人们在野外工作、娱乐时，有时会发生落水的意外险情，或在游泳时出现意外情况（如水中"抽筋"等），在这种情况下，熟练掌握水上求生与救助溺水者的方法与技术有着重要的意义。

为此，我们必须学习和掌握一些水上求生和救护的知识和技能。特别是在游泳过程中，必须提倡游泳者培养自我救护能力，增强自我救护意识，这是预防水上安全事故发生的最有效途径。

任务1　水上求生

水上求生是指在水中遇到危险时，溺水者进行自救或施救者采取各种有效措施对溺水者进行施救，以致脱离危险的过程。

一、溺水的常见原因

1. 水性差

溺水事故多发于初学游泳者，心慌、呛水等是造成溺水事故的主要原因。掌握游泳的最低要求是放松地浮游，自如地呼吸。预防溺水事故，首先应该学会放松和呼吸。一般初学游泳的人，由于还未掌握游泳的呼吸技术，经常会出现呛水现象。呛水是由于水从鼻腔或口腔吸入呼吸道而引起的，常会造成呼吸困难，使喉和气管由于受到水的刺激而发生反射性痉挛，致使呼吸道梗塞，严重时还会引起窒息。发生呛水时不要紧张，应沉着冷静地采用踩水等动作使头部露出水面，把水从鼻和口里咳出，就会迅速恢复正常的呼吸。

2. 水域不熟

会游泳的人也会因水情不熟而发生事故。因此，游泳前应先了解水情。一般不要在有暗桩、礁石、瀑布、急流漩涡及有其他障碍物的水域中游泳。如果不慎落入这些水域，首先应该镇定，冷静地调整呼吸，解除阻碍游泳的衣物，迅速脱离危险区。例如，在漩涡中应取平卧姿势，以增长身体半径，逆漩涡而游出险境。

3. 抽筋（痉挛）

在游泳时，身体各部位都有可能发生抽筋现象。经常发生抽筋的部位有小腿、大腿、手指、脚趾甚至胃部等。究其原因，是因为在下水前没有充分地做好准备活动，身体过于疲劳，或突然遇到寒冷的刺激，或过分紧张、动作不协调等。在发生抽筋时，必须保持镇静，不要慌张，可呼救或自救。

4. 昏迷中暑

夏天，在强烈的阳光下游泳过久，极有可能发生中暑昏迷。因此，游泳时间不宜过长，一般游 1~2h 较为适宜。另外，昏迷也可能是由于跳水时脑部受到震荡所造成的，因此严禁在游泳池、游泳场做花样跳水，或互相追逐打闹，以免造成脑部受伤。如果发生昏迷情况，应使昏迷者卧于阴凉处，并立即进行急救或送医院治疗。

二、及早发现溺水者

溺水后的迹象很多。无论何时何地发现任何一种溺水可疑现象时，都不能麻痹大意，应果断进行救护，这样才能防止或减少溺水事故的发生。怎样才能及早发现溺水者呢？现将常见的几种溺水迹象介绍如下。

1）突然听见水中有人发出急促、异常的叫喊声，或是剧烈地、连续大声地咳嗽。

2）水中有人不能说话，呼吸困难，嘴唇青紫，面色反常，表情极为紧张。

3）有人在水中站立不稳，前俯后仰，左右摇晃，接二连三地用手抓扶岸边或身体忽上忽下，划水蹬足十分紊乱。

4）有人在水中身体逐渐下沉，划水蹬足十分紊乱或招手示意。

5）有人沉入水中或潜泳时间过长，头仍未露出水面。

6）初学游泳者，误入深水区。

7）会游泳的人，由于突然发生意外事故，如抽筋或游泳时间过长，体力支持不住。

三、个人水上主要遇险情况

1）抽筋：游泳过程中，由于下水前没做好准备活动、身体过于疲劳、突遇寒冷的刺激或水温过低和过分紧张以及动作不协调等原因，引起身体四肢肌肉部位或胃部等的持续紧张收缩，不能放松，发生抽搐或痉挛。

2）意外落水：野外作业或生产劳动时不小心掉入水中，被长水草或水中植物缠绕四肢或被漩涡吸住等。

3）呛水：人在水中，水从鼻孔或口腔吸入呼吸道，影响呼吸。

4）头晕：初学游泳者由于"恐水"，在下水后心跳加快，头晕眼花，或游泳者空腹游泳，头部供血不足引起头晕。

四、水上求生手段与方法

1. 水中抽筋时的自我救护

游泳中,遇到抽筋时,必须保持镇定,不要惊慌,可呼救也可自救。抽筋后一般不要继续再游,应立即上岸,擦干身体,按摩抽筋部位,注意保暖。

在水中自我解救抽筋部位的方法,主要是拉长抽筋的肌肉,使收缩的肌肉松弛和伸展,方法如下:

1)手指"抽筋":将手握拳,然后用力张开(图5-1),这样迅速反复做几次,直到抽筋消除为止。

2)小腿或脚趾抽筋:先吸一口气仰浮水上,用抽筋肢体对侧的手握住抽筋肢体的脚趾,并用力向身体方向拉。同时用同侧的手掌压在抽筋肢体的膝盖上,帮助抽筋腿伸直(图5-2)。

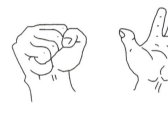

图 5-1　　　　　　　　　　　　　　　　图 5-2

3)大腿抽筋:可同样采用拉长抽筋肌肉的方法解救。

2. 自然水域突发意外时的自救

自然水域中游泳突发意外时,必须保持镇静,不要惊慌。可采取以下措施:

1)观察意外情况,弄清意外原因,自己尚可游时,须尽快游至岸边或水中凸出物、漂浮物上。

2)借助自然救生器材(如树枝、木板等)自救。

3)尽快呼救或等待救援。

3. 意外落水时的自救

意外落水时,要保持镇静,不要惊慌,采取以下方法与措施自救:

1)运用踩水技术,使头部露出水面,观察四周情况与水流方向。

2)如果距岸(船)较近自己有能力游到时,应顺着水流方向,快速游进,就近上岸(船)。

3)距岸较远时,如果船翻了但停留在水面时,就抓住它,但如果船开始下沉,应尽快离开,以免被船下沉时的涡流困住。

4)双手抓住漂浮物,如瓶子、桶、木板、塑料泡沫等。

5)如果是穿着衣服时意外落水,一般的原则是要穿着衣服,但在水温较高或在危险时妨碍动作或不起作用时,应该脱掉。像尼龙、棉布、衬衣、夹克衫等布料细密的衣服可防水,起隔离身体的作用,相反的,一些羊毛织品,容易吸水,会越来越重,应该脱掉。另外,一些天然的或人造纤维制作的裤子,可用来作浮体。

6)衣服灌满水后,要尽可能长时间地保留:将衣服上袖口、领口等扎紧,裤腿塞进鞋里,衬衣、外衣尽量塞进裤子里。因为水的循环可对身体起保温作用,这一点在天冷时尤为重要。

7)头部应尽量保持在水中,如果有帽子最好戴上。

8)水中尽可能保持清醒。不要做一些无用的动作来消耗体力,保存精力,防止体温下降,否则会引起昏迷甚至溺死。

9)尽量使身体保持在水面,采用最省力的泳姿如反蛙泳、仰泳、侧泳等慢游,如果是流动水,应顺水流方向游进,必要时变换姿势,借以调整。极少情况下可用自由泳快速向前。

10)抓住时机呼救,或等待救援。

4. 水中脱衣技术与自制浮体

(1)水中脱衣 游泳时,在水中脱衣要谨慎。脱衣服程序是:第一,熟练运用踩水技术;第二,先解开所有的扣子、拉链、绳扣等,所有前开身的衣服要由上至下地解扣,用一只手解,另一只手臂保持在水面,间或帮助一下;第三,每个动作都要快速、利落,尤其是脱套头衣服时,更要快速,避免呛水。

1)脱羊毛套衫、短袖套头衫或类似衣服:先将衣服卷至腋下,然后掀起前襟,快速放至脑后,露出头部,此时要快速并屏住呼吸,最后脱下衣袖。

2)脱长袖套衫及类似衣服:先脱下一支衣袖露出手臂,再按上述方法脱露头部,再脱另一衣袖。

3)脱前开身衣服:解开所有衣扣或拉链,拉开衣服,一侧肩上耸,由下向上抽出一只手臂,然后向异侧稍转身,脱掉另一支衣袖。如果是紧袖口,另一只手帮助。

4)脱长裤:先完全解开,一手抓裤腰,一腿屈膝抽出,用同样方法脱掉另一裤腿。

5)脱鞋、袜:先松鞋带,一腿向上屈膝收腿,一手抓住鞋后跟或袜口,快速脱掉,用同样方法脱掉另一只。

(2)自制浮体 游泳中发生意外或意外落水时利用身边物品自制浮体是非常有用的。

1)利用衣物自制浮体。天然纤维或人造纤维做的衣服布纹细密,湿的时候易充气,可做浮体。注意在充气前要将各衣口扎起来,充气后不要将它们全浸入水中,以免空气通过纤维空隙泄漏。

充气的方法有几种:可以在自然漂浮的情况下充气,可在踩水过程中充气,也可仰卧水面充气,只用脚打水。常用方法像吹气球一样,在衣服上找一个最容易吹和扎起来的口吹气,然后扎紧,还可以将脱掉的衣服举出水面,然后由上向下甩,空气会由下而上进入衣服,然后把衣口扎紧。

利用长裤作浮体,如图 5-3 所示。用上衣做的浮体除可按上述方法使用外,还可用仰卧姿势双手抱住置于胸前。

如果游泳者是女性,穿有长裙,可如图 5-4 所示制作浮体。

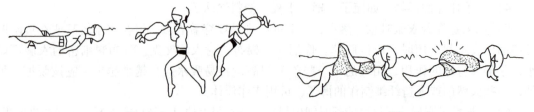

图 5-3   图 5-4

2）利用身边物品自制浮体。如果身边有一些物品如塑料袋或不透水的长筒靴等也可做浮体。利用塑料袋作浮体时，先检查是否漏气，如果漏气，先扎紧漏口，再充气制作浮体。使用时可按上衣制作的浮体使用。利用长筒靴作浮体时，先倒净靴中的水，然后由上向下倒置水中即可当作浮体使用。

任务 2　水　上　救　护

一、间接救护技术

（1）救护器材和使用方法　间接救护技术是救护者利用救生器材，对较清醒的溺水者施救的一种技术。下面介绍几种常用的救护器材和使用方法。

1）救生圈：最好在救生圈上系一条绳子，将其掷给溺水者。如果在江、河等流水中，就向溺水者的上游掷去，溺水者得到救生圈后，将其拖至岸边。

间接救护器材

2）竹竿：溺水者离岸（船）较近时，可用竹竿拖至岸（船）边。

3）绳子：在绳索的一头系一漂浮物，将绳子盘成圆形，救护者握住绳子的一端，然后将盘起来的绳子掷到溺水者的前方，使溺水者握住绳子上岸（船）。

4）木板：在没有其他救护器材的情况下，木板也可作为救护器材，将木板掷给溺水者，也可扶木板游向溺水者，然后将溺水者拖带上岸。

（2）自我训练方法与步骤

1）2～3人一组，在游泳池中模仿训练，利用救生圈、竹竿、绳子或木板等救生器材开展间接救护的技术，然后角色互换，直至熟练掌握。

2）4～5人一组在自然水域中重复上述训练，一组训练，其他人在四周保护。

二、直接救护技术

（一）救护者必须掌握的自身技术

直接救护技术是救护者不借助任何救生器材，徒手对溺水者施救的一种技术。

救护者在准备参加救护之前应具备一定的基本技术水平，具体要求如下：

1）要能在约15min内至少游完400m。

2）至少要掌握竞技游泳4种姿势（仰、蛙、蝶、爬）中的3种，其中包括蛙泳。

3）还要掌握侧泳、翻手、从水面潜入水下和踩水等实用游泳技术。

4）掌握自救方法。

5）掌握水中的解脱方法。

6）会从岸上跃入或跳入水中。

（二）入水前的观察与入水救护技术

直接救护技术大致可分为入水前的观察、入水、游近溺水者（包括解脱）、拖运、上岸（包括抢救）等过程。

（1）入水前的观察　入水之前，对周围环境要简单地观察，如辨别水流方向、水面的宽窄等。救助者要遵循入水后尽快游近溺水者进行施救的原则，迅速选择入水地点。

（2）入水　入水要快，并且要注意目标。

1）在熟悉的水域或游泳池，可用头先入水的出发动作，动作要快。

2）在不熟悉的水域，可采用脚先入水的动作（图5-5）。起跳后，两臂侧前举，一腿前伸微屈，一腿稍向后屈。当身体接近水面时，两腿夹水，手臂迅速压水。这种入水方法不会使身体下沉过多，并能防止碰到石头或暗桩，而且从起跳开始救护者始终能看到目标。

（3）游近溺水者及拖运　一般采用速度较快的抬头爬泳，也可采用头不入水的蛙泳，以便观察溺水者的情况。当游到距溺水者 2～3m 处，深吸气后再接近溺水者，以保证自身体力。如溺水者面向自己，则潜入水中，游到溺水者身旁，两手扶住其髋部（图5-6），将其转至背向自己，然后进行拖运。另一种方法是正面游近溺水者后，用左（右）手握住其左（右）手，用力向左（右）边一拉，借助惯性使溺水者的身体背向自己，然后进行拖运（图5-7）。如溺水者背向自己，可直接游近溺水者，用手托其腋下，使其口鼻露出水面后进行拖运。

图 5-5

图 5-6

（三）常用的几种水中救护与拖运技术

一般采用侧泳或仰泳进行拖运。

1. 侧泳拖运法

侧泳拖运法是救护者侧卧水中，一手扶住溺水者，一手在体侧划水，两腿用侧泳蹬剪水的动作。

图 5-7

侧泳的拖运法有两种。

1）一臂伸直托住溺水者的后脑，一手在体侧划水，两腿用侧泳蹬剪水的动作（图5-8）。

2）左手（右手）从溺水者的背后沿左（右）肩通过溺水者的胸前，握住右（或左）腋窝后面的肩背，右（左）手在体侧划水，腿用侧泳蹬剪水前进（图5-9）。

图 5-8

侧泳拖运法

图 5-9

2. 仰泳拖运法

仰泳拖运法是救护者仰卧水中，一手或两手扶住溺水者，以反蛙泳腿的动作使身体前进。

1）救护者仰卧水面，两臂伸直，两手扶住溺水者的两颊，用反蛙泳腿动作使身体前进（图5-10）。

模块 5　求生与救护

2）仰卧水面，两臂伸直，以两手的 4 指挟着溺水者的两腋窝下，大拇指放在溺水者的肩胛骨上，以反蛙泳腿动作使身体前进（图 5-11）。

图 5-10　　　　　　　　　　　　　　　　图 5-11

（四）水中解脱方法

在水中遇到神志已不清醒，在挣扎的溺水者时，一定要注意，因为这种溺水者只要抓住东西，就不会轻易放手。因此，救护人员需要掌握解脱方法，以防万一。

由于实际情况千变万化，溺水者在一瞬间可能会从前方抓住救护者的腕、腰、臀或腿部，也可能从后面抓住救护者的这些部位，因而解脱方法也不一样。

解脱时应利用反关节和杠杆的原理，动作要迅速、熟练、突然。下面介绍几种常见的解脱方法。

（1）被溺水者抓住手臂的解脱方法

1）溺水者两手从上抓住救护者的两手腕时，救护者可握紧双拳向溺水者的拇指方向外旋，肘内收来解脱（图 5-12）。如果溺水者从下抓住救护者的手腕，则紧握拳向溺水者拇指方向内旋，使关节外展，即能解脱。

2）溺水者两手从下抓住救护者的一只手腕时，该手可握紧拳头，另一手从溺水者的两臂之间穿出，握住自己拳头突然向下拉，即可解脱（图 5-13）。

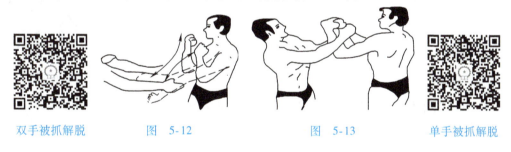

双手被抓解脱　　　　图 5-12　　　　　　　　　图 5-13　　　　单手被抓解脱

（2）被溺水者从后面拖住颈部的解脱方法　首先握住溺水者靠近自己胸前的一只手腕，另一手从下向上托住溺水者同侧臂的肘关节使之转体，然后低头，并向上推溺水者的肘关节，使救护者头部从溺水者腋下钻出来。离开溺水者肘关节后，乘势将溺水者的手腕拉到背后，另一手扶住溺水者的前胸，进行拖运（图 5-14）。

图 5-14　　　　　　　　　　　　　　　　后面颈部被抱解脱

（3）被溺水者从前面抱住颈部的解脱方法　用左（右）手推溺水者的右（左）肘关节，右（左）手握住溺水者的同一手腕并向下拉，然后，头从溺水者的两臂中间钻出来。这时握住溺水者的手腕从其腋下向后扭转，马上放开推溺水者肘关节的手并用此手去托其下颌进行拖运（图5-15）。

（4）溺水者从前方拦腰拖住救护者的解脱方法　一手按住溺水者的后脑勺，另一手托住溺水者的下颌，向外扭转他的头，并顺势把溺水者转至背向自己，然后进行拖运（图5-16a）。

图　5-15　　　　　　　　避免被搂抱解脱

（5）被溺水者从后方拦腰抱住的解脱方法　用右手抓住溺水者右手的一指，用左手抓住溺水者左手的一指，分别向右、向左用力拉开（图5-16b），然后放开溺水者的一只手，乘势转至溺水者背后进行拖运。

（6）被溺水者从背后连同两臂拦腰抱住的解脱方法　两腿用力向下蹬夹水，连同溺水者一起在水中升高身体位置（图5-16c），当头出水后深吸一口气，然后突然下沉，同时用两臂向外撑的方法进行解脱，然后转到溺水者背后进行拖运。

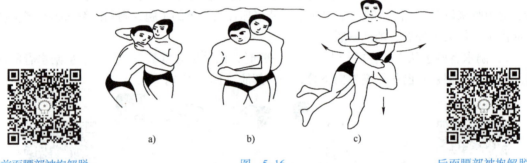

前面腰部被抱解脱　　　　　　　　图　5-16　　　　　　　　后面腰部被抱解脱

（7）自我训练方法与步骤　①2～3人一组，在游泳池中模仿训练被溺水者抓住身体各部位的解脱技术，直至熟练掌握。②自然水域中，5人以上一组，两人进行水中解脱技术的模仿训练，其他人进行保护。

（五）出水后运送

1. 出水方法

遇到处于昏迷状态的溺水者时，将其拖到岸边后，还需要将其弄上岸以便抢救。这在浅滩或斜坡的河岸比较方便，如在游泳池或陡坡，上岸则比较困难。现介绍两种在游泳池或陡坡上岸的方法。

（1）池边或陡坡上岸方法　池边上岸（图5-17），救护者用右手握溺水者右臂，并将其右手先放到岸边，随后用左手将溺水者的右手压在岸边，用右手和两腿的力量支撑上岸，然后迅速用右手拉住溺水者右手腕，再用左手拉住溺水者左手腕，将溺水者沉入水中（头不要没入水中），借溺水者身体向上的浮力，将其背向拉上岸来，并立即进行抢救。自然水域中陡坡上岸时，先找一合适地点，后参照此法。

（2）游泳池扶梯上岸方法　将溺水者拖运至梯前，搭在自己右肩上（图5-18），两手握住扶梯，稳步上岸，当溺水者的臀部够到池边时，慢慢放下，随后用右脚踏在池边上，右手托住溺水者的颈部，左手抓住扶梯，弯腰向前，慢慢将其放倒，立即进行抢救。

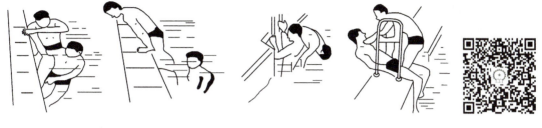

图 5-17　　　　　　　　　　　　　图 5-18　　　　　　上岸和运送

2. 运送方法

一名救护者运送一名溺水者时，一般采用肩扛法。具体方法是：救护者的右臂从溺水者的两腿间穿过，用右手抓其右手臂，用肩部背起溺水者。由于肩部顶着溺水者的腹部，同时溺水者的面部朝下，可以对溺水者起到吐出腹水的作用。送到目的地后，救护者先跪右腿，左手撑地，慢慢地坐下，双手抓住溺水者右手臂，将溺水者下肢先放在地上，然后将他的左臂放在自己的大腿上，两手轻轻地将溺水者放在地面上。

（六）抢救

1. 对溺水者的常规检查

对溺水者进行急救前，应先检查溺水者溺水的轻重程度，然后再根据溺水的轻重程度进行有效的救治。常用的检查方法如下：

1）用一面小镜子放在溺水者的鼻孔前，观察镜面上是否有雾气，若有雾气证明其还有呼吸，若没有雾气则表明呼吸已经停止。

2）用一个手指沾上水（或唾液）放在溺水者的鼻孔前，若溺水者有呼吸，则湿手指会因空气流动带去水分而有凉的感觉；也可以用一根头发或一张薄纸放在溺水者的鼻孔前，观察其是否有飘动。

3）检查大动脉是否有振动。可用手按溺水者颈动脉或股动脉部位进行检查，因为这两处的动脉最易摸及，能可靠地判断脉动的强弱。

4）判断意识存在与否。可以通过问话或用手触溺水者的眼睫毛，看其是否有反应，以判断溺水的轻重程度。

5）检查瞳孔。检查瞳孔是为了观察溺水者对光的反应，以便对溺水者进行急救时，以瞳孔的变化作为一项判断征象。

以上几项常规检查可根据情况参考选用。检查应在 5~10s 或更短的时间内完成，而后视情况进行救护。

第一阶段，如溺水者有心跳、无呼吸，这时要求以最快的速度打开气道，进行人工口对口呼吸，气量要控制在 800~1200mL 之间，连续进行 4~5 次，以使脑细胞迅速供氧，恢复知觉。

第二阶段，如溺水者无呼吸、无心跳，此时要求在 3~4min 之内迅速打通气道，进行心肺复苏急救。一人操作按 15:2 的比例（胸外挤压 15 次，吹气 2 次），两人操作按 5:1 的比例（胸外挤压 5 次，吹气 1 次）进行。

第三阶段，溺水超过 10min 以上时，也不要放弃急救，一方面进行急救，一方面及时与医疗部门联系，及时送到医院进行进一步的抢救。

2. 上岸后的处理

对溺水者进行急救时，要先将溺水者的衣服、腰带解开，擦干其身体，清除其口鼻中的泥沙、杂草和呕吐物。如有活动义齿应当取出。如牙关紧闭，应用力按摩溺水者腮上隆起的肌肉，或用两手大拇指由后向前顶住溺水者的颌关节，并用力向前推，同时两手食指与中指向下扳其下颌骨，使其张口。也可用张口器。把溺水者头部侧向一边后，救护者用纱布包在手指上，伸进溺水者口腔内清除异物，便于顺利进行排出腹水和人工呼吸。

3. 排出腹水

在迅速做完上述处理后，应立即进行排水。排水的方法如下：

（1）膝上倒水法　救护者一腿跪地，另一腿屈膝，将溺水者的腹部放在救护者屈着的大腿上，使其头部和脚自然地下垂，然后用手捶拍或用力压溺水者的背部，把水排出。

（2）提腹倒水法　救护者两手抱住溺水者的腰部，面部朝下将其提起，上下用力抖动溺水者，倒出其腹水。进行上述操作时，救护者的两腿要夹牢溺水者的下肢，以便保护溺水者，同时要抓紧其腹腰部，以免使其头部朝下冲撞或滑落碰地受伤。排出腹水的方法多种多样，利用当时的地形和器材，还可让溺水者俯卧在斜坡上，让其头朝坡下，脚朝坡上，或者将其放在土台上、凳子上、扣放的铁锅底上、牛背上等，均可排出腹水。

以上的倒水方法应酌情采用。如果倒不出腹水，不必强行再倒，应立即做人工呼吸及采取按压心脏的急救措施。

4. 人工呼吸

将溺水者救上岸以后，观察其心脏跳动是否停止，如停止跳动或极微跳动，应首先按摩心脏，采用胸外心脏按压的方法。具体方法如下：将溺水者仰卧于平整硬地面上，按压部位在胸骨的上 2/3 与下 1/3 的交界处或胸骨下段（图 5-19），操作者以左手掌根部，也可将右手掌压于左手上以加强压力，两肘伸直，用臂和腕部力量，有节奏而带冲击式的动作，用力下压，使胸骨下陷 3cm 左右，而后放松，使胸骨复位，心脏舒张。如此反复进行，成人每分钟 60～80 次，儿童每分钟 80～100 次（图 5-20）。

做胸外心脏按压时应注意如下事项：按压部位不当，易致危险。如部位过低，有损伤腹部脏器的风险或引起胃内物反流；部位过高，可伤害大血管；按压部位不在中线，则可能引起肋骨骨折。按压时用力不宜过猛，以免肋骨骨折，心包积血或肝破裂，但用力太小则无效。

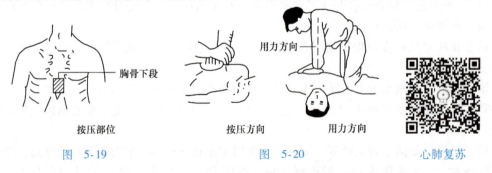

图 5-19　　　　　　　图 5-20　　　　　　　心肺复苏

当溺水者有心跳后，则应进行人工呼吸。在进行人工呼吸前，先要清除溺水者口鼻中的淤泥、杂草、呕吐物等异物，使上呼吸道畅通。然后进行口对口人工呼吸：溺水者仰卧，解开衣领，操作者托起其下颌使头部后仰，一手掌根压住溺水者前额，用拇指、食指捏紧其鼻孔，另一手扶住溺水者两颊，使其口张开，深吸一口气，将口紧贴溺水者的口将气吹入，使溺水者胸部扩张，然后放松溺水者的鼻孔，同时将口离开，由于肺弹性回缩，溺水者可被动呼气，也可用手压一下溺水者的胸部，帮助其呼气，如此反复进行，每分钟 16～18 次（图5-21）。开始时可稍慢，以后可适当加快。

如果溺水者口难以张开，或口对口人工呼吸效果不佳时，可采用口对鼻人工呼吸法。操作者深吸气后，把溺水者的口紧闭，以口对鼻吹气，操作方法与口对口人工呼吸法相似。

溺水者被救上岸后，如心跳和呼吸都已停止，此时可先清除口腔异物、倒水，然后可用心脏胸外按压术与口对口人工呼吸法同时进行，如

图 5-21

一人操作，胸外挤压与吹气之比为15:2；若两人操作，胸外挤压与吹气之比为5:1。

急救时应注意如下几个问题：

1）进行人工呼吸一般时间较长，急救时要有信心和耐心。救护者可轮换交替进行，交替时要注意衔接好，不能停顿。

2）经过急救，溺水者已经有微弱呼吸时，千万不能停止人工呼吸，因为这种微弱呼吸可能会马上停止，要特别注意。

3）急救是一套综合施救的措施，它包括清除口鼻中的异物、倒水、人工呼吸和胸外压放心脏等。这些急救不必按部就班逐项进行，而应抓住主要的先做，以免延误时间。最理想的方法是几个人一起动手，配合进行急救。

5. 护理

护理工作是急救中不可分割的一部分。溺水者复苏后的护理极为重要，忽视对溺水者的护理，就可能会再度危及溺水者生命，因此必须高度重视复苏后的护理工作。经常采用的护理方法如下：

1）对溺水程度不很严重的溺水者，经急救后，其神志清醒，言谈对话正常，没有什么不良感觉和反应时，也不能让其马上单独离去，而应让他卧床休息，观察 1～2h，如出现有不适感觉应立即送医院检查治疗。

2）对心跳、呼吸停止的溺水者，即使经过第一阶段的抢救，意识明显恢复，仍应送医院检查治疗，以免因溺水引起的并发症再度危及生命。

3）溺水者被救醒后，心跳和呼吸能力很微弱，不宜过早给予食物，可在身体上擦拭一些提神的药物，穿衣保暖就地休息，待精神恢复后，才可以饮少量流质食物，如热茶、米汤或糖水。

在救助溺水者时，间接救护与直接救护可结合进行。如救护者发现溺水者时，可先掷一救生器材给他，然后再跳入水中帮助溺水者，利用器材将他带上岸。

思考与练习

1. 水上求生与救护的学习与训练对于水上自我求生和救护有哪些作用？
2. 怎样才能训练好救护技术？

子模块 15　海上求生与救护

学习与训练目标

1. 学习和掌握海上求生与救护的相关知识。
2. 了解海上求生与救护概念。
3. 掌握海上求生与救护的技能与方法。
4. 预测海上救护的特殊环境和可能遇到的困境。

学习情境

海员经常在海上航行，有时候不小心或受各种恶劣的自然环境的影响，可能会遇到落水的险境。此时，如果没有一定的海上求生与救护知识和技能，就会被大海吞没，被恶劣的自然环境吞噬。因此，掌握海上求生与救护知识和技能是每个海员必备的一项基本素质。

任务 1　海 上 求 生

一、海上求生概述

1. 海上求生的定义

当海员在作业时不小心落水或船舶发生海难决定弃船时，利用船上的救生设备和平时所学的水上（海上）求生的知识与技能，克服海上困难和危险，延长遇难海员生存时间，增加获救机会，直至脱险获救，称为海上求生。

测试：海上求生

2. 海难的种类

海难是一种造成严重后果的事故，常见的有火灾、碰撞、爆炸、触礁、搁浅、沉没、机器故障、船体破损等。

3. 海上求生训练的目的和意义

海上求生训练的目的是使每位受训者掌握各种求生设备及各种器具的正确用法；熟悉弃船时应采取的措施；熟悉和掌握漂流待救中的求生知识和技能；熟悉被救助时的注意事项；磨炼求生的意志，提高生存的信心。

通过海上求生学习训练，每位受训者能提高海上求生的各种技能，增强求生意志，提高求生信心，增加获救机会。

二、海上求生的主要困难

当发生落水或海难时，人员弃船求生，所面临的主要困难有如下几种：

（1）溺水　求生者落入水中，首先遇到的困难是溺水，如果不能及时获救，就有溺毙的危险。

（2）暴露　人体浸泡水中，因身体在水中的散热较陆地上的散热要快得多，会使体热很快地散失；暴露在寒冷气候中，会冻伤身体组织；暴露在酷热气候下，会使遇难者中暑或衰竭。

（3）晕浪　在救生艇、筏内晕浪是常常遇到的难题，纵然是对航海较有经验的海员也可能会晕浪，因晕浪引起的过度呕吐会使身体大量失水，感到头晕、疲劳，同时也很容易动摇意志而失去获救的信心。

（4）缺乏饮水与食物　缺水与缺粮中，水又比食物更重要。

（5）悲观与恐惧　在海上求生中，因各种困难，遇难者会产生各种恐惧和绝望心理，这些会使人失去求生的勇气。

（6）遇难者位置不明　救援者没有收到出事位置的信息；遇难者没有将有关信息传递给过往船舶或飞机。

三、海上求生的要素

海上求生的要素包括：救生设备、求生知识和求生意志三方面。

（1）救生设备　海上求生第一位的要素即救生设备。救生设备主要包括救生艇、救生筏、救生衣、救生圈及其他救生设备。

（2）求生知识　求生知识包括救生设备的使用方法；紧急情况下应采取的措施；弃船后的行动和求生要领。

海上救生设备

（3）求生意志　求生者在求生过程中会遇到许多困难，这就要求求生者要有坚强的意志和毅力，克服绝望和恐惧心理，经得起饥饿、寒冷、口渴和晕浪的考验，坚持下去。国内外经验证明，意志力量有时比身体更为重要。故求生者在任何时候都不能放弃脱险获救的信念，直至脱险获救。

上述求生三要素在求生过程中缺一不可，否则就难以获救。

四、海上求生的原则

每一位海员都应该了解和掌握基本的求生原则和简单救生装备的性能，在遇到突发事件时能更好地应用和求生。下面介绍一些海上求生原则。

1. 自身保护原则

海上遇险求生，最主要的是注意自身保护，自身保护即不论在热带海洋还是寒冷气候中都要注意避免暴露。

（1）在酷热气候中的保护措施　减少对饮水的需要量和额外水分的需要；及时服用晕船药片，预防晕船呕吐；平静休息，避免不必要的运动；白天太热时，将衣服弄湿，夜晚前晒干，或将衣扣解开使身体露于微风中；保持良好的通风状态，预防出汗；在阳光下尽可能多坐少躺，以减少身体受阳光照射面积；不可游泳，因游泳容易消耗体力而口渴。

（2）在寒冷气候中的保护措施　应穿着保暖衣服，外层最好穿防水的衣服，并将袖口、领口、裤管口等扎紧；在穿救生衣前，里面注意穿些棉袄之类的保暖衣服；尽量避免腿脚长时间浸泡在水中，必要时数人可紧靠在一起取暖；避免长时间暴露在寒冷之中，避免风、雨等对人体的袭击，定时更替瞭望值班人员及缩短更替时间。不要吸烟，因为吸烟会使手脚的供血减少。

（3）受阳光、风、雨及海水侵袭时的保护措施　阳光侵袭时，尽量采取遮阳措施，减少皮肤直接暴晒的时间，尽量减少对淡水的需要；在寒冷天气下，风、雨侵袭时，不要顶风、雨而行（航），居住的地方周围要注意排水，同时要大量收集雨水，并予以储存；海水侵袭时，尽量避免海水冲进船舱内，已有海水进入要尽快排除。

（4）注意预防晕船　在大风浪来临时，为了保存体力和饮水，最好先吃些晕船药。

（5）其他自身保护措施　当发生突发事件或海难时，应该穿戴橙黄色的游泳衣帽，尽量使用橙黄色救生圈。若发生海难或掉入水里时，应该尽快寻找漂浮物（如木板或木头等）或搜寻并登上救生艇、救生筏，尽量减少体力的消耗，不要在海里游泳，更不要对着海浪游，尽量做到仰游或漂流，采取 HELP 姿势。避开海浪，无法避开海浪时要背对海浪的冲击。保持静止不动为好，特别注意在海水里的保暖，如遇到漂浮物可以裹缠身体的不要放弃，好好取之利用。保持求生获救的坚定信心及积极的思想状态。

2. 合理利用、寻找淡水和食物的原则

（1）淡水的配备、分配和应用　淡水在救生艇、筏上都按额定乘员每人 3L 配备好的，并且能供满载人员 7 天每人每天 0.5L 的使用。

在使用时，第一天通常不喝，而且每天使用时分 3 等份，按照日初和日末各 1/3，日中 1/3 的比例使用。喝时尽量在嘴里含一会儿，然后再慢慢地咽下。

（2）淡水的收集与补充　在海上通常收集雨水或露水来补充与更换淡水。但如果紧缺淡水时，可以利用海洋生物的体液寻求淡水的补充，如生鱼的眼球、鱼的脊骨、海龟的血等。如果在荒岛待救时，要尽快寻找水源。一般采取察看野兽的足迹和鸟飞的方向有助于找到水源。另外还可寻找植物高大或茂盛的地方，一般其附近可能有地下水或地下水比较丰富。再就是石灰岩洞穴内或峡谷中多沙石处也容易找到水源。如果水源暂时无法找到，也可从植物汁液中吸取水分，但要注意防止中毒。

（3）食物寻找与食用　一般在荒岛上求生待救，可以捕捉鸟兽来维持生计，同时也可以钓鱼或拾鸟蛋和贝壳以及捞取海藻等来生活。但要注意捕捉时的安全和考虑其肉是否有毒，通常要经过实验，方可食用。

3. 辨认方向、瞭望与求救原则

（1）海上辨认方向　一般以星座、月亮和手表等辨别方向较常用。通常在北半球以北极星来辨认方向，在南半球以南十字座星系来判断辨别方向。另外根据月亮的圆缺出没时间来确定方向，通常是月亮满圆时，它正好面对太阳，此时半夜十二时它在正南方（记住"在月圆时，半夜十二点月亮正位于南方"）。用手表或钟表辨别，前提是手表或钟表要准时，拿表时针对准太阳，在时针和 12 点之间的中线就能指示出北和南的方向，垂直南北的线为东西方向。

测试：方向辨认

（2）瞭望与求救

1）瞭望：在任何时候都要安排全体成员轮流 24h 瞭望值班，同时要求瞭望位置设置在能全面观察岛屿周围海面和天空，而不为地形或任何物体遮挡的地方。瞭望人员要使用一切有效手段对海、空瞭望，发现过往船只或飞机应及时发出易为其察觉发现的求救信号。

2）求救信号：一般救生艇、救生筏上都有各种信号、无线电设备和应急示位标，在海难时要好好利用它们，为求救提供有利的信号。若在荒岛上求生，应该在面向大海的沙滩或山坡上用石头、贝壳和植物等堆砌成 SOS 或 Survivor 字样，字母越大越好；及时准备足够的火种和木材等，以便发现过往的船舶或飞机时，能及时发出容易察觉的求救信号（通常白天用潮湿的植物燃烧，形成浓烟，夜间燃烧干柴，发出火焰最有效）。

五、一般救生设备的性能

1. 救生衣的浮力与性能

（1）救生衣的浮力　一般救生衣在淡水中能浮起 7.5kg（成人救生衣）或 5.0kg（儿童救生衣）的铁块达 24h，此时浮力都不得降低 5%。充气式救生衣在淡水中能浮起 15kg 的铁块达 24h，它有两个独立气室，每个气室能浮起 7.5kg 的铁块，但通常禁止在客船和游轮上使用。

（2）救生衣的性能　救生衣两面都可以穿，穿着者从 4.5m 高度处跳入水中应不受伤害，也不会位移或损坏，而且可以在水中转动身体至安全漂浮姿势，能使身体后仰浮，把脸浮出水面且嘴离水面至少 12cm。

2. 救生圈的浮力与性能

（1）救生圈的浮力　一般救生圈能承受 14.5kg 的铁块在淡水中漂浮达 24h。

（2）救生圈的性能　救生圈从 30m 高度投入水中，不会损坏或永久性变形，具有抗腐蚀性能，能经受海水、阳光、石油和真菌等的侵袭。救生圈周围有救生扶手索，并且连有直径 6mm，长度 28m 以上的合成纤维浮索作为救生索。

3. 救生浮具的材料与性能

（1）制造材料　救生浮具一般都是用泡沫塑料包以帆布或玻璃纤维增强塑料制成的矩形或圆形浮体，不受海水和油类的不利影响，在海上温度或气候变化时，能保持其浮性和耐久性；其外壳都由玻璃纤维增强塑料或帆布制成，表面平整，泡沫塑料芯材与外壳牢固胶合。

（2）救生浮具的浮力　在淡水中能承受全部重量（按额定乘员每人以 14.5kg 计算）至少达 24h 以上。

（3）救生浮具的性能　浮具从 10m 高度处投入水中，不会损坏和永久性变形。

4. 防水（保暖）服的浮力与性能

（1）防水（保暖）服的浮力　着装者在水中 5s 内从任何位置转至面部朝上漂浮，嘴离水面至少 11cm；在淡水中浸泡 24h 后，其浮力不降低 5% 以上。

（2）防水（保暖）服的性能　在低温中保存体温，着装于 0℃ 平稳的循环水中浸 6h，体温下降不多于 2℃，手脚和腰部皮温不下降至 10℃ 以下。

六、一般救生设备的使用

1. 两种不同救生衣的穿着与使用

（1）普通救生衣　在穿着前检查救生衣浮力袋、领带口、腰带等，不得有损坏。穿好后，把腰带分别从左右两头绕到身后，再绕到前面围成一周，在胸前用力紧打一缩帆结系牢，然后将领口带系牢后就可下水使用。

（2）充气式救生衣　在穿着前检查气嘴和通气管，胸带、腰带、跨带等，应完整无损。两个独立的气室互不连贯，且不漏气，穿着后，系好胸带，并调整好跨带。落水后，用牙齿将气嘴向前顶紧吹气（松开即自动关闭），要求交替往左、右气嘴吹气，使前后平衡，以增大浮力。

2. 救生圈的抛投与使用

（1）救生圈的抛投　抛投者一手握住救生索，另一手将救生圈抛在落水者的下流方向，无流而有风时抛投于上风，以便落水者攀拿。注意不要打到落水者身上。也可将救生索系在栏杆上，两手同时抛投救生圈。

（2）救生圈的使用　在水中抓住救生圈后，用手压救生圈的一边使它竖起，另一手把住救生圈的另一边，并把它套进脖子，然后再置于腋下；也可先用两手压住救生圈的一边使其竖立起来，手和头部乘势套入圈内，使救生圈夹在两腋下面，这样身体便直立水中。还可以一手抓住救生圈，另一手做划水动作。

3. 防水（保温）服的穿戴与使用

1）根据自我身高选择服装，并检查衣服是否完好，拉链是否损坏，然后打开水密拉链，松开腰带，放松腿部限流拉链。

2）先穿两脚再穿两手，然后戴上帽子，使面部密封圈和脸部接触完整，再缚紧腰带，拉上水密拉链。随后收紧腿部限流拉链，拉紧袖口宽紧带，再拉上挡浪片，最后抽紧脑后的带子，使面部密封圈绷紧。

任务2　海上救护

海员在海上作业时，难免遇到由于自身作业时不小心掉入海里造成落水，有时候也会出现各种意外造成的海难，不得不弃船逃生或离开船舶。这时候，为了自救或救护他人必须采取一些行之有效的救护措施来确保安全。

一、近海海上救护

近海海上救护主要是对落水者进行水上救生，包括间接赴救和直接赴救。这两种赴救方式视落水者的情况和现场条件而定，但不管如何，都要在发现有溺水事故或隐患时及时赴救。

1. 间接赴救

间接赴救也叫池岸赴救或船舶上赴救，是指在岸边或船舶上利用水域或船舶上现有的救生器材（如救生圈、救生杆、绳子或救生浮具等），对较清醒的落水者施救的一种救生技术。

（1）救生圈与救生浮具　这是最常用的救生器材之一。为了救助距离较远的落水者，可以抛投救生圈与救生浮具。等落水者抓住救生圈或救生浮具后，将其拖至船舶边或岸边救起。

（2）救生杆或绳子　当落水者比较清醒且离岸或船舶较近时，可将救生杆伸向落水者或将绳子抛投给落水者，待落水者抓住后将其拖到岸边或船舶边将其救起。

（3）其他救生物具　在情况紧急，没有上述物品的情况下，也可根据情况利用其他物品如毛巾、救生衣、泡沫板、木板、球或空饮料瓶等施救，但必须以抓紧时间又不伤害落水者为前提。

2. 直接赴救

直接赴救也叫水中赴救，是在没有或无法利用救生器具拯救落水者，或落水者已经处于昏迷状态无法使用救生器具时采用的赴救技术。水中赴救的技术比较复杂，对施救者也有一定的危险性，因此，在条件允许时，应尽可能利用救生器材实施间接赴救，以保护施救者自身的安全。直接赴救的步骤分为：入水前的观察、入水、接近、解脱、上岸等过程。

（1）入水前的观察　当发现落水者时，迅速扫视水域，判断落水者与自己的距离。还要注意水流方向等因素。本着尽快接近的原则，迅速选择好入水地点。

（2）入水　在不熟悉的水域，为保证施救者自身的安全，通常采用跨步式入水或蛙腿式入水，以及坐式、抱膝式入水等方式。

（3）接近　施救者入水后尽快接近靠拢落水者，并做好控制和拖带落水者的准备。游近落水者时一般采用抬头爬泳技术或抬头蛙泳技术，以便观察落水者。在接近时，施救者应与落水者保持一定安全距离，并在接近后尽可能从落水者背后做动作，以保证自身安全。

1）背面接近：通常情况采用背面接近，就是施救者在落水者后面1m处停住，然后右手托落水者右腋，使落水者口鼻露出水面，另一手从落水者的左肩处夹其胸托右腋或双手托腋做好拖带准备。

各种入水姿势

2）侧面接近：当落水者尚未下沉，特别是两手在水面上挥舞挣扎时，或在水质混浊的水域，施救者可有意识地从正面转向落水者的侧面，迅速抓住落水者的近侧手腕，边向胸前拉边夹胸托腋控制落水者。

3）正面接近：施救者入水后游至距离落水者3m处急停，下潜到落水者髋部以下，双手托落水者髋部，将落水者转动180°，一手托腋，另一手夹胸托腋拖带。

（4）解脱　施救者采取合理的技术动作及时解除落水者的抓抱，并有效控制落水者的一项专门技术。解脱方法主要有"转腕""扳手指""扳（扭）关节""推击"等。

（5）拖带　施救者将落水者拖到岸边的过程。拖带时一般采用侧泳或反蛙泳技术，通常为夹胸拖带、托双腋拖带、托枕（后脑）拖带、双手托颌拖带等。如果有两人同时施救，还可以双人拖带。

（6）上岸　施救者将落水者拖救起水的一项专门技术。根据水深，有无扶梯、落水者是否昏迷，上岸方法各不相同。但无论采用哪种上岸方法，都要注意安全，因为其目的是尽快将落水者迅速安全地送到岸上进行抢救。

二、远海海上救护

当船舶发生海难（火灾、碰撞、触礁等），船体损坏情况严重，大量进水，并即将沉没时，或在海上失火，火势蔓延无法扑灭时，船长下达弃船命令或信号后，全体船员和旅客弃船后的自救或处于被救的过程称为海上救护。

1. 远海海上自救

当遇到海难时，主动采取各种行之有效的自我保护方法，或根据掌握的海上脱险知识采取措施进行等待救援的过程称为海上自救。下面介绍一些海上自救的方法和措施。

（1）穿戴衣服和携带物品　在海难发生时，要正确穿戴保暖衣、游泳衣和收集保温物品以及食物。

1）按规定进入指定甲板时，加穿适当的衣物（如情况允许，应穿保温性好的内衣，再穿不透水的衣服，在寒冷气候中要穿戴手套、毛袜、毛线帽等）以防止体温迅速散失。

2）按要求进入指定救生艇、救生筏前，要迅速穿妥救生衣且一定要穿好系紧。

3）在时间允许的情况下，尽量收集毛毯、衣服等保暖物。

4）在进入救生艇、救生筏前，尽可能多吃、多收集食物和淡水。

（2）跳水　在海难发生时，正确选择最佳的跳水位置和采取正确的跳水姿势。

（3）水中自救　当海难发生后，由于各种原因暂时或无法进入救生艇、救生筏时，穿着救生衣或未穿救生衣在水中的自救方法如下：

1）穿着救生衣落水后，要正确掌握呼吸方法，避免换气时呛水，应用鼻呼口吸且要有节奏。若长时间在低温海水中不断游泳应注意使肌肉放松和不断变换游泳姿势，如产生抽筋时，千万不要惊慌，应先吸口气，再将头向前弯入水中，四肢放松下垂，慢慢用力按摩抽筋部位。如果还不奏效，应再深吸气，再在水中弯腰，用双手握紧大脚趾，伸直两腿，同时双手用力向胸前方向拉，如此反复多次就会缓解消失，这样在水上漂浮时间就会加长。

2）未穿救生衣落水后，虽然环境险恶，但采取仰浮姿势在海水中保持漂浮姿态（因为这样可以使眼、鼻、口都始终保持在水面上，不仅呼吸方便，且视野开阔，同时能减少体力的消耗），可以延长在水中的时间，为获救脱险争得时间。落水者也可以用衣服做浮具，但通常情况下不可采用，因为衣服为保暖之用，所以也切勿将衣服抛弃。另外，在水中漂浮如感到疲倦想入睡时，必须设法保持清醒，要有决心和信心同危险做斗争，坚持时间越长，获救的机会就越大。

（4）发出遇险信号　海难后要及时发出遇险信号等待救援，但若无法收到复电或不能及时发出救援信号时，应该始终保持对救生艇、救生筏上的通信设备适时正确的使用。

2. 远海海上施救

当遇到落水或海难时，人们主动或被动采取各种行之有效的措施帮助海上落水者脱离危险的过程称为远海海上施救，也统称为远海海上救护。

一般情况下，远海海上救护不采用近海或淡水水上救护的常用方法，但在熟悉的海域或危急情况下，也会采用淡水或近海水上救护的方法，在此不一一赘述。

当海上船只遇到海难发出求救信号后，前来救援的船舶或飞机等对落水人员根据下列情况采取救护。

（1）船舶救援　前来救援的船舶通常停在待救助艇、筏的上风侧近处，这时救生艇、筏应该主动驶向救援船只的下风侧待救。当救援船驶近时，应将海锚、漂流锚收起以防缠绕来船的螺旋桨。此时，如有条件，救援船应放下救助艇，派出救捞人员，帮助待救人员获救，水中待救人员应该主动集结，以便救援。

在恶劣天气情况下，遇险的待救艇、筏或漂流待救的落水者应尽量不要横在救援船的船首方向，以免造成危险。如果可能救援船应该使用起重设备连人带艇、筏一起吊上大船，以便节省时间，同时，应于下风舷侧挂下网孔 20cm 左右的网，以便待救人员攀爬。若海上风大浪高无法进行救援作业时，应该撒些镇浪油，以便顺利进行救援。

在进行救援（转移遇难人员或提供设备等）时，可用抛绳设备先将钢丝绳送给难船，然后利用滑车、救生设备和往返牵引索等救援难船上的人员或向其提供有关物资。

（2）直升机救援　直升机对救生艇、救生筏救援时，艇、筏上的人员应聚集在艇、筏的中央，直至被全部吊升完为止。在吊升时，为避免吊升设备的金属部分带有静电与人体产生放电，造成伤害，应先让其接地（接触海水）后，才可以抓摸吊升设备，同时要求最后一名待救人员在吊升前将艇、筏上的示位灯关闭。

直升机对落水者救援时，可以采用各种吊升设备（如救难吊环、救难吊篮、救难吊笼和救难吊座等）进行直接吊升。落水者不要穿着宽松的衣服或抛弃救生衣，应该穿好救生衣一起吊升。

直升机对遇难船上人员救援时，遇难者应注意千万不要争先恐后，疏忽大意，造成不必要的损失。应该在原来的领导人或救援船长（或机长）的统一指挥下，维持良好的纪律和秩序，以保证救援工作能够迅速安全进行。

模块 5　求生与救护

实践前提示

　　海上求生与救护是海员在海上落水或遇到海难事故时必须了解和掌握的求生知识与技能，是海上自救与救护的基本常识。要求自救者在最大程度上保持清醒的意识和求生的本能。要求解救者具备沉着冷静、随机应变的心理素质，熟练掌握救护的基本知识与救护技能。

思考与训练

1. 掌握海上求生与救护知识与技能，对于海员来说意义何在？
2. 海员海上求生与救护和水上求生与救护的区别主要有哪些？

模块6　航海休闲体育

【航海文化提示】航海文化是世界性的文化，作为海洋大国，我国航海文化是丰富全球航海文化的推动力之一。乒乓球、武术项目非常适合作为日常休闲体育活动在船上开展。本模块的其他休闲体育项目也是当下国内流行的全民体育活动项目。

子模块16　健身与健美训练

学习与训练目标

1. 了解健美运动知识与训练内容。
2. 掌握健美运动的训练方法与训练技巧。
3. 为枯燥的海上生活增添乐趣。

学习情境

形体健美指人的健康强壮的身体所显现出的审美属性。形体健美是人们追求人体美的一个综合标准，指肌肉、骨骼、血液、肤色充满着生命的活力，无论其外部形式或内部结构都是匀称、协调、充满生机的。任何行动都能显示出全身各部分的协调和谐、自然舒展、生机盎然、神采奕奕。

形体健美是与人的形体美密切相连的，健美是形体美的基础。人体有对称的造型、均衡的比例、流畅的线条、坚强的骨骼、匀称的四肢、丰满的躯体、弹性的肌肉、健康的肤色，这是形体美不可缺少的条件。健美还要求具有充沛的精神、愉快的情绪、青春的活力。

美的人体应该是健、力、美的结合。美的人体应该是健康的，没有健康的身体，就没有人的形体美。只有健康、匀称的人体形象，才能表现出富有生命力的美，显示出生机勃勃和充沛的精力，才能成为人的本质力量的承载体。要造就健美的体型，应积极参加体育锻炼和适当的体力劳动，因为健美的体型可以通过后天锻炼获得。人的身体结构是十分完善的，具有极大的可塑性，必要的营养和经常参加劳动，坚持体育锻炼，是促进健美的条件，它能使肢体各个部位得到匀称的发展，肌肉会结实而富有弹性，关节灵活，体型完善，面色红润。

形体健美训练是增强海员体质和提高海员体能的有效途径。由于船上的特殊工作和生活环境，海员必须具备较强的体质和较好的体能。航海类专业的学生未来主要从事船员工作，掌握和熟练运用形体健美训练方法，有助于缓解释放压力，增添海上生活乐趣。

任务1　健美运动基本知识

一、健美运动的起源和发展

健美运动起源于古希腊，作为体育锻炼项目是从欧洲兴起的。18世纪末，德国大体育家仙道，在伦敦音乐厅进行了一次轰动社会的表演。他那发达的肌肉和和谐的体型，犹如一座完美的艺术雕像，使数千名观众为之倾倒，从而开创了健美运动的先河。从20世纪30年代起，在一些欧美国家，健美表演逐渐变成一项竞技比赛——健美比赛，并扩展到世界各地。20世纪40年代初，加拿大人本韦德兄弟周游90多个国家和地区，宣传推广健美运动，于1946年创建了国际健美联合会（IFBB），并商定和推行国际性健美比赛的组织、规则、裁判、奖励等事项。21世纪伊始，IFBB试图将健美推广为奥运会项目。

健美运动的"黄金时期"一般是指从1940年左右一直到1970年。在这段时期中，早期审美观开始发生变化，人们追求更加庞大的肌肉，对肌肉的对称性和轮廓清晰度提出更高要求。2000年，IFBB成为国际奥委会正式成员，并试图让健美成为奥运会展示项目，进而成为常规项目，但是最终未能成功。健美是否符合奥林匹克体育运动的定义这一点尚有争议，有人认为健美比赛的过程中并不涉及体育性竞争。另外人们总有一种错觉，认为健美比赛一定会涉及奥运会严格禁用的类固醇。赞成者则认为健美中的造型比赛项目需要技巧和准备，因此健美应当被认为是一项体育。

20世纪70年代，女性开始参加健美比赛，并风靡了一段时间。女性开始前所未有地加强力量锻炼以追求更好的身材，防止骨质疏松。然而许多女性仍然害怕力量训练会使她们身体膨胀，认为力量只是针对男性。不过力量训练对女性实际上有很多好处，如增加骨密度预防骨质疏松，提高肌肉力度和身体平衡性。健身和形体比赛的兴起，为女性提供了另一种选择。这些比赛并不像健美比赛那样对肌肉的发达水平有严格的要求。

二、高碳生物节律在健美中的作用

人体的机能活动是有节奏性的，无论是一天一段时间乃至一生，人体机能活动在一段时间的节奏性，称为人体生物节律。

科学研究指出：体力周期23天一循环，情绪周期28天一循环，智力周期33天一循环。因此体力周期正负时相是11.5天。体力周期与我们健美训练是有密切相关。

测试、研究表明：在饮食结构和训练计划相同的情况下，体力周期处于低潮时，人体的吸收远高于高潮期，运动能力却远低于高潮期。高潮期是机体能量释放阶段，各系统向外释放能量，以保证机体正常工作。此时机体的吸收能力、储存能力处于低潮，即使饮食稍差，运动状态也保持良好。低潮期是能量补充、积累阶段，各系统都在积累、储备能量，以为下一次释放能量做准备。

根据人体生物特征，在训练和饮食上就要进行科学安排，以达到最佳效果。以每天来说，最佳补充时机为刚训练完后不久，即每个周期的低潮期。从训练上看，体力高潮期应多注重肌肉力量训练和线条训练，低潮期应多注重增加肌肉围度和充实度的训练。临界时最好休息。

从减脂来看，高潮期效果好，可进行强度小，运动量大些的训练；低潮期训练以中强度、中运动量为宜，再就是要注意控制热量的摄取。

三、健美运动饮食营养

营养对于每个人都是必不可少的，从事健美训练的人更需要充足的营养。初学者往往将全部精力投入训练而忽视了营养。其实，如果没有适宜的营养，任何训练都是无效的，因此初学健美的人要注意以下五大健美营养原则。

(1) 补充足够的热能　肌肉生长是要消耗能量的，没有足够的热量，就不可能保证肌肉的正常生长。

(2) 补充足够的碳水化合物　健美训练时能量主要由糖原提供，摄入的碳水化合物可以补充糖原，供给能量，并防止训练造成的肌肉分解。

(3) 补充优质蛋白原料　蛋白质是肌肉构成的基石，也是肌肉生长的基础，因此每天必须摄入优质蛋白质以构建肌肉。

(4) 促进合成、减少分解　当肌肉的合成大于分解时，肌肉增长，反之则缩小。因此健美人群要注意抗肌肉分解，促进蛋白合成。

(5) 保持适宜激素水平　人体内的生长激素、胰岛素和睾酮对肌肉蛋白的合成至关重要。通过饮食与营养补充品可调控激素水平，刺激肌肉的生长。

任务2　健美运动基本训练方法

一、锻炼的方式方法

增大肌肉块的14种技巧：大重量、低次数、多组数、长位移、慢速度、高密度、念动一致、顶峰收缩、持续紧张、组间放松、多练大肌群、训练后进食蛋白质、休息48h、宁轻勿假。

1. 大重量、低次数

健美理论中用RM表示某个负荷量能连续做的最高重复次数。比如，训练者对一个重量只能连续举起5次，则该重量就是5RM。研究表明：1~5RM的负荷训练能使肌肉增粗，发展力量和速度；6~10RM的负荷训练能使肌肉粗大，力量速度提高，但耐力增长不明显；10~15RM的负荷训练肌纤维增粗不明显，但力量、速度、耐力均有长进；30RM的负荷训练肌肉内毛细血管增多，耐久力提高，但力量、速度提高不明显。可见，5~10RM的负荷重量适用于增大肌肉体积的健美训练。

2. 多组数

多组数训练是指针对训练中所选用的动作进行反复多次练习。

多组数训练必须专门抽出60~90min的时间集中锻炼某个部位，每个动作都做8~10组，才能充分刺激肌肉，一直做到肌肉饱和为止。"饱和度"要自我感受，其适度的标准是：酸、胀、发麻、坚实、饱满、扩张，以及肌肉外形上的明显粗壮等。

3. 长位移

不管是划船、卧推、推举、弯举，首先把哑铃放得尽量低，以充分拉伸肌肉，再举得尽量高。这一条与"持续紧张"有时会矛盾，解决方法是快速地通过"锁定"状态。

4. 慢速度

慢慢地举起，再慢慢地放下，对肌肉的刺激更深。特别是，在放下哑铃时，要控制好速度，做退让性训练，能够充分刺激肌肉。很多人忽视了退让性训练，把哑铃举起来就算完成了任务，很快地放下，浪费了增大肌肉的好时机。

5. 高密度

"密度"指的是两组有效训练之间的间歇时间，只休息1min或更少时间称为高密度。要使肌肉块迅速增大，就要少休息，频繁地刺激肌肉。"多组数"是建立在"高密度"的基础上的。锻炼时，要全神贯注地投入训练，不去想别的事。

6. 念动一致

"念动一致"是指在健身器械训练的过程中，训练主体有意识地使意念和动作一致起来，伴随着动作的变化，在大脑中时刻想象着肌肉的收缩和拉伸的一种训练法则。

肌肉的工作是受神经支配的，注意力高度集中就能动员更多的肌纤维参加工作。练某一动作时，就应有意识地使意念和动作一致起来，即练什么就想象什么肌肉工作。例如，练立式弯举，就要低头用双眼注视自己的双臂，看肱二头肌在慢慢地收缩。

7. 顶峰收缩

这是使肌肉线条练得十分明显的一项主要法则。它要求当某个动作做到肌肉收缩最紧张的位置时，保持这种收缩最紧张的状态，做静力性训练，然后慢慢回复到动作的开始位置。

8. 持续紧张

应在整个一组练习中保持肌肉持续紧张，不论在动作的开头还是结尾，都不要让它松弛（处于"不锁定"状态），总是达到彻底力竭。

9. 组间放松

每做完一组动作都要伸展放松，这样能增加肌肉的血流量，还有助于排除沉积在肌肉里的废物，加快肌肉的恢复，迅速补充营养。

10. 多练大肌群

多练胸、背、腰臀、腿部的大肌群，不仅能使身体强壮，还能够促进其他部位肌肉的生长。有的人为了把胳膊练粗，只练胳膊而不练其他部位，反而会使二头肌的生长十分缓慢。建议安排一些使用大重量的大型复合动作训练，如大重量的深蹲训练，它们能促进所有其他部位肌肉的生长。这一点极其重要，但至少有90%的人都没有足够重视这一点，以致不能达到期望的效果。因此，在训练计划里要多安排硬拉、深蹲、卧推、推举、引体向上这5个经典复合动作。

11. 训练后进食蛋白质

在训练后的30~90min里，蛋白质的需求达高峰期，此时补充蛋白质效果最佳。但不要训练完马上吃东西，至少要隔20min。

12. 休息48h

局部肌肉训练一次后需要休息48~72h才能进行第2次训练。如果进行高强度力量训练，则局部肌肉两次训练的间隔72h也不够，尤其是大肌肉块。不过腹肌例外，腹肌不同于其他肌群，必须经常对其进行刺激，每星期至少要练4次，每次约15min。可以选3个最有效的训练，只做3组，每组20~25次，均做到力竭；每组间隔时间要短，不能超过1min。

13. 宁轻勿假

这是一个不是秘诀的秘诀。许多初学健美的人特别重视训练重量和动作次数，不太注意动作是否变形。健美训练的效果不仅仅取决于负重的重量和动作次数，而且还要看所练肌肉是否直接受力和受刺激的程度。如果动作变形或不到位，要练的肌肉没有或只是部分受力，训练效果就不大，甚至出偏差。事实上，在所有的法则中，动作的正确性永远是第一重要的。宁可用正确的动作举起比较轻的重量，也不要用不标准的动作举起更重的重量。不要与人盲目攀比。

二、人体各部肌肉的训练

1. 胸大肌

胸大肌是人体比较大的几块肌肉之一，相对来说较好练。基本动作：①仰卧飞鸟，脸朝上平躺在宽凳上，两手各执一只哑铃，双手上举，然后慢慢向身体两侧展开，就好像鸟儿在拍打翅膀飞行一般（练6组，每组12～15次）。②卧推平躺在宽凳上，双手紧握杠铃上举后，慢慢地放至乳头上方，然后用力上推，此动作应由两人合作，另一人做保护（练6组，每组12～15次）。③俯卧撑，为提高难度，可把脚部提高成45°角倾斜，在背部或颈部放置重物超负荷训练，使胸大肌完全拉伸（练6组，每组12～15次）。

2. 背阔肌

有了发达的背阔肌后，人的躯干呈现出"V"字形，像一把打开的扇子。基本动作：①引体向上，宽握颈后引体向上，身体不要摇晃，然后屈臂上拉，此动作最有效（练6组，每组12～15次）。②俯立划船，人腰弯成90°，双手下垂握住杠铃，然后把杠铃上拉至腰部，屏住一会儿，使背部用力（练6组，每组12～15次）。③在专门的组合器械上练。

3. 肱二头肌

上臂前侧凸起的就是肱二头肌。基本动作：①开立两脚，两臂持铃下垂，掌心往前，接着屈臂把杠铃（哑铃与铃片）弯举到胸前，再慢慢还原进行。②反手窄握引体向上，利用肱二头肌收缩的力量达到锻炼的目的（练6组，每组12～15次）。

4. 肱三头肌

上臂后面凸起的就是肱三头肌。练好肱三头肌能使手臂肌肉线条清晰。基本动作：有正反握两个动作，脸朝上平躺在宽凳上，双手与肩同宽，紧握杠铃上举，然后以肘关节为支点，慢慢地向后弯屈到头顶，然后用肱三头肌的收缩力把杠铃恢复到原位（练6组，每组12～15次）。

5. 三角肌

肩膀上的肌肉就是三角肌，分成前束、中束和后束。基本动作：①前束，手握哑铃或杠铃在身前，握距与肩同宽，用力抬起手臂前平举，使手臂与身体成90°（练6组，每组12～15次）。②中束，手握哑铃在身旁，把手臂侧平举从两侧抬起至头顶（练6组，每组12～15次）。③后束，两手握杠铃与肩同宽，把杠铃放在颈后，向上伸臂推起杠铃，然后缓缓屈臂，将杠铃置于颈后肩部原位（练6组，每组12～15次）。

6. 腰腹肌

腰腹肌是比较难练的肌肉，要下苦功。基本动作：①斜板仰卧起坐，此动作不再多说。②仰卧举腿，平躺在长凳上，两手抓住凳头，用腰腹力量的收缩把双脚抬起后把身体弯曲。③两头起，平躺在长凳上，上臂与双腿都伸直，直臂摆动，以臀部为支点，上体与腿同时折起，用双手去触上举的脚尖。④颈后负重鞠躬，把杠铃放在颈后，慢慢把身体前俯与腿部成90°，然后用腰部力量恢复原位（练6组，每组12～15次）。

7. 大腿肌

基本动作：①颈后负重深蹲，把杠铃横担在肩上，两脚开立与肩同宽，深蹲并呼吸，再以股四头肌的力量站起（练6组，每组12~15次）。②颈前负重深蹲，提取杠铃置于胸前锁骨部位，徐徐屈膝下蹲到大小腿折叠靠紧为止（练6组，每组12~15次）。为加大负荷，可在脚后跟垫上一块5~6cm的砖或木头。

8. 小腿肌

小腿肌的健美标准是练成如菱形"钻石"。基本动作：提踵，两脚尖站在高出地面5~10cm的木板或砖上，先将脚跟慢慢下沉到地面，然后用力提脚跟踮起脚尖，提高身体重心位置，收紧臀部和大腿肌肉（练6组，每组12~15次）。

形体健美训练是以身体训练为基本手段，匀称和谐地发展人体，塑造体型，培养正确优美的姿态和动作，增强体质，促进人体形态更加完美的一种体育运动。

形体健美训练以塑造形体美为主。形体美的内容很广泛，它包括型美、姿态美和动作美。因此，形体健美训练也必须选择多种内容，运用多种方法。

形体健美训练不仅可以完善体型、体态和仪表，还可以陶冶情操、美化身心。只有在追求形体健美的同时，加强自身的思想和艺术修养，注意心灵美、行为美、语言美，真正把体育和美育、外在美和内在美很好地融合在一起，才能形成高雅的气质风度，才能够形成形体的完美，而高雅的气质风度又影响着身体姿态，可以说内在美是外在美的核心。

长期坚持形体健美训练可使青年人动作优美、体态矫健、保持良好体型，使畸形、不良和不正确姿态得以纠正。总之，健美的形体是通过运动锻炼出来的。科学、系统的形体健美锻炼不仅能够增强身体素质，提高健康水平，同时还能减肥，保持相对稳定的体重，使形体健美，并能修饰和改善身材的不足，使生命力更旺盛，精力更充沛，使学习、工作的节奏更清晰、更有效。

任务3 健美运动训练

一、臂部健美训练

（一）徒手或无器械训练

1. 空手握拳

动作要领：双手手指尽量伸展，然后屈指紧握拳，再伸展。每组做50次。

2. 手臂体侧上举

动作要领：直立，两臂伸直经侧平举至上举，掌心朝外，再经侧平举至直立。每组做30次。

3. 俯卧撑训练

动作要领：俯卧，两手与肩同宽支撑地面，身体保持正直，手臂屈伸。每组做15次。

4. 手倒立

动作要领：直立，两臂前上举，两手向前撑地，稍含胸，一脚蹬地，另一腿后摆。当摆动腿至垂直上方时，蹬地腿向摆动腿并拢，顶肩立腰，全身紧住成手倒立。可靠墙或同伴帮助进行。每次30s。

（二）器械训练

1. 单杠引体向上

动作要领：两手正握或反握杠，两臂伸直成悬垂，两臂用力，身体上引，下颚过杠。每组做 8 次。

2. 斜板臂屈伸

动作要领：两臂同肩宽，两手反握杠铃置斜板上（图 6-1a）。以肘关节为轴，小臂内收，将杠铃举置胸前（图 6-1b）。小臂屈伸动作稍慢些。每组做 10 次。

3. 坐姿弯举

动作要领：坐在 30cm 高的训练凳一端，两臂置两腿之间，垂直握杠铃，上体前倾，（图 6-2a）。以肘关节为轴，小臂内收，将杠铃举置下颚部位（图 6-2b）。每组做 10 次。

4. 双杠臂屈伸

动作要领：两臂屈肘，尽力背后撑杠，身体悬垂（图 6-3a）。两臂撑杠，手臂撑直，或杠上支撑（图 6-3b）。每组做 10 次。

5. 窄握仰卧推

动作要领：仰卧训练凳上，两臂屈肘，两手间隔约 30cm 握杠铃置胸前（图 6-4a）。两臂用力推杠，两臂伸直（图 6-4b）。每组做 8 次。

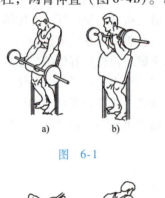

图 6-1

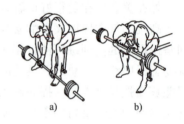

图 6-2

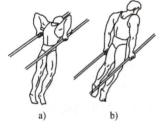

图 6-3

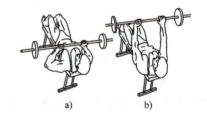

图 6-4

6. 窄握上提

动作要领：两脚开立，两臂下垂，两手相距 20cm，窄握杠铃置大腿前部（图 6-5a）。然后两臂用力上提杠铃，置颈部（图 6-5b）。上体无后仰，每组做 6 次。

7. 翻握上举

动作要领：两脚开立与肩同宽，两手翻握杠铃，置于胸上方（图 6-6a）。两臂用力将杠铃上推，超过头顶，杠铃置后上方（图 6-6b）。还原时，动作稍慢些，注意安全。每组做 6 次。

8. 两臂肩上举

动作要领：两脚开立与肩同宽，立腰收腹，头正，两手持哑铃置肩上，掌心向下，两肘举平（图 6-7a）。哑铃上举两臂呈弧形，掌心仍然朝下（图 6-7b）。每组做 15 次。

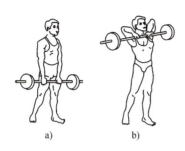

图 6-5

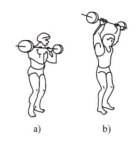

图 6-6

9. 两臂前上举

动作要领：两脚自然开立，手握杠铃稍宽于肩，杠铃置大腿前部（图6-8a），然后，两手上举高于头顶，两肘稍屈，关节带有外展，杠铃距离额前 25～35cm（图6-8b）。训练时，注意呼吸节奏，举前吸气——上举闭气——举下呼气。每组做 8 次。

图 6-7　　　　　　　　　　　　　　图 6-8

10. 两臂侧摆

动作要领：两脚并拢站立，两手握哑铃成右侧摆，右臂伸直，左臂屈肘右握，掌心朝下。两臂同时右摆时，有意识加大幅度，两臂上抬与肩平高（图6-9a）。双臂左摆由下向左，臂与肩平高。两臂左右侧摆（图6-9b），速度掌握在每分钟20次。每组做10次。

11. 坐姿臂上举

动作要领：坐在训练凳端，屈膝并拢，上体稍前倾，两手握哑铃，置于大腿下部（图6-10a）。上举时，两臂稍屈肘上抬到后上方，哑铃与头部同高，并保持水平状态（图6-10b）。训练速度不宜过快，保持每分钟做20次。每组做8次。

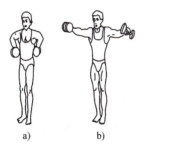

图 6-9

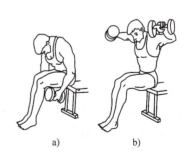

图 6-10

12. 蹲立飞鸟

动作要领：两脚并拢屈膝下蹲，含胸低头，两臂屈肘，手持哑铃，置膝前下方（图 6-11a）。接着两腿直立，屈体上起，两臂屈肘上摆成飞鸟姿势（图 6-11b）。每组做 9 次。注意动作协调，保持哑铃水平状态。

13. 双臂交替前上举

动作要领：两脚自然开立，手持哑铃于体侧，掌心向后，肘关节稍屈、手腕自然弯曲，右手前上举，左手在下（图 6-12a）。右手还原，左手前上举与头同高（图 6-12b）。每组做 12 次。

图 6-11　　　　　　　　图 6-12

14. 前侧平举

动作要领：两脚自然站立，两臂下垂，手握哑铃置体侧，掌心相对（图 6-13a）。接着两臂前平举（图 6-13b）。再做侧平举（图 6-13c）。要求动作稳健，每组做 12 次。

15. 大臂绕环

动作要领：左脚前迈成弓步，自然挺胸收腹，上体稍向前倾、两臂下垂，手持哑铃，掌心相对（图6-14）。以肩为轴，经前、上、后、下，摆臂绕环，左手朝下，右手朝上摆。臂绕环 1min。

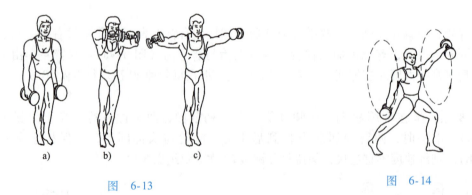

图 6-13　　　　　　　　图 6-14

二、腿部健美训练

（一）徒手或无器械训练

1. 原地纵跳

动作要领：两腿自然分开，屈膝深蹲，上体基本保持正直，两手向后上摆，两腿用力向上腾空跳起，两臂经胸前向上摆。下落时，脚尖先着地经屈膝过渡到起始动作。每组 20 次。

2. 仰卧举腿

动作要领：平躺在垫上，双手直臂于体侧，掌心向下，双腿并拢伸直，左右腿交换上举成直角，再还原成预备姿势，上举时迅速，回落时要慢。每组 30 次。

3. 侧卧举腿

动作要领：右侧卧于垫上，左手撑地，左腿伸直尽量向上举起，然后慢慢还原，注意脚尖方向始终朝前。每组 30 次，再换腿进行。

4. 蛙跳

动作要领：两腿分开，屈膝深蹲，上体前倾，两手向后上摆，两腿用力向前腾空跳。每组做 10 次。

5. 上下台阶跑

动作要领：一脚上台阶，另一脚迅速蹬地并屈膝上抬，两臂前后积极摆动。下台阶时，上体基本正直，脚尖先着地并积极屈膝缓冲。台阶高度在 25cm 左右为宜。台阶 10 层，每组上下做 10 次。

（二）器械训练

1. 负荷起踵

动作要领：两脚跟分开站立，两臂屈肘，持杠铃置颈后，脚弓发力，腿跟提起，尽力提高（图 6-15）；脚跟下落，快到地面时立即提起，动作协调，勿有顿足现象。训练时，幅度由小到大，速度由慢逐渐加快。每组 30 次。

2. 俯卧屈小腿

动作要领：俯卧在训练板上，两脚跟勾住圆柱托，两臂直撑训练板（图 6-16a）。小腿内收，将圆柱托勾置臀部，同时两臂屈肘，上体向下（图 6-16b）。每组做 20 次。

图 6-15

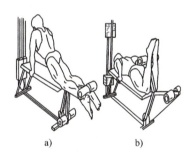

图 6-16

3. 坐姿负重蹬腿

动作要领：正坐在训练器械上，两手扶把手，两腿屈膝，接着两腿用力蹬直，将重锤吊起（图 6-17）。收腿动作速度稍慢些。每组做 8 次。

4. 负重抬腿

动作要领：坐在腿伸展训练器上，脚背勾住圆柱托，两手扶置臀后两侧（图 6-18a）。股四头肌用力收缩，小腿伸直上举，上体后仰，小腿举至水平，再还原成起始动作（图 6-18b）。每组做 30 次。

图 6-17

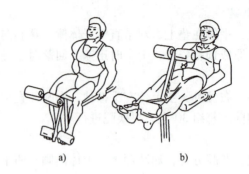

图 6-18

三、胸、背部健美训练

（一）徒手或无器械训练

1. 俯卧起

动作要领：俯卧在垫上，两脚固定，两手抱头，背部用力，向后挺身展体，上体尽量抬高。每组做 10 次。

2. 立卧撑

动作要领：直立，身体下蹲，两手放在脚侧上方，两脚轻轻蹲地并迅速向后伸直，两手支撑成俯卧撑姿势，此时，两脚尖用力蹬地屈膝向胸部靠拢，两手迅速推离地面，两脚伸直成直立。每组做 15 次。

3. 胸波浪

动作要领：两脚并拢站立，含胸弓背，低头扣肩，然后胸部用力挺、提，两肩后拉，腰腹协调摆动，上体成波浪姿势。每组做 20 次。

（二）器械训练

1. 仰卧颈上推

动作要领：仰卧在训练凳上，两臂屈肘，双手握杠铃，置于颈上方（靠近颈部），两手距离 1m 左右（图 6-19a）。双手用力上推杠铃，动作稳健（图 6-19b）。杠铃下放稍慢，两肘尽量外展。每组做 10 次。

图 6-19

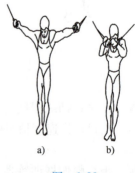

图 6-20

2. 屈臂内收

动作要领：将两根橡胶带的一端固定于高处两个点，固定点相距 3m。训练者位于中间，两脚并拢站立，双手侧上举，手握橡胶带把手（图 6-20a）；然后胸肌发力，两臂屈肘下拉，两手在颈前上方相碰（图 6-20b）。训练时，身体不要摇晃，脚跟站稳。每组做 15 次。

3. 仰卧扩胸

动作要领：仰卧在训练凳上，两臂上举，手握哑铃，掌心相对置于胸部正上方（图 6-21a）。两手直臂侧摆（图 6-21b）。然后胸大肌发力，直臂上摆举。上、下摆举，重复进行。每组做 10 次。

4. 背后臂下拉

动作要领：两脚开立，上体前屈，两手背后侧上举，手持拉力器把手，两臂用力下拉，上身逐渐抬起，两手置臀后相碰（图 6-22）。每组做 8 次。

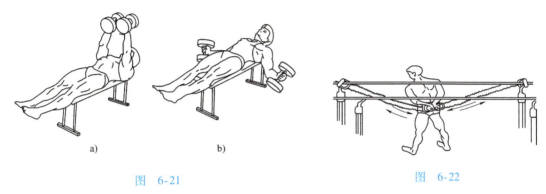

图 6-21   图 6-22

5. 划船式拉绳

动作要领：坐在垫上，上体前倾，两腿屈膝，两臂前伸，手握拉绳把手，脸部朝下置两臂之间（图 6-23a）。两臂用力后拉，上体后仰，腿蹬直（图 6-23b）。当把手拉至胸部，两手顺回力方向慢速松放。每组做 15 次。

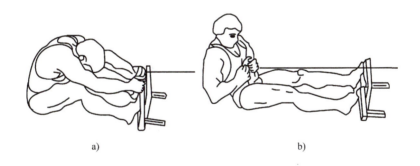

图 6-23

6. 负荷起

动作要领：两脚分开站立，立腰收腹，两臂屈肘，手握杠铃置肩上（图 6-24a）。上体挺胸下倾（图 6-24b）。然后背部中下部肌肉用力，上体抬起成直立姿势。每组做 10 次。

四、腰、腹部健美训练

（一）徒手或无器械训练

1. 仰卧起坐

动作要领：仰卧躺在垫上，两脚并拢固定，两手抱头后，腹部肌肉主动收缩，使上体成直角，然后还原成预备姿势。每组做 30 次。

2. 元宝收腹

动作要领：仰卧在垫上、两手抱头。训练时，含胸收腹、上身起、两脚交叉、屈膝、上举，同时进行，在胸前，额膝相碰。每组做 15 次。

3. 两头翘

动作要领：仰卧在垫上，两腿伸直，绷脚靠拢，两臂上举置头上方。训练时，上身起和腿上举同时进行，手脚相碰（图 6-25）。每组做 10 次。

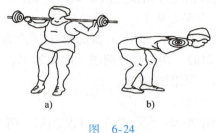

图 6-24

（二）器械训练

1. 负重体侧屈

动作要领：两脚开立，与肩同宽，体右侧屈，右手握哑铃置右膝外侧下部（图 6-26a）。训练时，右腹外斜肌发力，手将哑铃上提，左臂自然放松下垂（图 6-26b）。每组两手各 15 次。

2. 侧体仰卧坐

动作要领：倒仰卧在训练凳上，两脚固定，双手抱头。上身上起的同时侧胸，一肩峰朝向脚的方向（图 6-27）。每组左右侧各做 8 次。

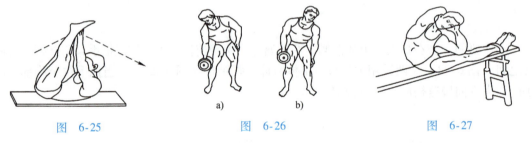

图 6-25　　　　　图 6-26　　　　　图 6-27

3. 仰卧直腿上举

动作要领：仰卧在训练凳上，两手抱头，直腿上举。上举时，两膝靠拢绷脚尖（图 6-28）。每组做 20 次。

4. 悬垂屈膝上提

动作要领：两手握单杠成悬垂姿势，然后两腿靠拢屈膝上提（图 6-29a）。每组做 15 次。也可做直腿上举（图 6-29b）。每组做 10 次。

5. 斜板仰卧起坐

动作要领：仰卧在斜板上，两脚固定，两手抱头，上身上起（图 6-30）。每组 10 次。

图 6-28　　　　　图 6-29　　　　　图 6-30

模块 6　航海休闲体育

子模块 17　帆船、帆板与冲浪

学习与训练目标

1. 了解帆船、帆板与冲浪运动发展的起源、运动概况和运动级别。
2. 掌握帆船、帆板与冲浪运动的装备和运动术语。
3. 掌握帆船、帆板与冲浪运动的训练方法与技能。

学习情境

帆船运动是依靠自然风力作用于帆上使船只前进的一项水上运动。比赛用的帆船是由船体、桅杆、舵、稳向板、索具等部件构成的小而轻的单桅船。由于船体轻、航速快，因此又名为快艇。经常从事帆船运动，能增强体质，培养与风浪搏斗的顽强精神，在风云莫测、海潮涨落的变化中掌握驶帆的各种技术，对增长航海知识和提升驶帆能力具有一定的实用价值。

冲浪是一种潇洒优美的水上运动。冲浪爱好者可以立于冲浪板上或直接踏水，靠奔向岸边的海浪托起而浮于水面。冲浪者一般可以使用狭长的马力布板，或较短的腹板，甚至在不用板的情况下将两臂高举过头全身挺直进行冲浪。冲浪必须携带冲浪板先逆浪前进，到达浪峰较陡处，在一个浪头接近时，伏在冲浪板上用力蹬水，迅速朝岸边的方向游。这种特殊的运动方式不仅充满了狂喜，而且身体还能感受到极限运动带来的快感，所以，当人们来到海滨时，看到冲浪者在浩瀚的大海中随着波涛起伏的身影，便会由衷地感到，冲浪是集力与美，保健与瘦身于一体的运动方式。

任务 1　帆船、帆板运动

一、帆船与帆板运动的起源与发展

1. 帆船运动起源与发展概况

帆船的起源可以追溯到远古时代。古时的帆船是很简陋的，只用一根或两根木棍在船上撑起一块兽皮或编织物招风，人们用这种简陋的帆船进行运输或捕鱼等生产劳作。

帆船运动起源于荷兰。古代的荷兰，地势很低，所以开凿了很多运河，人们普遍使用小帆船进行运输、捕鱼和旅行。1660 年英国王室复辟，查理二世回国时，荷兰赠送他一条帆船"玛丽号"，此后帆船活动在英国贵族中开展起来。1662 年，英王举办了一次英国与荷兰之间的帆船比赛，比赛路线是从格林尼治到格来乌散德再到格林尼治。这是早期规模较大的帆船比赛。18 世纪，帆船俱乐部和帆船协会相继诞生。1720 年前后，英国、美国、瑞典、德国、法国、俄罗斯等国家先后成立了帆船俱乐部或帆船竞赛协会，各国之间经常进行大规模的帆船比赛。1870 年美国和英国举行了第 1 届著名的横渡大西洋"美洲杯"帆船比赛。1900 年第 2 届奥运会把帆船列为正式比赛项目。

1906 年，英国的 B. 史密斯和西斯克·史坦尔专程去欧美各国商谈国际帆船的比赛等级和规则，并提议创立国际帆船联合会。1907 年，世界第一个国际帆船组织——国际帆船联

a)   b)

图 6-31

合会正式成立。国际帆联全称 International Sailing Federation，简称"ISAF"。ISAF 是世界上最大的单项体育联合会之一，管辖了 81 个帆船级别。ISAF 下设国际残疾人帆船运动联合会（IFDS），从事残疾人帆船运动。目前进入奥运会项目的有 9 个级别，11 个项目。中国帆船帆板运动协会，简称"中国帆协"，英文全名为 Chinese Yachting Association，缩写为"CYA"。中国帆协是中国奥林匹克委员会承认的全国性运动协会，也是具有独立法人资格的全国性群众体育组织。中国帆协是全国帆船帆板运动的领导机构，是代表中国参加国际帆船组织的唯一合法组织。

帆船是水上运动项目之一。帆船比赛是运动员驾驶帆船在规定的场地内比赛速度的一项运动。帆船运动中，运动员依靠自然风力作用于船帆上，驾驶船只前进，是一项集竞技、娱乐、观赏、探险于一体的体育运动项目。它具有较高的观赏性，备受人们喜爱。现代帆船运动已经成为世界沿海国家和地区最为普及且喜闻乐见的体育活动之一，也是各国人民进行体育文化交流的重要内容。经常从事帆船运动，能增强体质，磨炼意志。特别是在风云莫测，海浪、气象、水文条件的不断变化中，迎风斗浪，能培养战胜自然、挑战自我的拼搏精神（图 6-31）。

2. 帆板运动起源与发展概况

帆板起源于 20 世纪 60 年代末世界冲浪胜地夏威夷群岛。1970 年 6 月由美国冲浪爱好者、电脑技师修万斯设计制造出世界第一块带有万向节的帆板，并获专利权，此后在当地很快兴起帆板热，不久便流传到欧洲、澳大利亚和东南亚一带。首届世界帆板锦标赛于 1974 年举行，现在世界性的国际帆板协会每年举行多次国际比赛，1981 年帆板被接纳为奥运会大家庭的一员，1984 年洛杉矶奥运会第一次把帆板列为正式比赛项目。现在所有大型综合性运动会如奥运会、亚运会、全运会都有帆板比赛，每年世界各地还举行经常性的职业选手系列赛（图 6-32）。

二、帆船运动装备与运动术语

（一）帆船比赛的发展历程

1928 年第 9 届奥运会以前，帆船的船型繁多，通常举行比赛的有"12 米"型、"10 米"型、"8 米"型、"6 米"型等。这一时期挪威获金牌最多，共得过 11 项第 1 名。20 世纪 30

图 6-32

年代第10、11届奥运会增加了"星"型和"奥林匹克"型,英国和美国各获两项第1名。1948年第14届至1956年第16届奥运会,除"8米"型、"12米"型外,"5.5米"型、"龙"型、"燕"型、"荧光"型也随之列为比赛项目,在这一时期美国获5项冠军,丹麦取得3块金牌,瑞典、挪威各获两个第1名。

20世纪60年代第17、18、19届奥运会的比赛船型有"5.5米"型、"龙"型、"星"型、"飞行荷兰人"型、"芬兰人"型5种,美国共得3项优胜,苏联、丹麦各获2项冠军。第20、21、22届奥运会帆船比赛,船型又有变化,增加了"暴风雨"型、"索林"型、"470"型。

帆船运动在世界各地开展得比较普遍,尤以欧洲、美洲和大洋洲的帆船运动开展得更为广泛。一些滨海国家的海湾大都有专门的帆船港口和驶帆的良好海面。美国约有各种类型的帆船1000多种,参加帆船运动的人数40多万。在亚洲,日本开展得较好,约有30万人参加这项运动。1978年在曼谷举行的第8届亚运会帆船比赛中,日本获"火球"型及"奥克"型冠军,巴基斯坦及泰国分获"企业"型及"蛾"型冠军。

新中国成立后,随着航海等多项运动的开展,部分地区开展了帆船运动。1958年武汉东湖举行1次帆船表演赛,1979年青岛举行了单桅帆船比赛,1980年全国帆船锦标赛第一次举行。1983年，帆船项目第一次被列入第五届全国运动会。全国帆船锦标赛自2009年开始，每年举办一次，是国内帆船项目规模最大、规格最高、最具影响力的国家级体育赛事之一。

（二）帆船的种类

世界上帆船的种类繁多，归纳起来大致可分为3大类。第1类是龙骨艇（6.50~22m），船体的中下部突出一块铁砣或铅砣，用以稳定船体，减小船体横移。这种龙骨艇最小的由2~3人操纵，最大的由15人或更多的人操纵。第2类是稳向板艇，在船体中部有个槽，安放稳向板。稳向板根据需要可以上下移动。最大的船体长6m，最小的长2m，由1~2人操纵。这类船轻而快，设备较简单，易于制造。第3类是多体艇。

（三）帆船运动基本装备

救生圈、急救包、水桶、防水电筒、灭火器、泵、锚具（绳）、海图、信号弹、航行灯、通信器材、望远镜、备用发动机。

（四）帆船运动术语

1. 信号与避让

帆船比赛的信息交流方式是展示"信号"，包括视觉信号（国际航海通用代码旗）和听觉信号（音响）两种，而且以视觉信号为主要依据。

帆船竞赛规则规定了比赛进行中的各种信号和避让办法，以免碰撞和发生事故，竞赛的帆船必须共同遵守。其中最重要的一条是"公平航行"，必须以高超的技术和最大的速度去赢得胜利，不允许试图用不正当的手段取胜。

在竞赛航行细则中还规定航程和绕标的方向，所有帆船必须按规定的一侧绕标，否则以未完成比赛处理。如果帆船在竞赛中犯规，则要按"竞赛规则""航行细则"等规定接受惩罚，然后继续比赛。

裁判船是在帆船比赛中用于组织和指挥的设施。所有的"信号"都是在裁判船上展示的。在起点船信号旗杆上升起某一个级别旗时，表示准备出发，为该级别的预告信号。离起航还有5min；升起P旗（或者I、Z和黑旗），表示离起航还有4min；降下P旗（或者I、Z和黑旗），表示离起航还有1min；降下级别旗并伴随一声音响信号表示起航。

2. 比赛航标（race mark）

帆船比赛水域里的设施，用来显示比赛航道的标志物。

3. 风向角（angle of direction wind）

帆船运动驾帆用的术语，指风向同帆船首尾连线之间的夹角。帆船前进的动力主要依靠风力，而风向对帆推进作用的大小至关重要。运动员必须正确掌握风向角，才能充分地利用风力来驾驶帆船。各种不同的风向角其区分的度数是：顶风的风向角在0°~30°；前迎风的风向角在30°~60°；后迎风的风向角在60°~80°；横风的风向角在80°~100°；顺风的风向角在100°~170°；尾风的风向角在170°~180°。

4. 主帆（main sail）

帆船上主要装置的名称。单桅运动帆船上有一桅杆和一个帆，如主帆艇——凯特艇上的帆就是主帆。双桅运动帆船上，两桅杆一前一后，有的主桅在前，如意奥尔和克其艇，有的主桅在后，如什胡拉艇。可以认为前帆缘系在主桅上的大三角帆（百慕大帆）或大四角帆（斜桁帆）均为主帆（图6-33）。

a)

b)

图 6-33

5. 主桅（main mast）

帆船上的主要装置之一。帆船主要靠帆来受风航行，而帆又必须依附于桅杆上才能扬帆远航。桅杆大都用硬质圆木或金属制成。根据帆船的大小和需要，分单桅帆船和双桅帆船。单桅帆船的桅杆大都位于靠近艇首的地方，双桅帆一般用于较大的帆船，两根桅杆一前一后。在双桅帆船中又可分为舵前后桅艇和舵后后桅艇，舵前后桅艇前面的大桅叫主桅。舵后后桅艇上，后面的桅叫主桅。

6. 左舷（port）

帆船运动术语。船的两侧称为舷。按船尾向船首的视向，船的左侧称为"左舷"。

7. 左舷受风（port tack）

帆船运动技术术语。帆船航行的方向取决于艇体中央纵垂面与风向间的夹角，或取决于帆船方位的角度。当风从船的左侧吹来，主帆位于右舷，这时的帆船就是左舷受风。

8. 右舷（starboard）

帆船运动术语。船的两侧称为舷。按船尾向船首的视向，船的右侧称为"右舷"。

9. 右舷受风（starboard tack）

帆船运动技术术语。帆船航行的方向取决于艇体中央纵垂面和风向间的角度，或取决于帆船方位的角度。当风从船的右侧吹来，主帆位于左舷，这时的帆船就是右舷受风。

10. 平桨（oars）

帆船运动技术术语。帆船运动主要依靠风力作为推进的动力，但在离岸和返回岸边时也要用桨划船。帆船划桨时，先将稳向板提起，这时水对船的阻力作用很小。为了避免桨叶受波浪冲击和减少空气阻力，在划桨过程中，桨叶击水后立即用手腕转桨，使桨叶与水面平行，这就是平桨。

11. 信号旗（signal flag）

帆船比赛时，裁判员组织和指挥比赛的用具。帆船比赛的水域较大，要组织好以风力为动力的帆船进行比赛，只有通过裁判船用国际旗语和音响来传递命令。裁判船的每一种信号旗均用不同颜色和图形表示一种指令。国际上通常用一面旗或两面旗来表示一个意思。例如红旗表示比赛帆船必须按顺时针方向绕过标志，即右舷绕标。绿旗则表示比赛帆船必须按逆时针方向绕过规定标志，即左舷绕标。蓝旗表示终点。

12. 吃水（draft, draught）

指船体在水面以下的深度。由于船体底部沿船长的方向不一定平行于水面，由此沿船长的各部分吃水深度也不相同。在船体前垂线处的吃水，称为"前吃水"或"首吃水"，船体后垂线处的吃水，称为"后吃水"或"尾吃水"。船体长的中点垂线处称为"平均吃水"。

13. 压舷（gunnel suppr）

帆船运动技术术语。帆船驶航时，为了充分利用帆面积和强风取得更大的帆动力，一方面使帆船按预定方向行驶，同时又要保持帆船的平稳航行，减少横倾，这时可把船员分布到上风舷一侧，称为压舷。有时为了降低船的重心，进一步增加抗横倾力矩，尽可能使运动员身体探出船外更远的距离，甚至把全部身体悬挂在舷外，称为悬挂压舷。悬挂压舷要有专门的器材装备，如吊索、把手、吊索背带、坐垫、挂环、挂钩等，以保证运动员安全，并使压舷取得满意的效果。

14. 迎风折驶（come about）

帆船运动技术术语。运动员在驾驶帆船前进中，如果遇到顶风无法驶帆行进时，可采用曲折航行迎风驶帆的技术，这种技术称为迎风折驶。

15. 抢航（raise start）

帆船比赛时所用的术语。根据帆船比赛规则，正常的起航必须是裁判员的起航信号发出后运动员的帆船通过起航线。如果在起航信号发出之前，参赛帆船的船体、装备或运动员身体的任何部分触及起航线或其延长线，即为抢航。抢航者必须回到起航线的后边重新起航。假如有比较多的帆船抢航，裁判员无法判定哪一条抢航帆船时，可以召回该级别参赛的全部帆船，重新组织起航。

16. 寻（fathom）

帆船运动术语。航海用的深度单位，1 寻等于 6ft 长，通常是在航海用的海图上测量水深。

17. 起航（set sail start）

帆船比赛用语。帆船比赛分起航、航行、终点 3 个阶段。比赛开始前 10min，裁判船在横桅杆上升起某一级别的旗，表示该级别船离起航还有 10min。5min 后，裁判船升起 P 字旗，预告该级别的帆船离起航还有 5min。以后每隔 1min，按 4、3、2、1 的次序用音响信号通知参赛帆船。起航信号发出后，参赛帆船的船体、船员或装备的任何部分在通向第一浮标的航向时触及起航线，即为起航，比赛计时也随之开始。

18. 艇舵（rudder）

帆船装置附件，用来控制帆船航行的方向。帆船的舵有两种：一种是固定舵，具有刚性舵柄的固定式舵叶；另一种是提升式舵，具有分离式的舵柄。固定舵主要用于龙骨艇，而稳向板艇和平底艇通常用提升式舵。

19. 解脱（release, to set free）

帆船比赛术语，是指运动员在比赛中违例而经过相应的"惩罚"后重新取得比赛权利。例如在比赛中，运动员的船碰了标志，就须要自行再绕标一圈，即可解脱。又如运动员的船碰了其他帆船，就要自行在原地旋转 720°，即可解脱，否则名次后延 20%。

三、帆船运动注意事项

1）先确定天气、海流、水流、风向、潮汐等影响因素。
2）落实航程规划及船艇检查。
3）切勿单独行动。
4）穿着救生衣及配备安全索具，以防意外落水。
5）甲板行走时，应走在上风侧。
6）预留救生支持管道。
7）衡量自己体力的负荷程度。
8）如遇难于水上漂流时，勿放弃风帆，以利救援。

帆船比赛在海上进行，由于海上情况比较复杂，因此，运动员必须会游泳，并能游较长的距离。此外，运动员要有良好的身体素质，以适应长时间海上风浪的考验。

国际帆船比赛，经常在强风中进行，风速 10～15m/s，既要保持航向和把握航速，又要避免翻船，这就需要运动员尽力去控制帆和船，保持船的平衡。同时又要以清醒的头脑去掌握周围的环境、水的流速和流向、气流变化等。

在参赛船只较多的情况下，运动员必须熟悉竞赛规则、避免犯规。此外，运动员还必须懂得检查、整理船上的装备，尤其是调整帆具，以获得最大的动力。

任务2　冲浪运动

冲浪（surfing）是以海浪为动力，利用自身的高超技巧和平衡能力，搏击海浪的一项运动。运动员站立在冲浪板上，或利用腹板、跪板、充气的橡皮垫、划艇、皮艇等驾驭海浪。不论采用哪种器材，运动员都要有很高的技巧和平衡能力，同时要善于在风浪中长距离游泳。

冲浪运动以浪为动力，要在有风浪的海滨进行。海浪的高度要在1m左右，最低不少于30cm。夏威夷群岛常年有适合于冲浪运动的海浪，特别是冬天或春天都有从北太平洋涌来的海浪，浪高达4m，可以使运动员滑行800m以上。因此夏威夷群岛一直是世界冲浪运动的中心。

一、冲浪运动起源与发展

冲浪起源于几百年前的太平洋岛屿，是波利尼西亚人的一项古老文化。他们利用树木制造冲浪板，在海岸边利用海浪进行冲浪游戏。冲浪运动是波利尼西亚人的生活，就像今日西方世界的运动一样，它影响了波利尼西亚的社会、宗教和神话。波利尼西亚酋长们以展现他们在浪上的特技来作为其威信的象征。

没有人知道古波利尼西亚人何时开始从事这种冲浪活动，但是15世纪时的夏威夷诗歌就已有冲浪的记载。夏威夷冲浪文化最远可追溯到公元500—800年间，居住在马贵斯群岛（Marquesas Island）的马贵斯土著就仰赖星座方位，航行至2000mile外的夏威夷，在大岛（Big Island）上的南点（South Point）附近登陆，并且定居下来。13世纪左右，波利尼西亚的社会群岛（Society Island）或大溪地岛（Tahiti）的土著们驾着双体独木舟，航行到千里外的夏威夷群岛（Hawaii Island），并且征服了早期定居的马贵斯人。欧洲人最早目击冲浪是1767年由Dolphin号的船员在大溪地所记录。1778年前，英国探险家J. 库克船长在夏威夷群岛曾见过当地居民有这种活动，James King 中尉于 1779 年库克船长死亡时在库克船长的日志中发现了冲浪的记载。

在库克发现这种冲浪游戏之后，在获得 1912 年奥运会游泳冠军的美国夏威夷人哈哈摩库的大力提倡下，冲浪运动才在美国的加利福尼亚推广开来，现在流行于夏威夷、北美、秘鲁、澳大利亚和南非。

1970 年 6 月由美国一位冲浪爱好者电脑技师修万斯设计制造出世界第一条带有万向节的帆板，并获专利权，此后在当地很快兴起帆板热，不久便流传到欧洲、澳大利亚和东南亚一带，兴盛于澳大利亚。

由于澳大利亚四面环海，气候温暖，多日照而少阴雨，有利于水上运动的发展，故而澳大利亚人特别喜爱冲浪运动。早在欧洲人迁来之前，这里的土著人，乘独木舟浮海时，就凭一叶扁舟忽而冲上浪峰，忽而滑向浪谷，这就是冲浪运动的前身。

二、冲浪运动简介

第二次世界大战后，塑料工业的诞生产生了轻便的塑料冲浪板，促进了冲浪运动的发展，由此，冲浪运动才真正在世界许多国家开展起来。随着冲浪运动逐渐普及和提高，其运动便向着竞技方向发展了。澳大利亚经常举行冲浪比赛。冲浪运动首届世界锦标赛于 1962 年在澳大利亚的曼利举行。比赛主要根据冲浪者在规定时间内完成的冲浪数量和质量，采用 20 分制进行评分，如在 30min 内冲 3 个浪或 45min 内冲 6 个浪，再根据冲浪运动员冲浪的起滑、转弯、滑行距离和选择浪的难易程度等进行评分。此后冲浪运动每两年举行一次世界锦标赛，该运动很快就普及于世界各地。

三、冲浪运动类型与器材介绍

1. 冲浪运动的类型

冲浪运动类型主要分娱乐型和比赛型。

娱乐型即利用简单的器具，以休闲娱乐、运动健身、自我表现、社交等为目的。

比赛型采用淘汰制，在 15~20min 内，运用波浪起伏推动原理，做出自己拿手的动作，然后根据冲浪运动员的起滑、转弯、滑行距离和选择浪的难易程度等进行评分比赛。

2. 冲浪运动的器材

冲浪器材分长板、短板、枪板和软板。

最初使用的冲浪板 5m 左右，重 50~60kg。第二次世界大战后，出现了泡沫塑料板，板的形状也有改进。现在用的冲浪板长 1.5~2.7m，宽约 60cm，厚 7~10cm，板轻而平，前后两端稍窄小，后下方有一起稳定作用的尾鳍。为了增加摩擦力，在板面上还涂有一种蜡质的外膜。全部冲浪板的重量只有 11~26kg。主要种类分以下几种：

1）长板：长度 9ft 以上，适合初学者。
2）短板：长度 7ft 以下，属于技术型浪板。
3）枪板：窄又长，为应付像夏威夷地区的大浪而设计。
4）软板：动感机动性强，不受浪头大小限制，适合初学者。
5）浮筏板：板面宽大，速度转变较慢，适合初学者趴在浪板上训练用。
6）人体冲浪：不利用任何工具，将人体在较浅海边，以游泳方式，浮于水面，随波浪起伏而推进。

四、冲浪运动

冲浪是一种非常紧张刺激的水上运动项目。冲浪训练需要把握准确的时机，同时要有灵敏的反应和保持身体平衡的能力。冲浪分人体冲浪与冲浪板冲浪。

1. 人体冲浪

冲浪运动通常是从人体冲浪开始训练。冲浪者先游离海岸去等待大浪，当大浪冲向海岸时，以侧泳游向海岸。当游到浪峰时脸朝下，背部拱起并把手放在腿的两侧，让海浪把身体冲向海岸边，当海浪消失时，冲浪者将两手张开以减慢速度（图6-34）。

2. 冲浪板冲浪

冲浪板冲浪是运动员先俯卧或跪在冲浪板上，然后用手划到海浪成形的适宜冲浪的地方作起点。当海浪推动冲浪板滑动时，运动员使冲浪板保持在浪峰的前面站起身体，两腿前后自然开立（通常是平衡腿在前，控制腿在后），两膝微屈，以改变身体的重心来驾驭冲浪板，随波逐浪，快速滑行（图6-35）。

冲浪板携行要注意转弯的地方，朝海边走出去时，手上拿着冲浪板的角度要成直线，千万不要把浪板放在身体前面，要防止海浪撞击冲浪板打到自己的身体。放在地上时要轻放，风很大时摆在沙地上要用沙子盖在冲浪板上，或者绑好安全脚绳，身体要站在顺风方向的前缘，免得被自己的冲浪板打伤。

冲浪板由外海冲回岸边，距离水深约30cm时，要立即下板，避免冲浪板直接冲击到石头上。

图 6-34

图 6-35

冲浪者站在冲浪板中央或后半部控制方向，优秀的冲浪者可以移动身体重心到冲浪板的前端，通常一个大浪能把冲浪者冲向岸边的沙滩上。有技巧的冲浪者一般都会直直地朝岸边前进，他们通常都能和海岸线形成某个角度斜对着岸边冲过来。这样冲浪的距离就可以增长，有时还可以以时速55km以上的速度冲出400m以上的距离。平时1m高的浪高对于冲浪者来说就是比较理想的高度了，1m以下虽然也可以，只是效果要差些。

五、冲浪安全与注意事项

1. "交通规则"

在城市中开车的时候要遵守交通规则，同样在冲浪的时候也要遵守冲浪的"交通规则"，避免碰撞，受到伤害。起乘时，冲浪手要谦让，最靠近海浪崩溃点且第一个站立起来的冲浪手，一个人一个浪，平时保持2个冲浪板长度的距离，而在冲大浪的时候，要保持3个冲浪板长度的距离。

2. 注意事项

1）在海中冲浪时如果看到水母出现，或是被水母蛰到，必须赶快上岸休息。

2）在外海冲浪时最靠近第一个起浪区的冲浪手，如果有一道"疯狗浪"从冲浪手的上方整排盖下来时，冲浪手要迅速把冲浪板往后丢，赶紧拨水潜水躲藏。

3）在冲大浪时，最前面的冲浪手与旁边或中间或后面的冲浪手，都要保持3个冲浪板的安全距离，免得"疯狗浪"盖下来时，冲浪手们的冲浪板和安全绳缠在一起。

4）冲浪手一定要遵守冲浪起乘规则，一个人一个浪，谁最靠近浪壁起乘点第一个先站起来，此时在旁边竞争的冲浪手迅速刹车或抽板停止冲浪。

5）初学冲浪手要加强手部划水训练、体能训练、脚部训练、水中前滚翻憋气训练。

6）冲浪要冲得好必须具备潜越浪技术，斗志要高、体力肌肉要强，平时要多看冲浪录影带、冲浪杂志、多跟冲浪高手一起冲浪、多多观摩、没事多和同行交流经验这样很快就能成为冲浪高手。

7）冲浪时如果碰到向外海的海流时，要以斜面方向跟着海流走，把握海浪，千万不要把安全脚绳丢掉游泳回来，可趴在浪板上休息等待救援。

8）冲浪板携行要注意转弯的地方，放在地上时要轻放，风很大时摆在沙地上要用沙子盖在冲浪板上，避免被风吹走。

9）冲浪板拿着朝海边走出去时，手上拿着冲浪板的角度要成直线，千万不可把浪板放在身体前面，防止海浪撞击浪板打到自己的身体。

10）冲浪板由外海冲回岸边距离水深约30cm时，应立即下板，避免冲浪板直接冲击到石头上。

11）冲浪板与海浪在撞击的时候，千万不可用手去拉安全脚绳和冲浪板，以免手被拉伤。

12）冲浪时每个人在海上的距离要保持2个冲浪板的长度。

13）初级的冲浪手，下水前要检查装备，蜡块要打好，安全脚绳、救生衣要检查好，暖身运动做20min后，方可下海冲浪。

14）冲浪起乘规定：如果有冲浪者处于最靠近海浪崩溃点，且他是第一个站立起来的，旁边的冲浪手都要停止冲浪，如果莽撞冲下去，若发生事故，抢浪的人要负起一切的后果和赔偿责任。

15）浪形以中间崩溃向两边斜面推进为最好，最危险且最不好的浪是以一排涌起瞬间崩溃的海浪，此时要上岸休息。

思考与练习

1. 帆船、帆板与冲浪运动为什么会成为现代人喜欢的时尚运动？它们有哪些健身和娱乐功能？

2. 帆船、帆板与冲浪运动需要掌握哪些技巧与方法？

模块 6　航海休闲体育

子模块 18　海　　钓

学习与训练目标

1. 了解海钓的知识和注意事项。
2. 掌握海钓的方法与技巧。

学习情境

海钓是一种悠闲的娱乐活动，接近大自然，能感受大自然的魅力与不可多见的独特风景。如果海员工作之余希望放松身心，怡情养性，那么就立刻拿起钓具，投身于大自然怀抱里，投身于蓝天碧海之间海钓吧。海钓的神秘与刺激会让你体会到一种独有的收获与快乐。

任务 1　了解海钓知识

面对渔具市场上形状各异、斑斓多彩的钓具，应该如何配备海钓钓具呢？尤其是针对初学海钓的人，怎样选择得心应手的海钓装备，并进行正确的匹配，成为制约海钓成功与否的一个难题。为此，下面为初学者介绍一些海钓基本知识以供其参考。

一、海钓基本装备

矶钓、轻矶钓（又称浮游矶钓）因需要较高的钓技及所钓对象鱼的不同，应在 1 ~ 3 号，长在 4.5 m 以上的专用钓竿上考虑；滩钓、近海抛钓（远投）要侧重于稍硬的钓竿，应选择 20 ~ 25 号、长 3.6 m 以上的钓竿；船钓因水深、流急及配件较多，应考虑选用长 3 m 以下、50 号以上的钓竿；海钓、轮矶钓注意选用带有手刹车装置的小型旋压式鱼线轮，如半岛 ZWUS750LB；滩钓、抛钓用绕线轮一般选择中型号（6 号主线能缠 100 m 以上为标准）的"迪佳"；轮船钓应在储线量大、起鱼快的鼓式轮（又称横向轮）上加以考虑，如"西玛诺" 3000 号。

1. 矶钓的钓具匹配

浮游矶钓是一种与传统海钓迥然不同的现代钓法，抛钓、船钓多以钓取低层海鱼为主，而浮游矶钓则主钓中上层鱼，如黑鲷、鲈鱼等。因钓法先进，技术含量高及钓感刺激而风靡亚太沿海地区。浮游矶钓前有导线环，取中号转环别针系紧在主线前端；另取一段长约 50 cm 略细于主线的副线系于转环另一端；在副线上端打一线结（上端 40 cm 处），将带有 30 cm 长支线的钓钩系上；另一钩结于穿过扁体铅坠下方的小号转环上。

2. 滩钓基本装备（图 6-36）

1) 配备 4.5 m 30 号以上硬钓海竿或专用滩钓投竿数支（包括大号鱼线轮，线组）；也可用长手竿；
2) 配备支架；
3) 配备钓饵（虾、沙蚕、贝肉等）；
4) 备用子线钩若干；
5) 配备铅坠若干；

6）配备高筒防滑胶鞋。

具体匹配：储线百米的上旋压式轮，主线 6 号，支线 4 号，"伽玛卡兹" 16～20 号钩，扁体通心铅坠数枚。

3. 船钓的钓具匹配（图 6-37）

图 6-36   图 6-37

因船钓空间有限，为施钓方便，船钓用竿应考虑选用 2.1～2.7m 长、50 号以上的钓竿（因水深、流速及对象鱼不同，最好匹配 50 号和 80 号钓竿各一支），竿上配储线 200m 以上的鼓式（横向轮）鱼线轮，主线一般可用 8 号编织线（如大力马牌编织线），支线可根据海鱼大小考虑选用 4～6 号线。铅坠应配备 150～500g 多种多枚，钓钩选用"伽玛卡兹" 18～22 号。另备大号转环及钢丝"天平"，其匹配组合同抛钓，只需多加一"天平"。

海钓基本装备

分解步骤为：主线——转环别针——钢丝"天平"——副线——小钢丝。匹配的钓具：1.5 号或 2 号矶竿一支，长多在 5.4m 左右，配专用矶钓鱼线轮，主线要求在 3 号左右的浮水或半浮矶钓基本装备。

1）5.4m 2 号以下矶钓竿一支（包括鱼线轮及线组）；
2）抛饵勺；
3）成品或自制诱饵，包括南极虾或碎鱼蟹等；
4）钓饵（包括虾、沙蚕、贝肉等）；
5）拌饵箱或桶；
6）矶钓抄网；
7）阿波或立漂若干；
8）小配件若干；
9）子线钩若干；
10）保温箱；
11）鱼扣；
12）钉子鞋；
13）护臀；
14）救生衣。

具体匹配：将鱼线轮卡紧在竿体之上，打开拨线环，引主线穿过竿体所有导线环——"天平"——铅坠。上钩支线长 50cm，下钩长 30cm，分系上下"天平"之上。

二、海钓注意事项

海钓的特点是水深、流急、路途远、时间长,有时往往需要渡过不小的海面,这就需要注意以下问题。

1) 海钓出发的时候,携带的渔具要应有尽有,鱼钩、鱼线,多带几套方为上策。尤其在礁底岩洞处下钩,挂钩、折线在所难免。如果估计路远、时间长,一定要带足饮食和用具。

2) 海洋比河川的水要深得多,一般都在几十米、几百米,深水底层鱼承受的压力很大。一旦鱼被钓上海面,迅速减压,会很快死掉。要想保鲜、保活,必须进行放气。其方法是,用放气针(一般用注射针)刺入鱼腹,轻压鱼肚,使气体排出体外,鱼即能适应水表环境,多活些时间。

3) 海洋一般水深流大,鱼线很难保持笔直。所以,一旦发现鱼讯,提竿的时候动作要大,力量也要足。

4) 海上求生的联系方式,手机的防水,船家的电话,同伴的电话,还有就是报警电话必须记住!发基本的求救信号也应该了解,最好装备求救信号灯。

5) 出发前一定要确认天气预报,要有随时中止出发的决心;海钓进行途中天气转变,要懂得及时撤退,才是最有勇气的海钓人。

6) 船钓、矶钓,从出海开始就一定要穿好救生衣,以防不测。去海上钓鱼的时候,存在落水的危险,有的人认为自己水性好,就大意了。其实不然,海浪、旋涡、礁石,包括突变的天气,存在着很大的不可预知性。例如突发的大浪(比较形象地称呼为"疯狗浪"),甚至是稍微地脚下打滑,都可能给海钓者带来伤害。首先要保护自己,保持清醒的头脑,沉着冷静,避开岩石的撞击和割伤,万一掉进水里,首先尽量向大海深处游去,以免被浪打入礁石,招呼同伴,然后就是求救和自救的问题了。海浪礁石的情况,一定要观察清楚,根据情况通知同伴是否要为落水者提供进一步的助浮物,比如海钓时带的冰箱,联系船家和请求救援。

7) 在矶钓的时候,一定要穿上矶钓专用钉子鞋(防滑)。救生衣和钉鞋是矶钓必需的装备。

8) 出海钓鱼要结伴同行,不可单独行动,如果有意外事件,不管是不是同行,必要时一定互相帮助,要有海上求生、救援和户外知识。

9) 海边陆矶也要注意海水情况,经常发生左右上涨的海水从陆矶后边包抄过来的情况。遇上较大的风浪,对海钓者造成很大威胁,一定要沉着冷静,撤退到安全地带。

10) 对毒物、毒鱼类的了解也是必需的。注意防护礁石、灌木里的蛇、野蜂等的伤害;防毒鱼刺伤;海里不认识的生物绝对不要碰。

任务 2 海钓的方法与技巧

一、海洋钓位的选择

同样的海域,以同样的装备垂钓,渔获有时会大有差异,这其中除钓技差异及季节、潮汐、风向等天气变化的主客观原因外,更重要的是钓位的选择。海洋自然环境复杂,考虑钓位应综合多种因素,一般有以下几个适用的原则。

1）海钓时尽量避免浅滩。浅滩上日光充足，大多数鱼儿都有避光性，一般只有夜间和早晚在浅滩活动。

2）在海湾垂钓应选择滞水区。内海中的滞水区，包括河流入海口、生活码头、防波堤等。这些地方水底淤泥或沙石较多，水流缓慢、饵料丰富，一般鱼儿较多。

3）岩礁垂钓应选择面向海潮冲击的一面，即通常所说的潮表。潮表带来丰富的浮游生物，与岩石撞击时又会产生丰富的氧分，所以潮表是理想的钓点。

4）在临海的岩崖之上，海鱼多栖息、游弋、觅食于水下暗礁及海生植物以及海流流经的边缘地域，可根据海水颜色变化及水下阴影确定钓位。整个海面的海水呈蔚蓝色，而部分海水呈零散的深蓝或黑蓝色，皆可确定为水下暗礁或海生植物的生长地域。而海面上所呈现的弯曲宽窄不一的游动变化的条状"白带"则是海流流经的区域范围。对此，岩崖矶钓的钓点选择应在上述所界定的地域、临界地域或海流活动的边缘地带。

二、海竿抛投方法与注意事项

1. 海竿的抛投方法

海竿主要用于海钓，也可用于淡水钓。根据海竿的特点，有以下几种投抛方式。

（1）上投式　两脚分开，脚往前站，身体重心偏至左脚，左手握线、坠。以40°~50°角度，右手挥竿，左手将线坠抛出。采用此法坠、线摆动幅度小，落点准确，简单易学。

浮游矶钓

（2）斜投式　左脚后退半步，左肩后偏，双手同时握住海竿，竿与水平面呈45°角。左手食指压住鱼线，重心落在右脚，竿梢从右手方向前挥。鱼坠通过头顶时，放开鱼线，使钩坠自然落入水中。此法不易掌握，需多次反复练习，一旦熟练后则可投远，目标准确，操作方便，尤其适合海钓。

除此之外，还有侧投（投坠线的中线居于上投和斜投之间）、单臂投、坐投、跪投等多种方式。

2. 使用海竿的注意事项

使用海竿钓鱼应该注意的问题很多，从垂钓实践所遇到的一些问题看，主要有以下几种：

1）在抛投时不要忘记打开线档（开头）。这对于使用海竿钓鱼的人来说不是什么问题，却又是时常发生的问题。有些人在抛投前忘记打开线档。究其原因有二：一是新钓手操作技术不熟练；二是有些老钓手操作马虎。尤其是处在钓鱼比赛过程中，因加快了投竿频率而疏忽。

在线档未打开的情况下实施抛投动作所造成的不良后果是显而易见的：有的炸弹钩成了"天女散花"，有的因用力过猛而断线伤竿。

2）垂下线不要留得过长。这里所说的垂下线是指从海竿竿梢过线环算起到垂下至炸弹钩这段距离的线。这段线由3部分组成：一是主线，二是串钩线，三是炸弹钩的连接线。由于每个人的使用习惯不同，有的单独使用炸弹钩，有的单独使用串钩，其垂下线都不会太长，一般在30cm左右，唯独串钩和炸弹钩并用时垂下线就比较长，有的光是串钩就拴8~10个，加上炸弹钩的连接线、加上主线，三者合起来有的超过50cm，有的甚至超过60cm。这样长的垂下线严重地制约着海竿的抛投动作。一是发力受阻，有劲使不上，投不远；二是在海竿抛投需要竿梢向后下沉时、炸弹钩易与地面接触，很容易挂上身后地面上的树枝和杂草之类的东西，造成不必要的损失。因此，即便是在串钩、炸弹钩同时并用的情况下，垂下线也不得超过40cm。

3）鱼线轮的曳力不要拧得太紧。在海竿抛投前，要检查一下鱼线轮的曳力的松紧情况。如果拧得过紧应适当松一下。松到什么程度合适？即用手拉一下主线，轮子能自如转动并出线就可以了。有的钓友往往忽略这个环节，鱼线轮的曳力拧得很紧，当钓上大鱼时钓竿被拉倒（横卧）甚至竿体被拖入水中；如果支架插得较牢，钓者又来不及提竿，大鱼会将鱼线拉断；如果鱼线轮的曳力拧得稍松一点，当钓上大鱼拉线时，即使是钓者来不及提竿，鱼线也能自如地出线，然后钓者持竿收线，并根据实际情况再对鱼线轮的曳力做适当调整。

4）人和鱼不要过早见面，也不要过早抄鱼。当人们钓到大鱼时，由于抑制不住内心的激动和喜悦心情，总想早点见到鱼，看看是什么鱼，鱼有多大，于是便加快了收竿速度，只收线，不放线，过早地将大鱼拉近岸边并露出水面。此时大鱼见到岸上的人和竿子会拼命挣扎逃跑。此时挣扎的力量要比当初被钩住时大许多，而如果鱼线轮的曳力拧得太紧放不出线，其后果只能是断线鱼跑。正确的做法应该是：当钓上大鱼时不要慌、不要急，持竿收线，同时也要放线，收收放放。控制在20～25m的距离，反复遛鱼。当感到大鱼"要"线的力量明显减弱时，方可拉鱼靠岸并继续遛鱼，直至大鱼肚皮翻白抄鱼入网。

5）不要在有障碍物水域遛鱼。在选海竿钓位时应尽量避开水域的前方、左右两边有杂草、水花生、树枝之类的东西（水草、水花生面积宽在$2m^2$以上）。因为在钓位附近存在这些杂草，当钓上大鱼时很难将大鱼遛至岸边，而且，很容易被杂草挂住钩子而断线跑鱼；如果实在选不到好钓位，可选将炸弹钩抛出去，当钓上大鱼需要遛鱼时，在征得左邻右舍钓友同意后，将大鱼领出有杂草的水域，继续遛鱼。

6）抄鱼时不要从上向下扣海竿。钓上大鱼，而且遛鱼也很成功，唯独抄鱼这个环节出了问题并跑了鱼，实在是令人十分遗憾，但在实践中这类事还真不少。问题出在哪里呢？主要是抄鱼不得法所造成的。有些人抄鱼，不是从下向上抄，而是从上向下扣。因为鱼嘴里尚有钩和线，从上向下扣，无论如何也抄不到鱼的。正确的做法应该是：当大鱼被遛疲后，钓者左手持竿，右手持抄网，随左手遛鱼的走向，右手适时将抄网沉于大鱼的下方。当左手将大鱼遛至网口并将鱼头下沉少许，此时持抄网的右手迅速提抄，将大鱼抄入网内。

三、海钓诱饵诱料的选择

海钓不仅需要适手的海钓钓具装备，适宜的钓位和钓点，以及对适应海钓的潮汐变化时段的掌握，在施钓用饵的选择上还要考虑钓饵的适口与适用性，这是海钓活动中的重要组成部分及主要环节。

1. 用活虾作钓饵

活虾是最常用的海钓饵料，它们体形小，生命力强，易采集和保存，是多种鱼类，尤其是名贵鱼种所喜爱的食物。常作为饵料的活虾有斑节虾、沙栖对虾、沙虾、白虾等，个体大小以10cm以内为最佳。虾分布在沿海的浅滩上，采集、捕获简单。

海钓及成果展示

采集活虾时应准备捞虾网，设于海岸边，其间撒上剩饭菜、烂肉渣作钓饵，这样一次可有较多活虾入网。

保存活虾的方法也比较简单。找一较大容器，底铺2～5cm厚的细沙，加入干净海水，放入虾,再在容器口蒙上细纱布即可。要注意海水应能刚好没过虾的背部,容器口的纱布也需有小孔,以利于虾的呼吸,同时防止其跳出,每天应换两次水。

垂钓时可将虾装入虾篓扎在海水中,现取现用。挂虾上钩时,对个体偏大的虾,钓钩应穿过其眼角的后钩额刺基部,这样可使虾在水中自如游动;个体偏小的虾则应将钓钩穿过其尾节,这样可保持饵的鲜活,还能使虾自由活动,提高上钩率。挂虾时,应露出钩尖。

2. 用活鱼作钓饵

选用活鱼作钓饵,主要应要求形体小、体色呈银白色的鲻鱼、弹涂鱼等。它们大多易捕捞,易被大鱼发现,也是广大钓鱼爱好者常用的钓饵。

捕获鲻鱼、弹涂鱼,应充分利用其趋光性,选择夜间涨潮的时候,在水面设密网,以明亮灯光诱鱼,然后捕捞。将活鱼装钩时,有颚挂、眼挂、背挂和捆扎法等。颚挂即将钩穿过鱼上颚;眼挂穿钩的部位在鱼眼旁的腮盖上;背挂法应将钩扎进鱼背上的鳍中;捆扎法适宜垂钓个体大、凶猛的鱼类,即将钩尖扎过鱼腹部,并从钩柄处伸出线将鱼从尾部绑死。

总之,将活鱼穿钩时,在保证牢固的前提下,应尽量避免伤害鱼的肌肉和内脏,使其在水中自由活动,并能在较长时间之内存活,以提高上钩率。

思考与练习

1. 海钓装备的选择应该根据哪些情况进行选择?海钓注意事项有哪些?
2. 海钓钓位如何选择?抛投方法有哪些?海钓诱饵怎样选择和配备?

子模块 19　武　　术

学习与训练目标

1. 了解武术运动发展起源与学习武术所具备的武德礼仪。
2. 学习并掌握初级长拳套路。
3. 熟练掌握舟山船拳套路。
4. 了解和掌握搏击基本技能。

学习情境

在船上有限的空间里,没有可以借助的锻炼器械或不愿意重复单调的运动训练,我们可以选择完成一套长拳或舟山船拳来锻炼身体。长拳动作姿势多样,节奏变化明显,肌肉、关节的活动被充分动员,运动量大,既可以强身健体,又可以体会防身技巧的应用及连续动作带来的流畅心理感受。

舟山船拳属于南派的外家拳,步法稳固、稳扎稳打、气势雄健、发劲刚猛,整套动作舒展大方、快速有力、快慢相间、节奏鲜明,在很小的空间就可以锻炼,如船上甲板上和机舱内都能训练,是船上身体锻炼最佳的运动项目之一。

模块 6　航海休闲体育

任务 1　武术运动简介

一、武术的起源与发展

武术源于中国，历史悠久，内容丰富，形式多样。在其悠久的历史发展过程中曾被称为武艺、国术等，也有一些地区将武术称为"功夫"。武术是中华民族创造和发展起来的，具有健身、护体、防敌、制胜的作用，被称为中国四大国粹之一。

在漫长的冷兵器时代，武术是军队用于克敌制胜的技术，是民众自卫防身的手段，也是人们用于锻炼身体和愉悦生活的方式。近现代逐步完善和发展着的武术运动，是一种以攻防动作为基本素材，在中国传统文化的背景下形成的，包括有套路运动和散手运动两种运动形式的体育项目。

武术套路运动是将若干动作按照一定的规律，编组成式式相连的程式化运动，具有攻防内涵，蕴含哲理。武术散手运动是两人按照一定的规则进行攻防训练和竞技的运动。此外，还有推手、短兵、长兵等格斗运动形式。

武术运动具有很高的竞技和健身价值，独具东方文化内涵，深受不同文化背景的人们喜爱，尤其是对培养青少年的优秀的道德品质起到了重要作用。

新中国成立后，武术作为我国社会主义文化体育事业的一部分得到了蓬勃发展。1956年成立了中国武术协会，1957年武术被列为体育竞赛项目，1958年制定了第一部《武术竞赛规则》。不同规模武术学校的成立与体育院校民族传统学科的设立为我国武术后备人才的培养提供了平台和保障。1980 年 12 月 30 日，中国武术职业联赛在全国开展，深受广大群众的喜爱。2008 年，武术比赛作为特设项目，出现在北京奥运会上。武术运动已成为世界体育的一部分，将有助于促进奥林匹克文化的多元性，丰富奥林匹克运动，弘扬奥林匹克精神。

二、武术的功能及价值

1. 强身健体

武术各种动作运用均需具备一定的速度、力量、柔韧等基本身体素质，因此有利于促进四肢肌肉力量的发展，提高身体各个关节的灵活性、身体的协调性及动作的平衡能力。

2. 修身调心

练习武术不仅可以强身健体，而且可吸取优秀的武术精华，使它不断内化于心，塑造自己的优秀身心品质及健全人格。

3. 观赏娱乐

观看武术比赛和表演，感受力与美的身形姿态和攻防技艺的应用，给人流畅、紧张、喜悦等观赏心理的体验，能提高审美观念，培养兴趣、陶冶情操。

4. 社会交流

武术成为民间不同武术组织交流的桥梁和媒介，人们在团体间或团体内进行交流、切磋、探讨，促进了社会交往，形成层次多样的人际关系。

5. 防身自卫

由武术演绎出的擒拿格斗术，将武术的攻防技艺应用于军人、武警等治安防爆工作中，提高了军人个人的战斗力及军队的快速反应能力，在国防和社会治安中发挥作用。

任务 2　武术的基本功

武术有丰富和系统的基本功训练内容，训练基本功是初学者学习武术最基本、最有效的方法。基本功一般包括肩、腰、腿、手、步，以及跳跃、平衡等训练。通过完整系统的基本功训练，可使身体各个部位得到较全面的训练，并能较快地发展武术运动的专项身体素质，为学习拳术和器械套路以及提高技术水平打下良好的基础。

经常进行基本功训练，能增强各个关节、韧带的柔韧性和灵活性，提高肌肉的控制能力和必要的弹性。通过原地和腾空的各种旋转动作的训练，能提高前庭分析器的机能，这对提高动作质量和防止、减少伤害事故都能起到重要作用。

一、肩臂训练

肩臂训练主要是增进肩关节韧带的柔韧性，加大肩关节的活动范围，发展肩部力量，提高上肢运动的敏捷、转环等能力，为学习和掌握各种拳、掌等手法提供必要的专项素质。主要训练方法有：压肩、绕环等。

1. 压肩（两人互相搭肩）

要点：两肩、两腿要伸直，振幅逐步加大，压点集中于肩部。

2. 绕环

1）单臂绕环：弓步站立，左手按于左膝上，右臂绕环。

要点：臂伸直，肩放松，划立圆，逐步加速。

2）双臂绕环：两脚开立，与肩同宽，两臂垂于体侧。

要点：两臂要直，于身侧划立圆并左右顺腰。

二、腿部训练

主要发展腿部的柔韧性、灵活性和力量等素质。压腿的方法有：正压腿、侧压腿和后压。

1. 正压腿（面对肋木）

要点：直体向前、向下压振，逐步加大振幅。

2. 侧压腿（侧对肋木）

要点：体侧向前、向下压振，逐步加大振幅。

3. 后压（背对肋木）

要点：两腿挺膝，支撑腿全脚着地，挺胸、展髋、腰后屈。

三、劈腿

主要是加大髋关节的活动幅度，增进腿部的柔韧性。劈腿的方法有竖叉、横叉两种。

1. 竖叉

要点：挺腰、直背、沉髋、挺膝，前俯勾脚，后屈伸踝。

2. 横叉

要点：挺腰、直背、开胯沉髋、挺膝、勾脚、前俯倾倒。

四、手型

1. 掌

要点：4指并拢伸直，拇指弯曲紧扣于虎口处。

2. 拳

要点：4 指并拢卷握，拇指紧扣食指和中指的第 2 指关节。

3. 勾

要点：5 指第 1 指节捏拢在一起，屈腕。

五、手法

1. 冲拳

要点：出拳快且有力，同时要拧腰、顺肩，急旋前臂。

2. 劈拳

要点：拳自上向下快速劈击，力达拳轮。

3. 栽拳

要点：臂由屈到伸自上向下或向前栽，速度要快，力达拳面。

4. 推掌

要点：出掌快且有力，同时要拧腰、顺肩、沉腕、翘掌。

5. 砍掌

要点：仰掌向左，俯掌向右击打，力达掌外沿。

6. 撩掌

要点：手心向前上，直臂向前撩出，力达掌心。

7. 按掌

要点：自上向下按，手心向下，力达掌心。

8. 亮掌

要点：臂微屈，抖腕翻掌，举于体侧或头上。

9. 搂手

要点：手心向下，向斜外侧划弧，力达掌外沿。

10. 缠腕

要点：缠腕是擒拿性手法，小臂外旋要快。

11. 顶肘

要点：顶肘是进攻性手法，力达肘尖。

12. 仆步抡拍

要点：抡臂要走立圆，尽量贴近身体。

六、步型

步型训练主要是增进腿部的速度和力量，以提高两腿移动转换的灵活性和稳固性。

1. 弓步

要点：弓腿接近水平，后腿挺膝伸直。

2. 马步

要点：挺胸塌腰，屈膝半蹲，大腿接近水平。

3. 虚步

要点：前脚向前，外展45°，挺胸、塌腰，虚实分明。

4. 仆步

要点：两脚均着地，挺胸、塌腰、沉髋。

5. 歇步

要点：挺胸、塌腰，两腿靠拢并贴紧。

6. 丁步

要点：两膝正前方，悬提的脚要紧靠站立脚。

7. 坐盘

要点：着地腿的脚跟要接近臀部，身前横跨的腿贴近胸部。

七、步法

1. 击步

要点：跳起空中时，要保持上体正直并侧对前方。

2. 行步

要点：步频要快，步幅要小。

八、腿法

踢腿是腿部训练中的重要内容，也是表现基本功训练的主要方面之一，可以较集中地反映出腿部的柔韧、灵敏和控制力量的训练水平。踢腿的方法有：直摆性腿法和屈伸性腿法。此外，腿法还有扫腿、后扫腿、平衡等。

（一）直摆性腿法

1. 正踢腿

要点：踢腿时要收髋、收腹，踢腿过腰后加速。

2. 侧踢腿

要点：挺胸、直腰、开髋、侧身，猛收髋。

3. 里合腿

要点：挺胸、直腰、松髋、合髋，里合幅度要大并呈扇形。

4. 外摆腿

要点：挺胸、塌腰、松髋、展髋，外摆幅度要大并呈扇形。

5. 拍脚

要点：拍击要快，声音要清脆。

（二）屈伸性腿法

1. 弹腿

要点：挺胸、直腰、收髋，脚面绷直，弹击有寸劲。

2. 蹬腿

要点：挺胸、直腰、收髋，脚尖勾起，力达脚跟。

3. 侧踹腿

要点：挺膝、开髋、猛踹，力达脚跟。

（三）扫腿

1. 前扫腿

要点：扫转时始终保持右仆步姿势，右膝不要弯曲。

2. 后扫腿

要点：转身、俯身、撑地连贯紧凑。

（四）平衡

平衡指各种单腿支撑身体，另一腿悬起，保持静止姿势的动作。平衡动作通常分为持久性平衡和非持久性平衡两种。持久性平衡要求动作完成后，保持2s以上的静止状态；非持久性平衡没有时间上的限制和要求，只要求完成动作后出现静止状态。武术平衡动作包括：提膝平衡、扣腿平衡、燕式平衡、朝天蹬、仰身平衡等。通过训练武术中的平衡动作，可以有效地发展柔韧性和平衡能力。

1. 提膝平衡
要点：提膝的腿要贴靠腹前。

2. 扣腿平衡
要点：支撑腿的角度要接近90°。

3. 燕式平衡
要点：塌腰，支撑腿要挺直。

4. 朝天蹬
要点：支撑腿要挺直，抱腿要贴近耳侧。

5. 仰身平衡
要求：身体要成水平，腿要绷直。

九、跳跃

跳跃动作的训练对于增强腿部力量，提高弹跳能力具有很好的作用，是基本功训练的组成部分之一。一般常见的、最基本的跳跃有：腾空飞脚、旋风脚、腾空摆莲等。

1. 腾空飞脚
右腿在空中踢摆时，脚高必须过腰，左腿在击响的瞬间屈膝收控于右腿侧。在腾空最高点完成击响动作，拍击要连续、准确、响亮，并且要保障上体正直、稍向前倾，不要坐臀。

要点：右腿踢摆要快，左腿收控要紧，击响要清脆。

2. 旋风脚
右腿里合时要贴近身体，摆动时膝挺直，由外向里成扇面。击响点要靠近面前，并在击响的瞬间腾空。身体旋转不少于270°。

要点：抡臂、踏跳、转体、里合右腿等环节要协调一致。

3. 腾空摆莲
上步成弧形，右脚踏地脚尖要外展并屈膝。上跳时左腿里合扣腿，右腿外摆成扇形，两手先左后右拍击脚面，击响要清脆。

要点：起跳、拧腰、转体、里合与外摆腿等动作要紧密协调。

4. 旋子
要点：挺胸、抬头，身体成水平旋转，两腿要高过水平。

5. 侧空翻
要点：翻转要快，两腿要直。

十、跌扑滚翻

运用身体的跌、扑、滚、翻等技术完成的动作。主要包括抢背、鲤鱼打挺、栽碑、扑虎、乌龙绞柱等动作。

1. 抢背

要点：完成动作的过程连贯、迅速，注意依次着地的顺序。

2. 鲤鱼打挺

要点：双腿下摆要迅速，同时挺的整个过程要连贯协调。在实战中自己仰卧时，可运用该动作迅速起身进行防守与反击。

3. 栽碑

要点：身体要挺直，头颈部、腰部、膝关节不可放松，直体完成动作。该动作可训练身体各部分的控制能力，有利于提高自我保护性。

4. 扑虎

要点：起跳高、落地轻，从手到膝依次着地且连贯流畅。该动作有利于提高身体协调连贯性。

5. 乌龙绞柱

要求：摆动腿要迅速，两腿相绞时要挺腰，肩、颈部顶地，完成动作要连贯。

任务3　初级长拳第三套

一、长拳简介

长拳是中国拳派之一，一般将查拳、花拳、炮捶、红拳等均列入长拳。另外，古代也有专称长拳的拳种。现代长拳吸取了查、花、炮、红诸拳种之长，把长拳类型的手形、手法、步形、步法、平衡、跳跃等基本动作规范化。

长拳的特点是动作姿势舒展大方，关节活动范围较大，动作敏捷快速，刚柔相济，快慢相间，动迅静定，节奏分明，是全国武术表演和比赛项目之一。这里介绍的长拳是中华人民共和国体育委员会运动司编写的《初级长拳》第三套，在武术运动中影响较大，群众基础广泛。由于长拳动作大多是用大肌肉群来进行活动的，对肌肉和韧带的柔韧性、弹性都有较高要求，肌肉活动量大而且迅速，需氧量较大，因此对提高心肺功能有良好作用。对于航海类专业的学生来说，学习长拳可以强身健体，培养坚强果敢的意志品质，拓宽锻炼身体的途径，学习简单的防身自卫技巧，培养对武术的兴趣，弘扬中华民族优秀传统文化。

初级长拳

二、初级长拳（第三套）套路动作名称

（一）预备势

1）虚步亮掌；2）并步对拳。

（二）第一节

1）弓步冲拳；2）弹腿冲拳；3）马步冲拳；4）弓步冲拳；5）弹腿冲拳；6）大跃步前穿；7）弓步击掌；8）马步架掌。

（三）第二节

1）虚步栽拳；2）提膝穿掌；3）仆步穿掌；4）虚步挑掌；5）马步击掌；6）叉步双摆撑；7）弓步击掌；8）转身踢腿马步盘肘。

（四）第三节

1）歇步抢砸拳；2）仆步亮掌；3）弓步劈拳；4）换跳步弓步冲拳；5）马步冲拳；

6）弓步下冲拳；7）叉步亮掌侧踹腿；8）虚步挑拳。

（五）第四节

1）弓步顶肘；2）转身左拍脚；3）右拍脚；4）腾空飞脚；5）歇步下冲拳；6）仆步抡劈拳；7）提膝挑掌；8）提膝劈掌弓步冲拳。

（六）结束动作

1）虚步亮掌；2）并步对拳。

（七）还原

三、初级长拳（第三套）套路动作要领

（一）预备势（图6-38①）

两脚并步站立，两臂垂于身体两侧，5指并拢贴靠腿外侧，眼向前视。

要点：头要端正，颌微收，挺胸，塌腰，收腹。

1. 虚步亮掌（图6-38②～④）

1）右脚向右后方撤步成左弓步。右掌向右、左上、向前划弧，掌心向上；左臂屈肘，左掌提至腰侧，掌心向上。目视右掌。

2）右腿微屈，重心后移。左掌经胸前从右臂上向前穿出伸直；右臂屈肘，右掌收至腰侧，掌心向上。目视左掌。重心继续后移，左脚稍向右移，脚尖点地，成左虚步。左臂内旋向左、向后划弧成勾手，勾尖向上；右手继续向后、向右、向前上划弧，屈肘抖腕，在头前上方成亮拳（即横掌），掌心向前，掌指向左。目视左方。

要点：头要端正，颌微收，挺胸，塌腰，收腹。3个动作必须连贯。成虚步时，重心落于右腿上，右大腿与地面平行。左腿微屈，脚尖点地。

2. 并步对拳（图6-38⑤～⑧）

1）右腿蹬直，左腿提膝，脚尖里扣，上肢姿势不变。

2）左脚向前落步，重心前移。左臂屈肘，左勾手变掌经左肋前伸；右臂外旋向前下落于左掌右侧两掌同高，掌心均向上。

3）右脚向前上一步，两臂下垂后摆。

4）左脚向右脚并步，两臂向外、向上经胸前屈肘下按，掌变拳，拳心向下，停于小腹前，目视左侧。

要点：并步后挺胸、塌腰。对拳、并步、转头要同时完成。

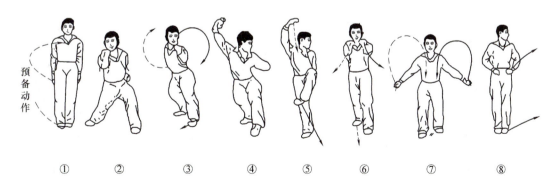

图 6-38

(二) 第一节

1. 弓步冲拳（图 6-39①~②）

1）左脚向左上一步，脚尖向斜前方；右腿微屈，成半马步。左臂向上、向左格打，拳眼向后，拳与肩同高；右拳收至腰侧，拳心向上。目视左拳。

2）右腿蹬直成左弓步。左拳收至腰侧，拳心向上，右拳向前冲出，高与肩平，拳眼向上。目视右拳。

要点：成弓步时，右腿充分蹬直，脚跟不要离地。冲拳时，尽量转腰顺肩。

2. 弹腿冲拳（图 6-39③）

重心前移至左腿，右腿屈膝提起，脚面绷直，猛力向前弹出伸直，高与腰平。右拳收至腰侧；左拳向前冲出。目视前方。

要点：支撑腿可微屈，弹出的腿要用爆发力，力点达于脚尖。

3. 马步冲拳（图 6-39④）

1）右脚向前落步，脚尖里扣，上体左转。左拳收至腰侧，两腿下蹲成马步；右拳向前冲出。目视右拳。

2）要点：成马步时，大腿要平，两脚平行，脚跟外蹬，挺胸、塌腰。

4. 弓步冲拳（图 6-39⑤~⑥）

动作要领与要点同前。

5. 弹腿冲拳（图 6-39⑦）

重心前移至右腿，左腿屈膝提起，脚面绷直，猛力向前弹出伸直，高与腰平。左拳收至腰侧，右拳向前冲出。目视前方。

要点：与本节的弹腿冲拳相同。

图 6-39

6. 大跃步前穿（图6-39⑧~⑩）

1）左腿屈膝。右拳变掌内旋，以手背向下挂至左膝外侧，上体前倾。目视右手。

2）左脚向前落步，两腿微屈。右掌继续向后挂，左拳变掌，向后、向下伸直。目视右掌。

3）右腿屈膝向前提起，左腿立即猛力蹬地向前跃出。两掌向前、向上划弧摆起。目视左掌。

4）右腿落地全蹲，左腿随即落地向前铲出成仆步。右掌变拳抱于腰侧，左掌由上向右、向下划弧成立掌，停于右胸前。目视左脚。

要点：跃步要远，落地要轻，落地后立即接做下一个动作。

7. 弓步击掌（图6-40①~②）

右腿猛力蹬直成左弓步。右掌经右脚面向后划弧至身后成勾手，右臂伸直，勾尖向上，左拳由腰侧变掌向前推出，掌指向上，掌外侧向前，目视左掌。

8. 马步架掌（图6-40③~④）

1）重心移至两腿中间，左脚脚尖里扣成马步，上体右转。右臂向左侧平摆，稍屈肘；同时左勾手变掌由后经左腰侧从右臂内向前上穿出，掌心均朝上。目视左手。

2）右掌立于左胸前；左臂向左上屈肘抖腕亮掌于头部左上方，掌心向前。目右转视。

要点：马步同前。

图 6-40

（三）第二节

1. 虚步栽拳（图6-41①~②）

1）右脚蹬地，屈膝提起；左腿伸直，以前脚掌为轴向右后转体180°。右掌由左胸前向下经右腿外侧向后划弧成勾手；左臂随体转动并外旋，使掌心朝右。目视右手。

2）右脚向右落地，重心移至右腿上，下蹲成左虚步。左掌变拳下落于左膝上，拳眼向里，拳心向后；右勾手变拳，屈肘向上架于头右上方，拳心向前。目视左方。

2. 提膝穿掌（图6-41③~④）

1）右腿稍伸直。右拳变掌收至腰侧，掌心向上，左拳变掌由下向左、向上划弧盖压于头上方，掌心向前。

2）右腿蹬直，左腿屈膝提起，脚尖内扣。右掌从腰侧经左臂内向右前上方穿出，掌心向上,左掌收至右胸前成立掌。目视右掌。

要点:支撑腿与右臂充分伸直。

3. 仆步穿掌(图6-41⑤)

右腿全蹲,左腿向左后方铲出成左仆步。右臂不动,左掌由右胸前向下经左腿内侧,向左脚面穿出。目随左掌转视。

4. 虚步挑掌(图6-42①~②)

1)右腿蹬直,重心前移至左腿,成左弓步。右掌稍下降,左掌随重心前移向前挑。

2)右脚向左前方上步,左腿半蹲,成右虚步。身体随上步左转180°。在右脚上步的同时,左掌由前向上、向后划弧成立掌,右掌由后向下、向前上挑起成立掌,指尖与眼平。目视右掌。

要点:上步要快,虚步要稳。

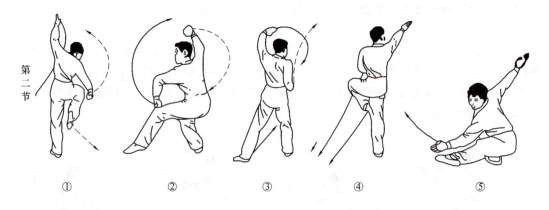

图 6-41

5. 马步击掌(图6-42③~④)

1)右脚落实,脚尖外撇,重心稍升高并右移,左掌变拳收至腰侧;右掌俯掌向外搂手。

2)左脚向前上一步,以右脚为轴向右后转体180°,两腿下蹲成马步。左掌从右臂上成立掌向左侧击出;右掌变拳收至腰侧。目视左掌。

要点:右手做搂手时,先使臂稍内旋,腕伸直,手掌向下、向外转,接着臂外旋,掌心经下向上翻转,同时抓握成拳。收拳和击掌动作要同时进行。

图 6-42

6. 叉步双摆掌（图6-43①~②）

1）重心稍右移，同时两掌向下、向右摆，掌指均向上。目视右掌。

2）右脚向左腿后插步，前脚掌着地。两臂继续由右向上、向左摆，停于身体左侧，均成立掌，右掌停于左肘窝处。目随双掌转视。

要点：两臂要划立圆，幅度要大，摆掌与后插步配合一致。

7. 弓步击掌（图6-43③~④）

1）两腿不动。左掌收至腰侧，掌心向上；右掌向上、向右划弧，掌心向下。

2）左腿后撤一步，成右弓步。右掌向下、向后伸直摆动，成勾手，勾尖向上；左掌成立掌向前推出。目视左掌。

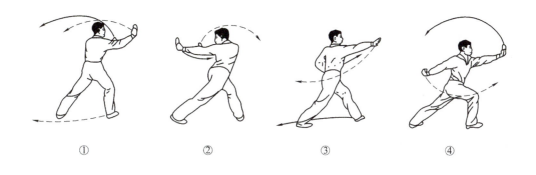

图 6-43

8. 转身踢腿马步盘肘（图6-44①~⑤）

图 6-44

1）两脚以前脚掌为轴向左后转体180°。在转体的同时，左臂向上、向前划半立圆，右臂向下、向后划半圆。

2）上动不停，两脚不动，右臂由后向上、向前划半立圆，左臂由前向下、向后划半立圆。

3）上动不停，右劈向下成反臂勾手，勾尖向上；左臂向上成亮掌，掌心向前上方。右腿伸直，脚尖勾起，向额前踢。

4）右脚向前落地，脚尖里扣。右手不动，左臂屈肘下落至胸前，左掌心向下。目视左掌。

5）上体左转90°，两腿下蹲成马步。同时左掌向前、向左平掳变拳收至腰侧，右勾手变拳，右臂伸直，由体后向右、向前平摆，至体前时屈肘，肘尖向前，高与肩平，拳心向下。目视肘尖。

要点：两臂抡动时要划立圆，动作连贯。盘肘时要快速有力，右肩前顺。

（四）第三节

1. 歇步抡砸拳（图6-45①~③）

1）重心稍升高，右脚尖外撇。右臂由胸前向上、向右抡直；左拳向下、向左，使臂抡直。目视右拳。

2）上动不停，两脚以前脚掌为轴，向右后转体180°。右臂向下、向后抡摆，左臂向上、向前随身体转动。

3）紧接上动，两腿全蹲成歇步。左臂随身体下蹲向下平砸，拳心向上，臂部微屈；右臂伸直向上举起。目视左拳。

要点：抡臂动作要连贯完成，划成立圆。歇步要两腿交叉全蹲，左腿大、小腿靠紧，臀部贴于左小腿外侧，膝关节在右小腿外侧，脚跟提起，右脚尖外撇，全脚着地。

2. 仆步亮拳（图6-45④~⑥）

1）左脚由右腿后抽出前上一步，左腿蹬直，右腿半蹲，成右弓步。上体微向右转。左拳收至腰侧，右拳变掌向下经胸前向右横击掌。目视右掌。

2）右脚蹬地屈膝提起，上体右转。左拳变掌从右掌上向前穿出，掌心向上，右掌平收至左肘下。

图 6-45

3）右脚向右落步，屈膝全蹲，左腿伸直，成仆步。左掌向下、向后划弧成勾手，勾尖向上，右掌向右、向上划弧微屈，抖腕成亮掌，掌心向前。头随右手转动，至亮掌时，目视左方。

要点：仆步时，左腿充分伸直，脚尖里扣，右腿全蹲，两脚脚掌全部着地。上体挺胸塌腰，稍左转。

3. 弓步劈拳（图6-45⑦~⑨）

1）右腿蹬地立起；左腿收回并向左前方上步。右掌变拳收至腰侧，左勾手变掌由下向前上经胸前向左做搂手。

2）右腿经左腿前方向左绕上一步，左腿蹬直成右弓步。左手向左平搂后再向前挥摆，虎口朝前。

3）在左手平搂的同时，右拳向后平摆，然后再向前、向上做抡劈拳，拳高与耳平，拳心向上，左掌外旋接扶右前臂。目视右拳。

要点：左右脚上步稍带弧形。

4. 换跳步弓步冲拳（图6-46①~④）

1）重心后移，右脚稍向后移动。右拳变掌，臂内旋以掌背向下划弧挂至右膝内侧；左掌背贴靠右肘外侧，掌指向前。目视右掌。

2）右腿自然上抬，上体稍向左扭转。右掌挂至体左侧，左掌伸向右腋下。目随右掌转视。

3）右脚以全脚掌用力向下震踩，与此同时，左脚急速离地抬起。右手由左向上、向前搂盖而后变拳收至腰侧，左掌伸直向下、向上、向前屈肘下按，掌心向下。上体右转，目视左掌。

4）左脚向前落步，右腿蹬直成左弓步。右拳向前冲出，拳高与肩平；左掌藏于右腋下，掌背贴靠腋窝。目视右拳。

要点：换跳步动作要连贯、协调。震脚时腿要弯曲，全脚掌着地，左脚离地不要高。

5. 马步冲拳（图6-46⑤）

上体右转90°，重心移至两腿中间，成马步。右拳收至腰侧，左掌变拳向左冲出，拳眼向上。目视左拳。

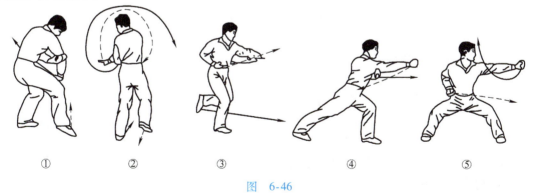

图 6-46

6. 弓步下冲拳（图6-47①）

右脚蹬直，左腿弯曲，上体稍向左转，成左弓步。左拳变掌向下经体前向上架于头左上方,掌心向上,右拳自腰侧向左前斜下方冲出。目视右拳。

7. 叉步亮掌侧踹腿(图 6-47②~④)

1)上体稍右转。左掌由头上下落于右手碗上,右拳变掌,两手交叉成十字。目视双手。

2)右脚蹬地并向左腿后插步,以前脚掌着地。左掌由体前向下、向后划弧成勾手,勾尖向上,右掌由前向右向上划弧抖腕亮掌,掌心向前。目视左侧。

3)重心移至右腿,左腿屈膝提起,向左上方猛力蹬出。上肢姿势不变,目视左侧。

要点:插步时上体稍向右倾斜,腿、臂的动作要一致。侧踹高度不能低于腰,大腿内旋,着力点在脚跟。

图 6-47

8. 虚步挑拳(图 6-47⑤~⑥到图 6-48①)

1)左脚在左侧落地。右掌变拳稍后移,左勾手变拳由体后向左上挑,拳背向上。

2)上体左转180°,微含胸前俯。左拳继续向前、向上划弧上挑,右拳向下、向前划弧挂至右膝外侧,同时右膝提起。目视右拳。

3)右脚向左前方上步,脚尖点地,重心落于左脚,左腿下蹲成右虚步。左拳向后划弧收至腰侧,拳心向上,右拳向前屈臂挑出,拳眼斜向上,拳与肩同高。目视右拳。

(五)第四节

1. 弓步顶肘(图 6-48②~⑥)

1)重心升高,右脚踏实。右臂内旋向下直臂划弧以拳背下挂至右膝内侧,左拳不变。目视前下方。

2)左腿蹬直,右腿屈膝上抬。左拳变掌,右拳不变,两臂向前、向上划弧摆起。目随右拳转视。

3)左脚蹬地起跳,身体腾空,两臂继续划弧至头上方。

4)右脚先落地,右腿屈膝,左脚向前落步,以前脚掌着地。同时两臂向右、向下屈肘停于右胸前,右拳变掌,左掌变拳。右掌心贴靠左拳面。

5)左脚向左上一步,左腿屈膝,右腿蹬直成左弓步。右掌推左拳,以左肘尖向左顶出,高与肩平。目视前方。

要点:交换步时不要过高,但要快。两臂抡摆时要成圆弧。

2. 转身左拍脚(图 6-48⑦~⑧)

1)以两脚前脚掌为轴向右后转体180°。随着转体,右臂向上、向右、向下划弧抡摆,同时左拳变掌向下、向后、向前上抢摆。

2）左腿伸直向前上踢起,脚面绷平。左掌变拳收至腰侧,右掌由体后向上、向前拍击左脚面。

要点:右掌拍脚时手掌稍横过来,拍脚要准而响亮。

3. 右拍脚（图 6-48⑨~⑩）

1）左脚向前落地,左拳变掌向下、向后摆,右掌变拳收至腰侧。

2）右腿伸直向前上踢起,脚面绷平。左拳变掌由后向上、向前拍击右脚面。

图 6-48

要点:与本节的转身左拍脚相同。

4. 腾空飞脚（图 6-49①~③）

1）右脚落地。

2）左脚向前摆起,右脚猛力蹬地跳起,左腿屈膝继续前上摆。同时右拳变掌向前、向上摆起,左掌先上摆而后下降拍击右脚背。

3）右腿继续上摆,脚面绷平。右手拍击右脚面,左掌由体前向后上举。

要点:蹬地要向上,不要太向前冲,左膝尽量上提。击响要在腾空时完成,右臂伸直成水平。

5. 歇步下冲拳（图 6-49④~⑤）

1）左、右脚先后相继落地。左掌变拳收至腰侧。

2）身体右转 90°,两腿全蹲成歇步。右掌抓握,外旋变拳收至腰侧;左拳由腰侧向前下方冲出,拳心向下。目视左拳。

6. 仆步抡劈拳（图 6-49⑥～⑧）

1）重心升高，右臂由腰侧向体后伸直，左臂随身体重心升高向上摆起。

2）以右脚前脚掌为轴，左腿屈膝提起，上体左转 270°。左拳由前向后下划立圆一周；右拳由后向下、向前上划立圆一周。

3）左腿向后落一步，屈膝全蹲，右腿伸直，脚尖里扣成右仆步。右拳由上向下抡劈，拳眼向上；左拳后上举，拳眼向上。目视右拳。

要点：抡臂时一定要划立圆。

7. 提膝挑掌（图 6-49⑨～⑩）

1）重心前移成右弓步。同时右拳变掌由下向上抡摆，左拳变掌稍下落，右掌心向左，左掌心向右。

2）左、右臂在垂直面上由前向后各划立圆一周。右臂伸直停于头上，掌心向左，掌指向上，左臂伸直停于身后成反勾手。同时右腿屈膝提起，左腿挺膝伸直独立。目视前方。

图 6-49

要点：抡臂时要划立圆。

8. 提膝劈掌弓步冲拳（图 6-50①～③）

1）下肢不动。右掌由上向下猛劈伸直，停于右小腿内侧，用力点在小指一侧；左勾手变掌，屈臂向前停于右上臂内侧，掌心向左。目视右掌。

2）右脚向右后落地；身体右转 90°。同时左掌变拳收至腰侧，右臂内旋向右划弧做劈掌。

3）上动不停，左腿蹬直成右弓步。右手抓握变拳收至腰侧，左拳由腰侧向左前方冲出。目视左拳。

图 6-50

(六)结束动作

1. 虚步亮掌(图 6-51①~③)

1)右脚扣于左膝后,两拳变掌,两臂右上左下屈肘交叉于体左前。目视右掌。

2)右脚向右后落步,重心后移,右腿半蹲,上体稍右转。同时右掌向上、向右、向下划弧停于左腋下;左掌向左、向上划弧停于右臂上与左胸前,两掌心左下右上。目视左掌。

3)左脚尖稍向右移,右腿下蹲成左虚步。左臂伸直向左、向后划弧成反勾手;右臂伸直向下、向右、向上划弧抖腕亮掌,掌心向前。目视左方。

2. 并步抱拳(图 6-51④~⑥)

1)左腿后撤一步,同时两掌从两腰侧向前穿出伸直,掌心向上。

2)右腿后撤一步,同时两臂分别向体后下摆。

3)左脚后退半步向右脚并拢。两臂由后向上经体前屈臂下按,两掌变拳,停于腹前,拳心向下,拳面相对。目视左方。

(七)还原

两臂自然下垂,目视正前方。

图 6-51

任务 4 舟山船拳

武术以技击动作为主要内容,以套路和格斗为主要形式,是内外兼修的中国传统体育项目。武术套路包括拳术套路、器械套路、对练套路和演练套路。格斗运动是二人在一定条件下,按照一定的规则,自由地运用某些攻防技击方法进行的身体对抗。

武术是中国特有的一种文化现象,它流传了几千年,其起源可以追溯到人类最早的各种活动。人类在种族发展的过程中,为了维持生命和延续

舟山船拳

种族，为了满足自卫和繁殖后代的需要而产生了最早的技击活动和技击技术。中国古代的武术是一种技击术。在原始形式的文化历程中，武术融入了中国人对人的身体、对人体运动、对天地自然运动的独特理解，也逐渐形成了以"天人合一"为原则，以"神形兼备"和"身心双修"为追求，以自然万物为启迪，以体认体悟为途径的锻炼体系，衍生了千姿百态的运动样式和锻炼方法。今天的武术随着社会的进步与发展早已不仅仅是一种技击术，逐渐转化为体育项目。由于武术的产生、发展深受中华民族传统文化的影响，使得武术在各方面都带有浓厚的民族传统文化色彩。因此，武术不仅是体育，更是一种中华传统文化的体现。作为体育项目，武术具有健身、防身、修身、教育、审美和竞技等多种价值与功能，是当前学校实施全面素质教育的理想手段。

武术拳种按地域划分有"南派"和"北派"之说。南派，泛指长江以南各地传播的拳种，特点是拳法多，腿法较少，动作紧凑，劲力充沛；北派，则指长江以北和黄河流域传播的拳种，特点是腿法丰富，架势开展，动作起伏明显，迅速有力。另外武术拳种也有以拳种的风格特点而划分为"内家"和"外家"两大类。内家，注重对内脏功能的修炼，训练时强调意识引导动作，交手时以静制动，后发先至，如太极拳；外家，注重拳脚功夫的锻炼，训练时讲究"拳似流星眼似电，腰似蛇行步赛粘"，交手时主张先发制人，以攻为主，如南拳、长拳、少林拳。中国武术的拳种内容丰富，流派众多。

本任务所涉及的舟山船拳属于南派的外家拳，源于明朝抗倭名将戚继光训练水兵所用拳术，后在舟山流传至今，当地渔民将其称为"在船上练的拳"。舟山船拳的特点：步法稳固、稳扎稳打、气势雄健、发劲刚猛，整套动作舒展大方、快速有力、快慢相间、节奏鲜明。

一、武德

武德是人们在武术活动中必须遵守的伦理道德规范和行为准则。正是由于武德的产生和存在，才保证了武术活动健康地向前发展，虽历经磨难，仍顽强地延续下来。在任何历史时期，传授武术必先讲武德，习武必先修德是武术界的共识。

武德的内涵随着时代的变迁而有所变化和侧重，但它的发展主旨是明确的、积极的和健康的。

忠："忠"是武德的首要内容。"精忠报国"作为中华优秀传统文化的内涵之一，也是中华武术武德风范的最高境界。正是这种精神和情感哺育了历代忠贞为国的民族英雄，熔铸了伟大的中华民族之魂。

仁："仁"是用广博的爱去对待一切，是习武者品德追求的最高境界，表现为处事坦荡，心胸开阔，宽容待人，富有爱心。

信："信"是要求习武者诚实可信，言行一致。

义："义"乃行善之本。君子有勇而无义为乱，小人有勇而无义为盗。"义"是习武者修身必须具有的基本品质。

孝："孝"是尊敬长者，是习武者应有的文明素养。

礼："礼"是武德中的重要内容，它包括习武者应有的礼貌、礼节、仪式和仪表等。

智："智"是明辨是非和善恶，是自觉实施武德行为的保证。

勇："勇"既是道德标准，又是实践行为。武德中提倡"大勇"即明晓仁义道德和是非后采取的积极的举止行为，而为私利或意气用事而逞强斗狠的"小勇"是被武术界所鄙视的。

以上八大武德内容是每一个习武者都必须遵守的道德规范和行为准则，因此同样适用于学校中参加武术活动的广大师生。

二、舟山船拳的基本功、基本动作及组合训练

（一）基本功的训练

1. 腿部训练

舟山船拳注重马步稳健，出手刚劲有力。因此在开始训练时应多练各种不同类型的步法，尤其是马步。同时，还应经常进行压腿、踢腿的训练。

2. 臂部训练

在步型的基础上，加强臂力的基本功训练。在训练臂力时，应做到肩关节放松，而手臂肌肉则应紧张，不能松劲。

3. 腰部训练

腰力是发劲的主宰，也是身法、技巧的集中表现。俗语说："练拳不练腰，终究艺不高"。在训练基本功时，应多练转腰、甩腰等动作。

（二）基本动作和组合训练

舟山船拳的基本动作除注重马步、弓步、虚步、丁字步、插步、盖步等基本步型外，还重视平拳、立拳、掌、勾手、爪、冲拳、架拳、鞭拳、劈掌、架掌、顶肘等基本手型、手法和掌法的训练；同时还强调蹬腿、弹腿、踢腿、震脚、跳蝶步等腿法训练。

1. 马步

预备姿势：两脚并步站立。

动作说明：两脚开立约3脚距离，脚尖正对前方，屈膝半蹲，大腿接近水平，膝部不超过脚尖，全脚着地；两拳抱于腰间；目视前方（图6-52①）。

动作要点：挺胸，塌腰，脚外蹬，身体重心落于两腿之间。

2. 马步撞拳、马步双冲拳组合训练

预备姿势：马步，两手握拳置于腰间，立拳，拳心朝上（图6-52①）。

动作说明：下肢不动，两拳变立拳，从腰间先慢后快用力向前冲出，目视前方（图6-52②）。下肢不动，上体快速右转90°，同时两拳收至右腰际，目视右下方（图6-52③）。下肢不动，上体瞬间快速左转90°，同时两拳快速前冲，目视前方（图6-52④）。

动作要点：马步稳，手臂动作发力先慢后快，腰用力与手臂撞拳、冲拳动作协调一致。

图 6-52

3. 马步圈桥

预备姿势：马步，两手掌贴于小腹两侧。

动作说明：两腿成马步，两肘侧开，两手掌贴于小腹两侧，收腹吸气，目视前方

(图 6-53①)。下肢不动,两肘用力内夹,两掌变拳,用力外冲,呼气,目视前方(图 6-53②)。

动作要点:马步稳,手臂发力快、猛,呼吸协同配合。

4. 剪桥、弓步格肘组合训练

预备姿势:弓步双冲拳,目视前方(图 6-54①)。

动作说明:

1)上体左后转180°,下肢交叉成拗步,同时右手下、左手上两手用力内夹劈桥相合(图 6-54②)。

图 6-53

2)右脚向前跨步成弓步,同时右手用力向前格出,左手用力向左下方后撩(图 6-54③)。

3)、4)的动作与1)、2)相同,方向相反(图 6-54④~⑤)。

动作要点:动作协调,同时完成,眼随手动,格斗有力。

图 6-54

5. 弓步格肘、弓步冲拳组合训练

预备姿势:右弓步横冲拳(图 6-55①)。

动作说明:

1)下肢不动,上体左转90°,同时右手臂体前下格,左手臂上合护肩,目视前方(图 6-55②)。

2)下肢不动,上体右转90°,同时右手臂用力屈臂前格,左手不变,目视前方(图 6-55③)。

3)下肢不动,右拳收至腰间,左手平拳用力前冲,目视冲拳方向(图 6-55④)。

4)身体左后转180°,两腿从右弓步换至左弓步,同时右拳立拳向前用力冲出,目视冲拳方向(图 6-55⑤)。

图 6-55

动作要点:步伐稳健,重心低,上体转身与手臂格肘同时完成,弓步冲拳要干脆有力,所有动作要与呼吸协调配合。

三、舟山船拳套路介绍

本套路是舟山武术界拳师孔建荣老师根据明朝抗倭名将戚继光训练水兵用的拳术拳谱和舟山渔民生产习俗动作重新创编而成。该拳术内容简洁,动作结构合理紧凑,是以南拳风格为主的动作组合。这套拳术快慢相间、刚劲有力、舒展大方,曾在多次武术比赛中获得奖牌。

(一)拳谱与动作名称

1. 预备势。
2. 拜毕观音即推门:并步合掌、左右推掌。
3. 船走浪尖神须定:进步穿掌、退步按掌。
4. 两手护舷分双脚:跳马步拍腹、马步圈桥、左右盖步、马步抢拳。
5. 老大撑船紧掌舵:马步撞拳、马步双冲拳。
6. 渔夫撒网分左右:拗步劈桥、弓步鞭拳、弓步冲拳。
7. 网绳后拉朝上网:左弓步后撩、右弓步格肘。
8. 左右收网丁步截:左右横弓步冲拳、丁步下截。
9. 紧拉网绳马步桩:马步穿桥、弓步冲拳。
10. 出拳挑网弓步拳:挑拳上步弓步冲拳。
11. 船篙后撑把手换:弓步劈桥、弓步格肘。
12 ~ 15. 面朝东的左右收网丁步截、紧拉网绳马步桩、出拳挑网弓步拳、船篙后撑把手换。
16 ~ 19. 面朝北的左右收网丁步截、紧拉网绳马步桩、出拳挑网弓步拳、船篙后撑把手换。
20 ~ 23. 面朝西的左右收网丁步截、紧拉网绳马步桩、出拳挑网弓步拳。
24. 扯蓬扬帆腕中缠:退步缠桥。
25. 归心似箭脚下踩:转身亮掌蹬。
26. 紧收缆绳又三拳:弓步急三拳。
27. 回首眺望马步拳:马步架打。
28. 落窗侧卧梦抓鱼:弓步劈桥、横踹劈桥、震脚马步截桥。
29. 海鸥反身朝下俯:翻身跳蝶步沉桥。
30. 挑帘推窗网岸边:马步架打。
31. 出海数日喜回家:上步穿掌、退步按掌。
32. 收势

(二)动作介绍

1. **预备势**

面向正东方,并步站立,目视正前方(图6-56①)。

2. **拜毕观音即推门:并步合掌、左右推掌**

(1)并步合掌 两手同时由下经侧(手心朝上)上举至头顶,合掌后下降至胸前合掌,两肘向外(图6-56②)。

图 6-56

动作要领：动作缓慢，眼随手动。

（2）左右推掌　下肢不动，两掌平拉于腋前，屈肘下垂，食指朝上，其余4指内屈紧扣。掌心向外撑掌缓缓外推至臂直，目视前方（图6-56③）。

动作要领：两臂紧张，挺胸收腹，用力平推。

3. **船走浪尖神须定：进步穿掌、退步按掌**

（1）进步穿掌　两手还原成掌向后划弧，手腕内屈经腰际向前平伸穿掌，同时左足先行向前平走3步至并步直立，目视右手（图6-57①～②）。

动作要领：划弧平穿与上步同时进行，做到手到、足到和眼到。

（2）退步按掌　右腿起后退3步至并步直立，同时两臂屈肘，掌心朝内向下缓慢压掌至小腹前，眼随手动（图6-57③～④）。

动作要领：手脚同时进行，同时完成。

图 6-57

4. **两手护舷分双脚：跳马步拍腹、马步圈桥、左右盖步、马步抢拳**

（1）跳马步拍腹　两腿微蹲向上跳起，两脚左右分开，落地后成马步；同时两掌略离腹部后迅速用力拍击腹部，目视前方（图6-58①～②）。

动作要领：起跳要高，拍击时小腹肌肉紧张。

图 6-58

（2）马步圈桥　下肢不动，两掌变拳，向上、向外反拢，同时两肘紧贴两肋，目视下方（图6-58③）。

动作要领：挺胸收腹，上肢动作干脆利落。

（3）左右盖步　两拳拳心向上收至腰间成马步抱拳（图6-58④）。随后右脚向左脚前横跨一步交叉成右盖步，两膝屈，同时上体稍右转，目视右前方（图6-58⑤）。左脚由后向右脚前跨一步成左盖步，上体左转，目视左前方。

动作要领：盖步上步快，重心要低。

（4）马步抱拳　右脚向右横步成马步抱拳，目视前方（图6-58⑥）。

5. 老大撑船紧掌舵：马步撞拳、马步双冲拳

（1）马步撞拳　下肢不变，两臂紧张磨肋向前推出，两拳立拳慢慢向前冲出，目视前方（图6-59①）。

动作要领：撞拳时气下沉，两肘过两肋时发寸劲，同时发"嗨"声。

（2）马步双冲拳　下肢不变，两拳立拳缓慢向右收至腰际，身稍右转，目视双拳（图6-59②）。身体猛力左转，同时双拳迅速前冲，力达拳面（图6-59③）。

动作要领：挺胸、塌腰、坐髋，转腰发力与冲拳协调配合。

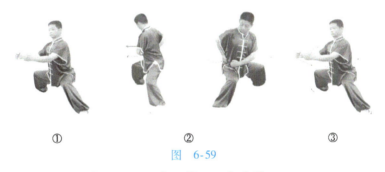

图　6-59

6. 渔夫撒网分左右：拗步劈桥、弓步鞭拳、弓步冲拳

（1）左拗步劈桥、右弓步鞭拳

1）身体左转屈膝成左拗步，同时两臂快速用力内夹劈桥至左拳拳心贴于右肩，右拳拳心朝上贴紧腰，目视左下方（图6-60①）。

2）右脚上步成右弓步，同时肘稍屈，右拳用力向前甩出，力达拳背；左拳后拉至身后，拳心朝上，目视右拳（图6-60②）。

动作要领：转腰、劈桥协调配合；弓步鞭拳，快速有力，高不过眼。

（2）右拗步劈桥、左弓步鞭拳　左后转180°，其余动作同左拗步劈桥、右弓步鞭拳，但方向相反（图6-60③～④）。

（3）弓步冲拳　继续弓步，同时右拳由后经腰向前快速冲拳，立拳；左拳变立掌收回护肩（图6-60⑤）。

动作要领：冲拳要快，稍高于肩。

7. 网绳后拉朝上网：左弓步后撩、右弓步格肘

（1）左弓步后撩　下肢不变，右拳向下、向后撩起，目视右拳（图6-61①）。

（2）右弓步格肘　身体右转成右弓步，同时右臂屈肘向前横格，拳面朝上，高不过眼，目视右拳（图6-61②）。

① ② ③ ④ ⑤

图 6-60

动作要领：后撩快，转身右弓步与格肘同时完成。

8. 左右收网丁步截：左右横弓步冲拳、丁步下截

（1）左右横弓步冲拳　弓步不变，左掌变拳向左平冲拳，拳心朝下；同时右拳收至腰间，目视左前方。随之，身体迅速左转成左弓步，同时右拳向右立拳平冲，目视右前方（图6-62①～②）。

① ②

图 6-61

动作要领：动作有力，快慢节奏明显。

① ② ③ ④ ⑤

图 6-62

（2）丁步下截　右脚向前跨出一步，左脚迅速跟上，脚尖点地，屈膝下蹲成丁步；同时右臂下垂并迅速挑起，由拳变掌向下劈，手臂直，掌心朝内；左拳变掌由下向上护至肩前，掌心朝外，目视右掌（图6-62③～⑤）。

动作要领：上下肢连贯动作，与呼吸协调配合，丁步要低。

9. 紧拉网绳马步桩：马步穿桥、弓步冲拳

（1）马步穿桥　右脚跟撇，右脚横开一步，足尖朝前成马步；同时右臂抬起，横于右胸前，掌心朝上；左掌经右臂上向左穿出，掌心朝上，同右臂后拉屈肘，目视左掌前方（图6-63①）。

动作要领：开步与两臂后拉同时进行，左手臂微屈。

（2）弓步冲拳　身体左转成左弓步，左掌立掌后拉护右肩，右掌变拳向前冲立拳，目视前方（图6-63②）。

动作要领：转身快，出拳迅猛。

10. 出拳挑网弓步拳：挑拳上步弓步冲拳

重心前移至左腿，右腿快速向前勾起前蹬，同时右臂下垂并迅速挑起至肩平后收至腰间，左臂屈臂立掌外推；接着右腿前跨落地成弓步，同时右掌变立拳前冲，左掌收回护肩，目视右拳（图6-63③~⑤）。

动作要领：抬腿与挑拳，右脚成弓步与右冲拳同时完成。

① ② ③ ④ ⑤

图 6-63

11. 船篙后撑把手换：弓步劈桥、弓步格肘

（1）弓步劈桥 重心左移至左腿，成左弓步，同时右拳拳心向上，猛力向左下方斜劈至腰部，目视左下方（图6-64①）。

（2）弓步格肘 重心右移至右腿成右弓步，同时右臂屈肘由下向上撩起横格至右肩外，目视右前方（图6-64②）。

动作要领：劈桥、格肘动作迅猛、突然，与下肢动作协调配合。

① ②

图 6-64

12~15. 面朝东的左右收网丁步截、紧拉网绳马步桩、出拳挑网弓步拳、船篙后撑把手换

动作组合完全同图6-62~图6-64，但方向面向东。

16~19. 面朝北的左右收网丁步截、紧拉网绳马步桩、出拳挑网弓步拳、船篙后撑把手换

动作组合完全同图6-62~图6-64，但方向面向北。

20~23. 面朝西的左右收网丁步截、紧拉网绳马步桩、出拳挑网弓步拳

动作组合完全同上8、9、10三个动作组合，但方向面向西（图6-65①~⑥）。

24. 扯蓬扬帆腕中缠：退步缠桥

右脚向后退一步右转身90°成马步，同时左掌抓肩，右拳变掌经下至右上方缠腕内扣变鹰爪，目视右爪（图6-66①）。

动作要领：上下肢动作同时完成，鹰爪手腕内屈，小臂紧张。

25. 归心似箭脚下踩：转身亮掌蹬

1）右脚退至左脚后，脚跟右辗转，同时右手变掌，右臂外旋，屈肘，使掌心朝上沿左臂下降至左腋前；左掌在右臂下降时由身前屈肘从右臂里向上直臂穿出，掌心朝右，目视右手（图6-66②）。

2）两脚继续向右辗转，左脚足跟用力前蹬出，右手继续向上绕环，至头顶时向外亮

219

① ② ③

④ ⑤ ⑥

图 6-65

掌；左手相应地从左向下、向身后直臂绕环，至身后时，屈腕成勾手，反臂斜举勾尖朝上，目视前方（图6-66③）。

动作要领：足跟辗转与两手回环亮掌同时进行，同时完成，动作连贯，一气呵成。左足跟蹬出时，面朝西。

26. 紧收缆绳又三拳：弓步急三拳

（1）上步左弓步左冲拳　右手在额前上方往下落时，由掌变拳，收至腰间护腰，拳心朝上；左臂由勾变拳，屈肘经腰间向前冲出，同时左脚前迈成左弓步，目视前方（图6-67①）。

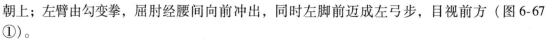

① ② ③

图 6-66

动作要领：动作迅速连贯。拳略高于肩。

（2）上步右弓步冲拳　右脚上步屈膝成弓步，同时右拳立拳向前冲出；左臂屈肘后抽，左拳立拳立腰间（图6-67②）；左拳立拳向前冲出，右拳立拳收腰间（图6-67③）；左拳收腰间，同时右拳再次前冲（图6-67④）。

动作要领：连续三拳动作连贯，速度快捷，冲拳力达拳面，目视前方。

① ② ③ ④ ⑤

图 6-67

27. 回首眺望马步拳: 马步架打

重心后移,两腿屈膝半蹲,两脚跟向左辗转成马步;右拳变掌向左、向上划弧至头上方横架,左拳随即从左侧方向平伸冲出,立拳,目视左拳(图6-67⑤)。

动作要领:右掌环绕时眼随掌走,动作连贯有节奏。

28. 落窗侧卧梦抓鱼: 弓步劈桥、横踹劈桥、震脚马步截桥

(1)弓步劈桥 身体略左转成左弓步,右手掌内转,向左拳内侧劈下与左拳平,目视前方(图6-68①~②)。

图 6-68

动作要领:转身与劈掌动作连贯、快速,力达掌沿。

(2)横踹劈桥 身体右转,右腿屈膝下蹲成马步状;同时右掌外旋上拉横于头上方,掌心朝外;两臂猛然用力由外向里在胸、腹前相剪,左掌心贴于右肩部,右掌掌沿靠近左软肋处;同时右脚盖过左脚向身体左侧横踹,脚尖向外,力达脚跟(图6-68③~④)。

动作要领:劈桥和横踹同时进行,横踹时脚尖勾起,力达脚跟。

(3)震脚马步截桥 右脚用力在左脚内侧震脚踩下,左脚随即向左横跨一步屈膝成马步;同时右手握拳拉回腰间,拳心朝上;左掌变拳,拳眼朝里,左臂以肩为轴经前向上、向左、向下砸,肘尖贴近左膝,左拳落于左小腿外侧,成豹拳,目视左拳(图6-68⑤~⑦)。

动作要领:动作连贯,踩脚迅猛有力。豹拳握拳时,食指、中指、无名指和小指4指并拢,4指第2、3节指骨屈紧,拇指紧扣。

29. 海鸥反身朝下俯: 翻身跳蝶步沉桥

1)重心略起右移,同时上体向右拧紧,左手上抬,右手后伸,拳心朝上(图6-69①)。

2)沉重心刹那,右腿蹬地跳起,上体用力左后转身,两手随之握拳抢臂划弧;跳转180°后,两脚同时落地,左腿屈膝成弓,脚尖朝前;右腿膝盖内侧跪地,横扣脚尖成蝶步;同时上体右倾,左拳上架肩上,拳心朝外,右拳用力下劈,目视右拳(图6-69②)。

动作要领:拧身要紧,蹬地起跳快且有力,翻身连贯,右拳下劈要狠、快和有力,动作要和呼吸协调。

30. 挑帘推窗网岸边: 马步架打

重心慢起,转身辗脚,左腿蹬直成右弓步,同时右拳翻拳上架额前,拳眼朝下,左拳向

图 6-69

后、向下经腰间向前冲拳，拳眼朝上，目视左拳（图6-69③）。

动作要领：起身、转腰和蹬腿、架冲拳动作连贯，有节奏。

31. 出海数日喜回家：上步穿掌、退步按掌

（1）上步穿掌　左脚起前走3步并立，同时两拳变掌，左手下落，两掌侧挑后随之手腕后屈经后向下、向前上方穿掌（图6-70①～②）。

图 6-70

动作要领：手脚同时开始，同时完成。

（2）退步按掌　动作同第3个动作中的退步按掌动作（图6-70③～④）。

32. 收势

并步站立，收势（图6-70⑤）。

任务5　搏　击

格斗在技术上与实用技击是基本一致的，但是从体育的目的出发，它受到竞赛规则的制约，以不伤害对方为原则。武术中，格斗运动既有很强的攻防技击性，又与实用技击有所区别。下面介绍几种格斗技术的应用。

1. 抱双腿前顶摔

当甲出拳击乙头部时，乙快速上步；下潜闪身，双手紧抱甲双腿，屈肘猛拉，同时用肩前顶甲腹胯部，将甲摔倒，如图6-71、图6-72所示。

要点：下潜闪身快，抱腿压肘，肩顶协调用力。

图 6-71　　　　　　　　　　　　　　　　图 6-72

2. 压颈推膝摔

甲抱乙双膝，乙立即屈膝坐髋，微下蹲，左手压甲后颈部，右手向上、向侧推托甲左膝，随沉身下坐，左手压、右手托，使甲向前翻滚倒地（图 6-73～图 6-75）。

要点：下蹲快，压、推、托动作连贯协调用力。

图 6-73　　　　　　　　图 6-74　　　　　　　　图 6-75

3. 以腿防拳

当甲用拳进攻乙时，乙即侧倾躲闪，同时提腿展髋，用弹、蹬、蹿腿反击甲胸腹及下肢（图 6-76）。

要点：倾身躲闪快，展髋提腿，出腿连贯。

4. 格挡反击

当甲用右拳进攻乙头部时，乙即用右臂屈肘格挡，并随即用插掌、砍掌或掌背反击。（图 6-77、图 6-78）。

要点：格挡快，拦弹发力，伸臂反击快且有力。

图 6-76

图 6-77　　　　　　　　　　　　　图 6-78

5. 以腿防腿

当甲以横摆腿或侧踹腿进攻乙时，乙即下蹲沉重心，双手撑地，提后腿以侧弹腿（或勾脚尖）反击甲下腹部（图 6-79、图 6-80）。

要点：下蹲快，手撑地，侧弹腿，转体90°。

图 6-79

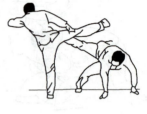

图 6-80

6. 提膝反击

当甲用左直拳攻击乙时，乙即后倾躲闪，并用左手拍防，继而两手前伸抓住甲双肩，重心前移，再提左腿屈膝前顶甲下腹部（图6-81、图6-82）。

要点：拍防、闪身防同步进行，伸臂抓肩，抬腿顶膝连贯协调。

图 6-81

图 6-82

思考与练习

1. 武术有哪些功能和价值？
2. 为什么说武术是中国的传统体育文化项目？
3. 舟山船拳在船舶的狭小空间条件下的实际锻炼价值如何？

子模块20　乒乓球运动

学习与训练目标

1. 了解乒乓球运动的基本知识。
2. 学习和掌握乒乓球运动的基本姿势、步伐及动作技术。
3. 学会乒乓球运动规则。
4. 学会乒乓球运动欣赏。

学习情境

乒乓球被誉为我国的"国球"，不仅具有极高的观赏性，更能体现出一种积极向上、团结协作和永不言弃的价值观和精神风貌。乒乓球的运动量可大可小，室内室外均可进行，占地面积不大，适宜人群广泛，在推广普及方面具有天然的优势，深受广大群众的喜爱。

乒乓球运动节奏明快，对抗输赢分明，在极短的时间内可以得出胜负结果，是增加海员航海娱乐性的一项重要运动项目，很容易激发参与者的进取精神。由于船上的特殊工作环境，海员必须具备较强的体质和较好的体能，乒乓球运动不受场地的限制可作为航行过程中锻炼体质的一项重要内容。航海类的学生主要在船上工作，掌握和熟练运用乒乓球运动方法能培养积极进取、坚毅的意志品质，对振奋民族精神具有特殊的价值。

任务 1　乒乓球运动的基本知识

一、乒乓球运动的起源和发展

乒乓球发源于英格兰，由网球运动派生而来。相传 19 世纪后半期，网球在欧美流行，但由于室外经常受到天气的影响而搬进室内在桌上击打，击球时球和球桌碰撞发出"乒乓"声音而被冠名为"乒乓球"。目前重要的国际赛事有世界乒乓球锦标赛、世界杯乒乓球赛、奥运会乒乓球赛和国际乒联职业巡回赛等。

1904 年，乒乓球运动传入我国，但当时仅限于上层社会中少数人活动。新中国成立后，乒乓球运动才得以发展。1952 年，我国正式加入国际乒联，1953 年，参加了第 20 届世乒赛。1959 年我国运动员容国团在第 25 届世锦赛上以快攻打法为我国夺得了第一个男子单打世界冠军。此后，我国乒乓球运动得到进一步的普及和提高，经过多年努力，形成了"稳、准、狠、快、变"的独特风格和多种打法，为世界乒乓球运动做出了巨大贡献。

二、乒乓球运动的健身价值

乒乓球运动的特点是球小，需要的设施简单，比赛节奏明快，风格多变，技巧性强、趣味性高，不受年龄、性别和身体条件的限制，男女老少均可参加。乒乓球运动可以单打、双打、混合双打，还可以分队、分组进行，灵活的组织形式可以培养学生多种能力。因此具有广泛的适应性和较高的锻炼价值，比较容易开展和普及。经常参加乒乓球运动不仅可以强健体魄，提高灵敏性和协调性，而且可以磨炼意志力。

任务 2　乒乓球的基本技术

一、握拍法

握拍是打好乒乓球的基本前提，正确的握拍方法能够有效控制球，常见的握拍方法有直拍和横拍两种。

1. 直拍握法

以食指第二关节和拇指第一关节扣压球拍肩，虎口贴住拍柄，其他三指自然弯曲，斜行重叠，中指第一关节顶在拍后中线上三分之一处。注意：拇指与食指之间的距离要适中（图 6-83）。

2. 横拍握法

以中指、无名指、小指自然地握住拍柄，拇指在球拍正面轻贴于中指旁边，食指自然垂直于球拍的背面，虎口轻微贴住拍肩（图 6-84）。

图 6-83　　　　　　　　　　　　　　　　　　握拍动作

图 6-84

3. 易犯错误与纠正方法

易犯错误：握拍过大、过小、过紧、过深、手腕僵硬。

纠正方法：演示动作要领，正确握拍，手指手腕放松。

二、基本站位姿势

恰当的准备姿势能够保证快速起动、及时找到合理的击球位置，同时还能够维持身体重心的相对平衡和稳定。

（1）动作方法　两脚左右开立与肩同宽或比肩稍宽，两膝微屈，前脚掌着地（主要以脚内侧蹬地），脚趾轻微用力压地，脚跟微离地面，重心置于两脚之间，上体略前倾、收腹，持拍手臂自然弯曲，手腕放松。两眼注视来球，下颌稍向后收。

基本站位姿势

（2）动作要领　上体略前倾，适度收腹含胸，两膝微屈，球拍置于腹前 20～30 厘米处。

三、基本步法

1. 单步

以一脚为中心，另一脚前、后、左、右移动，在来球角度不大、离身体较近时使用。

2. 跨步

来球落点近侧方的脚先向来球方向跨出一大步，身体重心随之移至该脚，另一脚随之快速跟上。这种步法的活动范围比单步大，常用在球急、角度大、来球离身体稍远时使用。

基本步法

3. 并步（滑步）

来球落点远侧方的脚先向近侧方的脚靠一步，来球近侧方的脚随即再向来球方向迈出一大步。这种步法不仅可以向左、向右滑步，还可以向斜前方、斜后方滑步，适用于身体重心平稳，小范围移动打法。

4. 跳步

一般用力蹬地，使两脚离开地面，同时向前、后、左、右跳动，快攻型打法常用跳步来侧身。

5. 交叉步

来球落点远侧方的脚先向来球落点方向跨出一步，在身体前成交叉状，另一只脚紧跟着向来球方向移动一步，髋部要随步法灵活转动。这种步法的移动范围比较大，一般在回击大角度来球时使用。

四、发球技术

发球是乒乓球技术中唯一不受对方来球制约的技术，能够有效实现自己的战术意图；是力求主动，先发制人的第一环节；由抛球和挥拍击球两个动作组成。

发球技术

1. 正手平击发球

正手平击发球时，左脚稍前，右脚稍后，身体略右转向右后方引拍，当抛起的球落回到比球网稍高处时，向左前上方挥拍迎球，击球的中上部，第一落点在本方球台中间偏后的位置。击球后，手臂继续向左前方随摆，然后迅速还原，身体重心从右脚移至左脚（图6-85）。

图 6-85

2. 正手发下旋转球

技术特点是球速较慢，旋转变化大。由于与不转球发球手法相似，使对手难以分辨，从而增加回球难度，易造成下网、出界或高球，使自己直接得分或创造进攻得分的机会。

击球前，左脚稍前，上体前倾，两膝微屈，左手掌心托球，然后将球抛起，右手向后方引拍，拍面略斜向上；当球下落至略比网高时，前臂加速向左前下方发力，使拍从球的底部切过，产生摩擦使球向下旋转；击球后迅速还原为准备姿势。

3. 正手发不转球

发不转球与加转球的动作方法基本相同，在球拍将触球时，使拍形略立；当球拍触球中下部时，不做下切擦球的动作，而是略带撞击，稍向前推球。

4. 反手发旋转球

技术特点是球具有混合旋转的性质，易于在旋转和速度方面进行变化组合。在旋转变化方面以侧下旋为主，配合侧上旋发球；在速度变化方面，可以把侧上旋球当作奔球来用。

反手发旋转球时，持拍手的另一侧脚稍后，向身体这一侧后方引拍，当抛起的球下落时，由后上方向前下方切削球，右臂快速挥摆；侧上旋发球的拍面略微立起，在球拍横向挥动中，摩擦球的内侧中部；侧下旋发球的拍面略后仰，在球拍在侧下方挥动中，摩擦球的下侧内部（图6-86）。

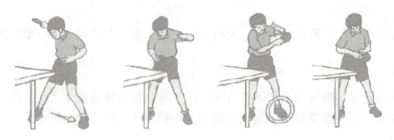

图 6-86

5. 易犯错误与纠正方法

1）球向上抛起的高度不够。纠正方法：讲明要领并用数次抛球动作来练习。

2）击球点过高或过低。纠正方法：强调按动作要点掌握正确恰当的击球点。

3）拍面前倾过多或不够，击球时向前力量或小或大，落点距离过远或过近。纠正方法：用正确的拍面击悬空球；在台上划出第一落点的范围。

五、接发球技术

1. 动作方法

接发球时，要根据对手发球的位置来决定自己的站位。如果对手用正手在球台的右侧发球，站位则要偏右一点；如果对手用反手或侧身在球台的左侧发球，那么站位则应该偏左一些。在接发球时应提前判断，可以根据对手的出手动作、来球弧度、身体动态对对手发球的线路、落点、力量进行判断。

接发球的方法很多，一般有点、拨、带、拉、攻、推、削、摆短、撇侧旋等各种技术组成。初学者通常采用推挡、搓球、进攻和削球的技术方法。

2. 易犯错误

接发球易犯判断不准、移动不到位、回击手法不当的错误。

3. 纠正方法

1）用推、搓、削、拨、拉、攻的技术手法去接对方的单一发球。

2）根据来球改变不同拍形和力量接球，以体会适应不同旋转变化的来球。

3）加快步伐移动，调整到接发球最佳的位置，利用行之有效的手法来接发球。

六、推挡技术

推挡球的技术特点是站位近、动作小、速度快、变化多，在比赛相持或防御时能主动调动和压制对手，为进攻创造机会。一般包括平挡球、快推球、加力推球、减力推球、推下旋、推挤球等技术，通常学习平挡球和快推球技术。

推挡技术

1. 平挡球

平挡球的技术特点是球速慢、力量轻、动作较简单，初学者容易掌握。它可以帮助初学者熟悉球性，认识乒乓球的击球规律，提高控制球的能力。

平挡球的技术动作：击球前，两脚平行站立，离台40～50厘米，手臂自然弯曲，拍面与台面接近垂直；引拍时，上臂应靠近身体，前臂前伸迎球；击球时，要待来球处于上升期击球的中后部，借来球的反弹力将球挡回；击球后，手臂、手腕向前随摆，并迅速还原放松。发力部位以前臂为主,身体重心在两脚之间。

2. 快推球

快推球的技术特点是站位近,动作小,借力还击,速度快,力量较轻,落点变化好,适用于回击一般的拉球、推挡球和中等力量的攻球。在相持中快推球能发挥回球速度快的优势,推压两大角或袭击对手空当,为自己的进攻创造条件。它是推挡球最常用的一项技术。

快推球的技术动作:击球前右脚稍前或双脚平行站立,身体离台40厘米左右,手臂自然弯曲向外旋,拍面稍前倾,引拍靠近身体,前臂适当后撤再向前挥拍迎球;击球时前臂向前推送,借球的反弹力并以前臂和手腕发力,向前略上推击球的中上部;击球后,手臂、手腕向前随摆,并迅速还原放松。发力部位主要以前臂和手腕为主,但注意转腕动作不宜过大,动作过程中重心在两脚之间。

3. 易犯错误与纠正方法

1)平挡球易犯判断落点不准,拍面掌握不好的错误。纠正方法:提高判断能力,加强手腕的灵活性和调整拍面的能力。

2)推挡球易犯手臂没有向前伸出的错误。纠正方法:训练击球后上臂和肘关节前送,上体向左转动。

七、攻球技术

攻球是快速进攻最重要的一项技术,杀伤力强,是在比赛中争取主动和获得胜利的关键技术。攻球一般分为正手攻球、反手攻球、侧身攻球三种;还包括近台、中远台、扣杀等技术,通常主要学习正手攻球、反手攻球和正手扣杀球技术。

攻球技术

1. 正手攻球

正手攻球的技术特点是站位近、动作小、球速快,借反弹力还击与落点变化结合,可调动对手,为扣杀创造机会,是正手积极进攻得分的技术。

正手攻球的技术动作:正手攻球时,手臂在腰和髋关节的带动下向后引拍,前臂和地面几乎平行,上臂和身体夹角在35°~40°之间,球拍稍前倾,拇指稍用力,食指放松。来球时在腰和大臂的带动下向前迎球,待来球处于上升期击球的中上部。击球时以撞击为主,略带摩擦,前臂快速收缩,手腕有向前压的动作。击球后,手臂向左前方随摆,快速还原。发力主要部位以前臂为主,身体重心从右脚移至左脚。

2. 反手攻球

反手攻球的技术特点是动作小、球速快,线路灵活,借来球反弹力量还击,是横拍反手近台的一项基本技术。

反手攻球的技术动作:站位中近台,右脚稍前,向左腹前引拍,前臂向前迎球;击球时,上升期前臂加速外旋,手腕伸并外展,拍面稍前倾在来球的高点击球的中部偏上位置;手臂向右前上方挥动,以前臂发力,击球后迅速还原。

3. 正手扣杀球

正手扣杀球的技术特点是动作较大、力量重、球速快、攻击性强,遇半高球时使用,是拿下关键分的攻击利器,得分的重要手段。

正手扣杀球的技术动作:击球前,左脚在前,右脚在后,与攻球时相比,两脚之间的站位距离更大些,击球手臂充分向后上引拍,肘关节几乎完全伸展;身体在此时进行髋和肩的向右转动,以使左肩指向球网;击球时,当球跳到高点时,击球手臂快速有力地向前下方挥动,腰、髋向左转动配合发力,拍面前倾击球中上部,身体重心移至左腿;击球后,手臂向左前下方随摆,迅速还原。

4. 易犯错误与纠正方法

1）正手攻球时不敢大胆挥拍,有停顿,弧线制造不好。纠正方法:徒手模仿挥拍练习。

2）臂与身体夹角过小。纠正方法:放松肩部,加大上臂与身体的距离。

3）抬肘抬臂。纠正方法:对做近台快攻练习,击球时肘肩向后下方。

4）手腕下垂,球拍与前臂垂直。纠正方法:做手腕内旋拍柄向左的练习。

5）判断球的落点不准,引拍动作不到位。纠正方法:先做接平击发球的练习,再做连续推挡球的练习。

6）反手攻球时拍面前倾过早。纠正方法:做引拍练习,使拍面稍后仰。

7）拍面前倾不够。纠正方法:做平击发球练习,体会击球时手腕外旋动作的方法。

八、搓球技术

搓球是近台还击下旋球的技术。技术特点是站位近、动作小,回球多在台内进行,是初学者必须掌握的入门技术。比赛中常用搓球为拉球创造条件,与攻球结合形成搓攻战术。搓球可用于接发球,也可用来控制对手,使其无法顺利进攻。搓球可分为正手搓球和反手搓球、慢搓球和快搓球以及加转搓球和不转搓球等。这里主要学习正、反手慢搓球和正、反手快搓球。

搓球技术

1. 正、反手慢搓球

慢搓球动作幅度较大,在来球的下降期击球,回球速度慢,但有利于增加回球的旋转强度;一般适用于接旋转较强、线路较长的来球。

慢搓球的技术动作:根据来球的具体情况,控制好拍面的后仰角度;反手慢搓球时引拍至身体左上方,手臂向右前下方迎球,正手慢搓球时引拍至身体右上方,手臂向左前下方迎球;击球时,前臂加速向前下方用力,击球中下部,摩擦球底部;击球后,手臂向前下方随摆,迅速还原。注意转腕动作不宜过大,搓球要"连搓带送",适应搓球的节奏。

2. 正、反手快搓球

快搓球动作幅度小,回球速度快,借来球的前进力将球搓回对方,常用于接发球或削过来的近网下旋球;在对搓中,利用快搓变化击球节奏,缩短对手回球的准备时间。

快搓球的技术动作:击球前,身体靠近台,拍面稍后仰,后引动作小;反手快搓时引拍至身体左前上方,手臂向右前下方迎球,正手慢搓时引拍至身体右前上方,手臂向左前下方迎球;击球的上升期,触球的中部偏下,以手腕动作为主,速度快,借来球的前进力回击;击球后,手臂向前下方随摆,迅速还原。快搓球的速度快,角度大,但旋转较弱,线路短。

3. 易犯错误与纠正方法

1）引拍不够致使击球的前臂动作不明显。纠正方法:持拍练习前臂和手腕向上引拍再向下做切的动作。

2）击球时拍面后仰不够,球易下网。纠正方法:下降期触球的中下部,体会拍面后仰前送的动作。

3）击球动作过早或过晚接触不到球。纠正方法：盯球，根据来球的速度决定引拍的速度，体会击球后小臂继续前送的动作。

4）击球点离身体过远，重心偏后，击球部位不准。纠正方法：放球后，让球在台面垂直跳，脚步向近台跨出，重心前移，在下降期挥拍搓球的中下部。

任务 3　乒乓球的基本战术

乒乓球的战术较多，常用的战术有发球抢攻战术、对角进攻战术、双边直线进攻战术、搓攻战术、双打战术等。这里仅对基本的进攻战术进行讲解。

一、发球抢攻战术

发球抢攻是我国直板快攻打法的"撒手锏"，是力争主动、先发制人的主要战术。各种类型打法的运动员都普遍采用发球抢攻来抢占先机。发球战术运用的效果主要取决于发球的质量和第三板进攻的能力。

发球抢攻战术

二、对角进攻战术

紧压对手反手一侧的角，不给对手进攻的机会，结合突然的大角度变线，再攻另一角，如图 6-87 所示。

三、双边直线进攻战术

先攻击直线一角，再以直线攻击另一角，如图 6-88 所示。

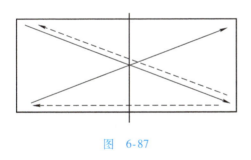

图　6-87　　　　　　　　　　　　图　6-88

四、搓攻战术

搓攻战术是进攻型打法的辅助战术之一，主要利用搓球的旋转和落点变化，为进攻创造机会；搓转与不转球后，伺机反攻；以快搓短球为主，配合劈两大角长球，伺机进攻；对付进攻型选手时，应讲究搓球的速度和落点，并应尽量少搓，即搓一两板就马上进攻。

五、双打战术

乒乓球既是单人运动，也是团体运动。在乒乓球双打中，两名球员一起战斗，为了达成共同的目标而默契配合，这是双打战术的重要因素。

为了加强配合、协同作战，两名球员之间需要充分的沟通，让对方知道自己的意图和计划；在打球过程中，需要注意球员的身位和站位问题，基本为分开站和脚并排站两种。发球时可用手势相互暗示发球的意图，尽量为同伴创造抢攻的条件；在接发球时应以抢攻、抢位为主，选择一人主攻一人负责控制对方的快球等方式来配合。

双打战术能增加乒乓球运动的乐趣，展现团队合作精神。

任务4　乒乓球运动规则简介

一、球台

1）球台的上层表面叫作比赛台面，是与水平面平行的长方形，长2.74米，宽1.525米，高76厘米。

2）比赛台面不包括球台台面的侧面。

3）比赛台面应呈均匀的暗色，无光泽，沿每个2.74米的比赛台面边缘各有一条2厘米宽的白色边线，沿每个1.525米的比赛台面边缘各有一条2厘米宽的白色端线。

4）双打时，各台区由一条3毫米宽的白色中线，划分为两个相等的"半区"。中线与边线平行，并应视为右半区的一部分。

二、球网装置

1）球网装置包括球网、悬网绳、网柱及将它们固定在球台上的夹钳部分。

2）球网应悬挂在一根绳子上，绳子两端系在高15.5厘米的直立网柱上，网柱外缘离开边线外缘的距离为15.25厘米。

3）整个球网的顶端距离比赛台面15.25厘米，底边应尽量贴近比赛台面，其两端应尽量贴近网柱。

三、乒乓球

乒乓球为圆球体，直径为40毫米，球重2.7克，用赛璐珞或类似的材料制成，呈白色或橙色，且无光泽。

四、球拍

1）球拍的大小、形状和重量不限，但底板应平整、坚硬。

2）底板厚度至少应有85%的天然木料，加强底板的黏合层可用诸如碳纤维、玻璃纤维或压缩纸等纤维材料，每层黏合层不超过底板总厚度的7.5%或0.35毫米。

3）用来击球的拍面应用一层颗粒向外的普通颗粒胶覆盖，连同黏合剂厚度不超过2毫米；或用颗粒向内或向外的海绵胶覆盖，连同黏合剂，厚度不超过4毫米。

4）普通颗粒胶是一层无泡沫的天然橡胶或合成橡胶，其颗粒必须以每平方厘米不少于10颗，不多于50颗的平均密度分布整个表面。

5）海绵胶是在一层泡沫橡胶上覆盖一层普通颗粒胶，普通颗粒胶的厚度不超过2毫米。

6）覆盖物应覆盖整个拍面，但不得超过其边缘。靠近拍柄部分以及手指执握部分可不予以覆盖。

7）底板、底板中的任何夹层、覆盖物以及黏合层应为厚度均匀的一个整体。

8）球拍两面不论是否有覆盖物，必须无光泽，且一面为鲜红色，另一面为黑色。拍身边缘上的包边应无光泽，不得呈白色。

9）由于意外的损坏、磨损或褪色，造成拍面的整体性和颜色上的一致性出现轻微的差异时，只要未明显改变拍面的性能，可以允许使用。

10）比赛开始时及比赛过程中运动员需要更换球拍时，必须向对手和裁判员展示他将要使用的球拍，并允许他们检查。

五、乒乓球运动术语

1）回合：球处于比赛状态的一段时间。

2）球处比赛状态：从发球时，球被有意向上抛起前，静止在不执拍手掌上的一瞬间，到该回合被判得分或重发球。

3）重发球：不予判分的回合。

4）一分：判分的回合。

5）执拍手：正握着球拍的手。

6）不执拍手：未握着球拍的手。

7）击球：用握在手中的球拍或执拍手手腕以下部分触球。

8）阻挡：对手击球后，处于比赛状态的球尚未触及本方台区也未超过比赛台面或其端线，即触及本方运动员或其穿戴（带）的任何物品。

9）发球员：在一个回合中，首先击球的运动员。

10）接发球员：在一个回合中，第二个击球的运动员。

11）裁判员：被指定管理一场比赛的人。

12）裁判助理：被指定在某些方面协助裁判员工作的人。

13）运动员穿或戴（带）的任何物品：运动员在一个回合开始时穿或戴（带）的任何物品。

14）超过或绕过球网：球从突出台外的球网装置之下或之外经过，或回击的球越过球网后又回弹过网。

15）端线：端线两端的无限延长线。

六、合法发球

1）发球时，球应放在不执拍手的手掌上，手掌张开和伸平。球是静止的，在发球方的端线之后和比赛台面的水平面之上。

2）发球员用手把球几乎垂直地向上抛起，不得使球旋转，并使球在离开不执拍手的手掌之后上升不少于16厘米。

3）当球从抛起的最高点下降时，发球员方可击球，使球首先触及本方台区，然后越过或绕过球网装置，再触及接发球员的台区。在双打中，球应先后触及发球员和接发球员的右半区。

4）从抛球前球静止的最后一瞬间到击球时，球和球拍应在比赛台面的水平面之上。

5）击球时，球应在发球方的端线之后，但不能超过发球员身体（手臂、头或腿除外）离端线最远的部分。

6）运动员发球时，有责任让裁判员或副裁判员看清他是否合法发球。

① 如果裁判员怀疑发球员某个发球动作的正确性，并且他或者副裁判员都不能确信该发球动作不合法，一场比赛中此现象第一次出现时，裁判员可以警告发球员而不予判分。

② 在同一场比赛中，如果运动员发球动作的正确性再次受到怀疑，不管是否出于同样的原因，不再警告而判失一分。

③ 无论是否第一次或任何时候，只要发球员明显没有按照合法发球的规定发球，他将被判失一分，无须警告。

7）运动员因身体伤病而不能严格遵守合法发球的某些规定时，可由裁判员做出决定免予执行,但须在赛前向裁判员说明。

七、合法还击

对方发球或还击后,本方运动员必须击球,使球直接越过或绕过球网装置,或触及球网装置后,再触及对方台区。

八、比赛次序

1）在单打中,首先由发球员合法发球,再由接发球员合法还击,然后两者交替合法还击。

2）在双打中,首先由发球员合法发球,再由接发球员合法还击,然后由发球员的同伴合法还击,再由接发球员的同伴合法还击,此后,运动员按此次序轮流合法还击。

九、重发球

回合出现下列情况应判重发球。

1）如果发球员发出的球,在越过或绕过球网装置时,触及球网装置,此后成为合法发球或被接发球员或其同伴阻挡。

2）如果接发球员或同伴未准备好时,球已发出,而且接发球员或其同伴均没有企图击球。

3）由于发生了运动员无法控制的干扰,而使运动员未能合法发球、合法还击或遵守规则。

4）裁判员或副裁判员暂停比赛:由于要纠正发球、接发球次序或方位错误;由于要实行轮换发球法;由于警告或处罚运动员;由于比赛环境受到干扰,以致该回合结果有可能受到影响。

十、一分

除被判重发球的回合,下列情况运动员得一分。

1）对方运动员未能合法发球。

2）对方运动员未能合法还击。

3）运动员在发球或还击后,对方运动员在击球前,球触及了除球网装置以外的任何东西。

4）对方击球后,该球越过本方端线而没有触及本方台区。

5）对方阻挡。

6）对方连击。

7）对方用不符合规定的拍面击球。

8）对方运动员或其穿戴（带）的任何东西使球台移动。

9）对方运动员或其穿戴（带）的任何东西触及球网装置。

10）对方运动员不执拍手触及比赛台面。

11）双打时,对方运动员击球次序错误。

12）执行轮换发球时,接发球运动员或其双打同伴,包括接发球一击,完成了13次合法还击。

十一、一局比赛

在一局比赛中,先得11分的一方为胜方,10平后,先多得2分的一方为胜方。

十二、一场比赛

一场比赛由奇数局组成。一场比赛应连续进行，除非是经许可的间歇。

十三、发球、接发球和方位的次序

1）选择发球、接发球和方位的权力应由抽签来决定。中签者可以选择先发球或先接发球，或选择先在某一方。

2）当一方运动员选择了先发球或先接发球，或选择先在某一方后，另一方运动员应有另一个选择的权力。

3）在获得每2分之后，接发球方即成为发球方，以此类推，直至该局比赛结束，或者直至双方比分都达到10分或实行轮换发球法。这时，发球和接发次序仍然不变，但每人只轮发1分球。

4）在双打的第一局比赛中，先发球方确定第一发球员，再由接发球方确定第一接发球员。在以后的各局比赛中，第一发球员确定后，第一接发球员应是前一局发球给他的运动员。

5）在双打中，每次换发球时，前面的接发球员应成为发球员，前面的发球员的同伴应成为接发球员。

6）一局中首先发球的一方，在该场下一局应首先接发球。在双打决胜局中，当一方先得5分时，接发球方应交换接发球次序。

7）一局中，在某一方位比赛的一方，在该场下一局应换到另一方位。在决胜局中，一方先得5分时，双方应交换方位。

十四、发球、接发球次序和方位错误的处理方法

1）裁判员一旦发现发球、接发球次序错误，应立即暂停比赛，并按该场比赛开始时确立的次序，按场上比分由应该发球或接发球的运动员发球或接发球；在双打中，则按发现错误时那一局中首先有发球权的一方所确立的次序进行纠正，继续比赛。

2）裁判员一旦发现运动员应交换方位而未交换时，应立即暂停比赛，并按该场比赛开始时确立的次序，按场上比分运动员应站的正确方位进行纠正，再继续比赛。

3）在任何情况下，发现错误之前的所有得分均有效。

十五、轮换发球法

1）如果一局比赛进行到10分钟仍未结束（双方都已获得至少9分或比分达到8∶10的除外），或者在此之前任何时间应双方运动员要求，应实行轮换发球法。

2）当时限到时，球仍处于比赛状态，裁判员应立即暂停比赛。由被暂停回合的发球员发球，继续比赛。

3）当时限到时，球未处于比赛状态，应由前一回合的接发球员发球，继续比赛。

4）此后，每个运动员都轮发1分球，直至该局结束。如果接发球方进行了13次合法还击，则判发球方失一分。

5）换发球法一经实行，该场比赛的剩余部分必须继续实行，直至该场比赛结束。

思考与练习

1. 乒乓球运动的特点和锻炼价值有哪些？
2. 乒乓球运动的基本技术有哪些？
3. 乒乓球比赛规则是什么？怎样进行一场乒乓球比赛？

附　　录

附录 A　中国海员技能大比武介绍

一、中国海员技能大比武背景

2011 年，国务院正式批准设立浙江舟山群岛新区，舟山群岛新区建设上升为国家战略；2013 年，国务院批复了《浙江舟山群岛新区发展规划》，舟山群岛成为以海洋经济为主题的国家战略层面新区。2011 年，中国航海日活动组委会和交通运输部研究决定，将"中国海员技能大比武"活动基地正式落户舟山，并决定每两年一次开展全国性的海员技能大比武。中国海员技能大比武在舟山举办，既有助于弘扬航海文化和海洋文化，增强海洋意识，又能通过以赛促练，进一步提高海员综合素质，努力建设海洋强国。中国海员技能大比武不仅是一次技能的交流、切磋和较量，而且通过比赛使中国海员（或未来的中国海员们）在"增强海洋意识，维护海洋权益，提高航海技能，建设海洋强国"的中国"海洋梦"上有所作为。

二、中国海员技能大比武比赛的目的与意义

截止 2022 年底，我国注册船员总数达 190 万余人，其中海船船员 90 万人，内河船员 100 万人，船员数量位居世界前列。定期举办中国海员技能大比武，既能检验参赛选手个人综合素质和技能水平，又能促使各航运企业和航海院校重视海员技能素质的提高，打造高素质的海员队伍；同时，让社会上更多的人关注海员、关心海员，更理解和支持海员的工作和生活。

三、中国海员技能大比武比赛的特点与奖励

（一）比赛特点

1. 参赛规模大、范围覆盖广、活动规模大、结构层次全

由于航运企业与航海院校参与的积极性高，2011 年首届中国海员技能大比武就有 40 支队伍 400 人参赛，第二届中国海员技能大比武吸引了包括中远集团在内的 18 家中央、地方航运企业和涵盖大连海事大学在内的 32 所本专科航海院校 500 人参加比赛。从航运企业来看，不仅有央企、国企和地方私营企业，还有从沿海到内地，从东部、南部到西南部的相关航运企业参赛；从航海院校来看，不仅有本科院校和专科院校，而且有将近一半以上的高等院校都参加了两届大比武比赛。在所有参赛队伍中，有的是工作经验丰富的船长、大副、二副、轮机长、大管轮、二管轮和水手长与机工，有的是刚毕业参加工作的三副、三管轮和水手与机工，此外还有未毕业的在校学生。

至 2023 年 6 月，中国海员技能大比武已经进行了六届。在后续几届大比武中，因为参

与面太广，实际操作中各省区进行了预选赛，在舟山群岛新区进行决赛。

2. 比赛内容丰富，项目设置合理、全面，注重实践能力

针对航运企业队与航海院校队的实际情况，有所侧重地设置了比武项目。在设置航运企业队专项比武项目时，充分考虑到STCW履约过渡期适任培训项目的需要，在继承以往航线设计、动力管系故障排除等传统项目的同时，新增了驾驶台资源管理、瘫船启动等广为操练和关注的热点科目。在设置航海院校队专项比武项目时，注重对其理论知识的考察，特意设置了知识竞赛。

（二）比赛奖励

中国海员技能大比武中，表现突出的团队和个人将获得表彰和嘉奖。对分别荣获航运企业队组和航海院校队组团体前5名的参赛队，由主办单位颁发相应奖牌和荣誉证书，对个人积分排名第1的航运企业队组参赛选手，由主办单位向中国海员建设工会全国委员会申报"五一劳动奖章"；对荣获航运企业队组团体前3名的所有参赛选手，由中国海员建设工会授予"金锚奖"；对荣获航海院校队组团体前5名的所有选手，由主办单位颁发荣誉证书，并由中国海事局免除其三副（或二副）和三管轮（或二管轮）职务适任评估考试；对荣获各单项比武项目前5名的选手，由组委会颁发相应奖牌及荣誉证书。

附录 B　第六届中国海员技能大比武概况与比赛规程

第六届中国海员技能大比武的项目设置

第六届中国海员技能大比武设9个项目，分为海船企业队组比武项目、内河企业队组比武项目和航海院校队组比武项目。

海船企业队组比武的项目有操纵避碰、瘫船启动、铁人三项接力和水上操艇（非机动艇）4个项目；内河企业队组比武项目有航行避碰、动力设备维护和操作和综合技能3个项目；航海院校队组比武项目有撇缆操作、金工工艺、铁人三项接力和水上操艇（非机动艇）4个项目。9个项目设置均有不同的侧重点，旨在考察参赛海员（或未来海员）的传统航海能力、解决综合问题的能力、实际操作能力、应急处置能力及团队合作能力。项目的设置不但考察了参赛选手的航海技能，还考察了参赛选手的体能。

第六届中国海员技能大比武比赛规程

一、比武规则

1）比武期间，各参赛队住宿、交通、用餐等事宜由组委会统一安排，各参赛队领队应与组委会保持联系。

2）比武时，参赛选手须着装整齐，按要求穿戴救生衣或安全帽，佩戴选手证和选手号牌。

3）各项目的比武顺序按照赛程（另行公布）安排进行。各参赛队的比武场次和次序以领队会议的抽签方式决定。其中，水上操艇决赛、金工工艺和综合技能等项目还需在比武现场二次抽签决定比武场次或顺序。

4）参赛选手必须按照要求按时到达比武现场进行检录，检录后不得变更参赛选手。超过赛程安排规定检录时限未检录的队伍或个人按弃赛处理。

5）操纵避碰、瘫船启动两个比武项目的成绩采用扣除裁判评分极值后取平均值的方式，即扣除 1 个最高分和 1 个最低分后，取其他裁判评分的平均值（精确到小数点后一位）为最终得分。

航行避碰和动力设备维护和操作两个比武项目的成绩采用裁判评分平均值的方式。

综合技能由常用绳结、八股缆插接、缆绳套桩和水上救生 4 个子项目构成。其中，水上救生的"水中拖带模拟落水人员返回"模块由计时决定成绩；其余子项目或模块的成绩采用裁判评分平均值的方式，合并计算总分。

金工工艺比武项目的成绩由裁判组（7 名裁判）评判。其中，2 名裁判负责比武过程的安全分评判，其余 5 名裁判负责工艺分评判。安全分取两名裁判的平均值；工艺分采用扣除极值后取平均值的方式。安全分与工艺分之和为最终得分。

撇缆操作、铁人三项接力和水上操艇三个比武项目，由现场工作人员或电子设备记录相关数据，按照比武规则计算成绩。

6）裁判由海事人员担任。各项目裁判由组委会从裁判名单中临时选定，与参赛队有利害关系的裁判应当回避。

7）参赛队如对比武结果有异议，可向仲裁委员会提起仲裁。

8）比武期间，参赛选手必须服从现场工作人员的指挥和安排，注意人身安全。

二、参赛选手资格规则

（一）参赛选手资格要求

1）取得中华人民共和国船员适任证书的船员或已向海事管理机构备案的正在接受航海类教育的学生。

2）具有符合比武项目要求的身体条件和心理素质。

3）海船企业队参赛选手与参赛单位之间具有符合要求的劳动合同关系；内河企业队参赛选手与参赛单位之间具有符合要求的劳动合同关系或事实用工关系。

4）所属参赛单位已正式报名且通过组委会审核确认。

5）其他特殊情况由组委会另行确定。

（二）所需提交材料

1. 海船企业队参赛选手

1）现持有的有效船员适任证书，其职务以现持有的有效适任证书的最高职务为准（船员管理系统能查询到的，可免于提交）。

2）与参赛单位签订的被聘用关系等证明材料，包括正式劳动合同和船员服务簿（要求与参赛单位已签订一年及以上的正式劳动合同，并在参赛资格审查前，已按照合同约定在相应单位服务 6 个月及以上）。

3）诚信承诺书（见模板）。

2. 航海院校队参赛选手

1）正在接受航海类教育的证明。

2）诚信承诺书（见模板）。

3. 内河企业参赛选手

1）现持有的有效船员适任证书，其职务以现持有的有效适任证书的最高职务为准（船员管理系统能查询到的，可免于提交）。

2）与参赛单位签订的被聘用关系等证明材料：

① 与参赛单位已签订一年及以上的正式劳动合同,并在参赛资格审查前,已按照合同约定在相应单位服务 6 个月及以上的,可提供正式劳动合同和船员服务簿。

② 未与参赛单位签订正式劳动合同,但在参赛资格审查前,已在参赛单位实际工作一年及以上的,可提供工资发放流水(至少一年)、委托工资发放的委托合同/劳务派遣合同(如适用)和船员服务簿等相关证明材料。

③ 参赛企业为事业单位的,可提供在编证明材料(如单位年度考核名单等)和船员服务簿。

参赛选手根据个人情况从上述材料中自行选择一种,但每个参赛单位中签订正式合同或正式在编的参赛选手数量应不少于 3 人。

3)诚信承诺书(见模板)。

模板

诚信承诺书

作为第六届中国海员技能大比武的参赛单位,现郑重承诺如下:

一、向组委会提交的参赛选手资格审查的材料内容均真实、有效、准确,参赛选手均符合参赛资格审查要求,如有不实,知悉并自愿承担取消参赛资格等责任和后果。

二、确保本单位参赛选手严格遵守比赛规则,尊重裁判判决,尊重参赛选手,不采用任何不正当的手段参与比赛。

盖章/签字:
日期:

三、比武项目及名次确定规则

(一)比武项目

1)海船企业队组比武项目:操纵避碰、瘫船启动、铁人三项接力、水上操艇(非机动艇)。

2)内河企业队组比武项目:航行避碰、动力设备维护和操作、综合技能。

3)航海院校队组比武项目:撇缆操作、金工工艺、铁人三项接力、水上操艇(非机动艇)。

(二)名次确定

水上操艇设预赛和决赛,每队只参加一次预赛,进入决赛的队伍只参加一次决赛;其余项目,每个参赛队只参加一次比武。

各项目按队组比武,各参赛队名次按照比武成绩在各队组内排名。

四、积分规则

根据各参赛队在每个比武项目中成绩名次的积分累计高低确定团体名次。名次和积分规则具体如下。

(一)单项名次

1)水上操艇设预赛和决赛,进入决赛的队伍按照决赛成绩进行排名,分列第 1~5 名。

未进入决赛的队伍,则按预赛的成绩分别进行排名,分列第 6～N 名(N 为该项目参赛队总数量)。

2)没有区分预赛和决赛的比武项目,根据比武成绩进行排名。

(二)单项积分

如参加比武各队组的队伍数量为 N,积分规则如下:第一名积分为 $N+3$,第二名为 $N+1$,第三名为 $N-1$,第四名为 $N-3$,第五名为 $N-4$,依次类推,最后一名为 1 分;成绩并列则积分相同,后续按名次排名。若参赛队放弃某个项目的比武或被取消成绩,该项目积 0 分。

(三)团体积分与团体名次

参赛队的团体积分是指该队参加的所有比武项目的积分累计,团体名次按照团体积分高低确定在队组中的排名。

附录 C　第六届中国海员技能大比武项目设计及评分规则

项目一　操　纵　避　碰

一、基本要求

(一)比武内容

根据设置的任务,拟订航次计划;在模拟器上完成预定的航行计划。评估参赛队船舶操纵、避碰和应急处置的能力。

(二)比武要求

主要要求团队职责明确、配合默契,安全、高效。沟通语言可以为中文或英文。

(三)参赛选手

每队 5 人,其中船长 1 人、驾驶员和值班水手各 2 人。

(四)比武地点

浙江海洋大学航海模拟器实训室。

(五)比武时间

限时 45min,其中航行准备 15min,模拟器操作 30min,时间超出者不得分。以得分高低确定名次,如得分相同,依次以"操纵避碰""完成情况"和"航行准备"的得分高低排序。

二、比武流程

(一)航行准备(时间 15min)

抽取题卡,根据题卡内容和提供的船舶资料和航线要求(中国沿海大连—香港一带的某一港口附近水域),熟悉航行环境,制订相应的航次计划。

(二)模拟器操作(时间 30min)

1)利用大型船舶操纵模拟器(模拟器型号为大连海事大学研发的 V.Dragon-5000),检验参赛队的操纵船舶、避碰和应急处置能力,模拟船舶(见船舶参数)航行环境包括能见度不良、狭窄水域航行、锚地、进出港等,任务涵盖船舶航行、操纵避碰和船舶应急情况处置。

2)模拟器的三种典型船舶参数如下表所示。

船舶类型（Vessel Type）	集装箱船（Container Ship）	散货船（Bulk Carrier）	油轮（Oil Tanker）
排量（Displacement）（t）	43067/35198	50868.34/21392	74004/35096.8
最大航海速率（Max. Spd）：（kts）	16.04/16.4	14.2/15.3	15.5/15.8
全长（LOA）：（m）	259	190	228.5
型宽（Breadth）：（m）	32.2	30.5	32.2
船首吃水深度（Bow Draft）：（m）/ 船尾吃水深度（Stern Draft）：（m）	9.5/7.5	11.2/4.85	12.8/8.0
视高（Height of Eye）：（m）	55	19	22
发动机类型（Type of Engine）：	低速柴油机（Slow Speed Diesel）（1x 27000kW）	低速柴油机（Slow Speed Diesel）（1x 5380kW）	低速柴油机（Slow Speed Diesel）（1x 9500kW）
螺旋桨型号（Type of Propeller）：	FPP	FPP	FPP
船首侧推器（Thruster Bow）：	有（Yes）	无（None）	无（None）
船尾侧推器（Thruster Stern）：	无（None）	无（None）	无（None）

三、计分说明

（一）违规事项

每个参赛队只能在比武记录用纸上标明各队的抽签号，不得标注任何和参赛队队伍名称有关的字样或记号，否则视为违规，并记 0 分。

（二）分值分布

航行准备 10 分；操纵避碰 75 分；航次计划完成情况 15 分。

（三）航线计划表

每个参赛队必须填写航线计划表（见本项目附表）。

（四）评分细则

1. 航行准备（10 分）

参赛选手根据具体题卡内容，拟定航行计划。

1）航线设计（3 分）：航路点的选择，安全水深的确定，危险物的避离，正确进行相关数据及警示的标注，航线计划表填写等。

2）航行注意事项（2 分）：列明航程中的注意事项。

3）风险识别与评估（3 分）：对航行风险的识别、评估。

4）应急预案（2 分）：对识别的风险列明应对措施。

2. 操纵避碰（75 分）

（1）瞭望（10 分）

瞭望的全面性；手段的合理性；局面判断的准确性；助航仪器（雷达、测深仪、AIS、ECDIS、望远镜等）正确使用，应对能见度不良措施的完整性。

保持正规的瞭望，瞭望的全面性 2 分，瞭望手段的合理性 2 分，局面判断的准确性 3 分，仪器操作的正确性 3 分。

（2）船舶操纵（20 分）

① 车令、舵令（2 分）。

车令不正确扣 1 分；舵令不正确扣 1 分。

② 航行记录（2 分）。

规范使用中（英）文及航海缩写或标准符号记录航海日志和车钟记录簿等，如有错漏项，扣 2 分。

③ 驾驶台资源管理（2 分）。

对船舶内外部资源进行合理有效利用。

④ 内部通信（2分）。
使用简短准确的船舶工作语言，内部通信畅通、交流及时。
⑤ 外部通信（2分）。
通信及时、充分，并使用简短、准确的中（英）文标准海事用语。
⑥ 航速控制（5分）。
未使用安全航速1次扣2分；超过规定限速一次扣2分，扣完为止。
⑦ 船位控制（5分）。
操作过程中船位离危险物标或他船过近、富裕水深不够，导致不安全；非必要偏出航道，进入分隔带（线），扣5分。
（3）避让行动（30分）
① 避让的时机（8分）。
未能及早采取避碰行动造成紧迫局面一次扣4分；扣完为止，造成紧迫危险此项不得分。
② 避让行动的合理性（8分）。
避让行动不符合国际海上避碰规则扣4分；未采用大幅度的避让行动扣4分；因参赛选手不当操作造成紧迫局面扣4分；造成紧迫危险此项不得分。
③ 车、舵、锚、侧推器的合理使用（6分）。
④ 避让行动有效性（8分）。
采取的避让行动应能导致船舶在安全距离驶过。
备注：比武过程中出现碰撞、搁浅事故，直接扣掉本项的30分。
（4）应急处置（15分）
主机故障、舵机失灵、全船失电等。该项得分为应急处置基础分和应急处置专项分构成。
① 应急处置基础分（7分）
  A. 内部通信：联系机舱、船头、全船（如有必要）（1分）。
  B. 外部通信：联系公司（如有必要）、他船、交管，发布动态（1分）。
  C. 车（包括侧推器）或舵、锚（如有必要）的使用（1分）。
  D. 船位、船首向的保持（2分）。
  E. 船舶信号（声号、旗号、号灯、号型等）的显示（1分）。
  F. 应急抛锚地点的选择（1分）。
② 应急处置专项分（A、B、C三选一）（8分）
  A. 主机故障
  a. 利用余速，保持航向、控制船位（3分）。
  b. 运用良好的船艺紧急操纵，必要时抛锚制动或避开航道、选择安全水域抛锚（5分）。
  B. 舵机失灵
  a. 立即停车（2分）。
  b. 更换另外舵机或应急舵使用，报告船长和通知机舱人员（3分）。
  c. 运用良好的船艺紧急操纵。必要时果断用车、锚把船停住（3分）。
  C. 全船失电
  a. 紧急启动备用电源（3分）。
  b. 正常供电前，运用良好的船艺紧急操纵船舶，必要时抛锚制动或避开航道，选择安全水域抛锚（5分）。

3. 完成情况（15分）

总得分＝满分×实际航程/计划航程，实际航程指从起点到比武结束时船位点之间对照计划航线上的有效航程，如实际航程为2.1海里，而计划航程为3海里，则本项得分为15×2.1/3＝11分（四舍五入取整数）。

四、评分标准

参赛队编号：

项目	评分项目			配分	得分	备注
航行准备（10分）	航线设计			3分		
	航行注意事项			2分		
	风险识别与评估			3分		
	应急预案			2分		
操纵避碰（75分）	瞭望（10分）	保持正规的瞭望，瞭望的全面性		2分		
		瞭望手段的合理性		2分		
		局面判断的准确性		3分		
		仪器操作的正确性		3分		
	船舶操纵（20分）	车令、舵令		2分		
		航行记录		2分		
		驾驶台资源管理		2分		
		内部通信		2分		
		外部通信		2分		
		航速控制		5分		
		船位控制		5分		
	避让行动（30分）	避让的时机		8分		出现碰撞或搁浅扣30分
		避让行动的合理性		8分		
		车、舵、锚、侧推器的合理使用		6分		
		避让行动有效性查核		8分		
	应急处置（15分）	基础部分（7分）	内部通信	1分		
			外部通信	1分		
			车或舵、锚的使用	1分		
			船位、船首向的保持	2分		
			船舶信号的显示	1分		
			应急抛锚地点的选择	1分		
		应急处置专项（三选一）（8分）	主机故障 利用余速，保持航向、控制船位	3分		
			紧急操纵	5分		
			舵机失灵 立即停车	2分		
			更换舵机或应急舵，联系人员	3分		
			紧急操纵	3分		
			全船失电 紧急启动备用电源	3分		
			紧急操纵船舶	5分		
完成情况（15分）	实际航程与计划航程的比例			15分		
合计得分						
裁判签字						

注意：航行命令、航海日志等其他记录表格，由裁判现场供。

附表

航线计划表

序号	纬度	经度	航向	距离	剩余航程	航行时间	涉及海图
1							
2							
3							
4							
5							
6							
7							
8							
9							
10							
11							
12							
13							
14							
15							
16							

总距离 Total Distance：_____ nm

航速 Speed：_____ kts

总时间（天－小时－分钟）Total Time（Days－Hours－Minutes）：_____

项目二　瘫　船　起　动

一、基本要求

（一）比武内容

在没有外部帮助下，通过船上可用的设备，恢复主推进装置、锅炉、辅机运转，并对设置的故障进行分析和排除。

（二）主要要求

协调合作、动作迅速、判断准确。

（三）比武场景

在轮机模拟器上操作（模拟器型号为武汉理工大学研发的 WMS2004）。

模拟场景：一艘 5668TEU 集装箱船（主机型号为 B&W12K90MC－C，主机遥控系统为 AUTOCHIEF－IV，发电柴油机 3 台，辅锅炉 1 台，24 小时无人机舱），船舶进坞修理后出厂航行。

（四）参赛选手

每队 5 人，其中轮机长 1 名、轮机员和值班机工各 2 名。

比武现场由一名熟悉模拟器的工作人员予以协助，但不得指导或代为操作。

（五）比武地点

浙江国际海运职业技术学院国际海员培训楼。

（六）比武阶段

第一阶段比武时间 30min，从瘫船起动到主机定速。

第二阶段比武时间 10min，定速后主机故障诊断、分析和排除。

每个阶段到规定时间即强制结束，均按完成程度给分。

二、比武流程

1）轮机长必须在集控室，驾驶台、辅机站、电站、报警站由轮机员、值班机工自行定位。

2）各队准备：熟悉环境，时间不得超过 10min，不计入比武时间。

3）第一阶段由裁判长宣布比武开始，同时由计时员进行第一阶段的计时，选手相互合作，完成恢复船电，启动辅助设备，主机备车并进行机旁盘车、冲车、试车操作，在集控室、驾驶台进行有关主机试车的操作，完成驾驶台启动主机、定速航行等程序。第二阶段由裁判长设定故障后，宣布比武开始，同时由计时员进行第二阶段的计时，选手相互合作，进行主机故障诊断、分析和排除。

4）操作过程必须按评分标准设定的顺序进行，顺序颠倒一次扣 5 分，依次累加。相关人员动作完成后应向轮机长报告。

5）各队名次以得分高低排序，得分相同时，以用时短者为先。

三、评分标准

参赛队编号：

比武内容	分值	评分细则	配分	得分	备注
恢复船电	15 分	手动启动应急发电机，合闸供电，并转自动；在应急配电板上合上应急空压机供电开关，供应急照明电	1 分		
		启动应急空压机向辅气瓶供气，压力达 2~3MPa，停止应急空压机	1 分		
		在机旁控制箱上启动 1 号副机预供滑油泵；2、3 号副机预供滑油泵转自动位	1 分		
		在机旁将 1、2、3 号副机工作方式转为"遥控"	1 分		
		在系统图解板上，检查副机膨胀水箱水位，检查副机日用柜油位并放残（口述），开启油柜出口阀门，启动副机专用柴油泵（口述）	2 分		
		打开副机启动压缩空气管路阀门	1 分		
		启动 1 号副机，将预供滑油泵转为"自动"，并检查副机运行参数	2 分		
		手动合闸，观察应急发电机是否解列、手动停止应急发电机，应急发电机转为"自动"	2 分		
		开启海水、中央冷却水管路系统相关阀门，启动港口海水泵、港口中央冷却水泵	2 分		
		开启副机燃油管路相关阀门，手动启动副机燃油供应泵和循环泵，并转为"自动"	2 分		

（续）

比武内容	分值	评分细则		配分	得分	备注
启动辅助设备	15分	空压机操作	开启空压机冷却水，并检查膨胀水柜水位	1分		
			开启气瓶进气阀	1分		
			合上空压机供电开关，启动空压机向气瓶补气	1分		
		辅锅炉操作	检查锅炉燃油系统并开启相关阀门	2分		
			检查锅炉给水系统并开启相关阀门	2分		
			合上辅锅炉供电开关，将锅炉设置为自动状态，自动启动燃油锅炉，并开启相关蒸汽阀门	4分		
		分油机操作（滑油）	开启滑油循环柜净化管路相关阀门	1分		
			合上分油机供电开关，启动油泵及分油机马达，并按下加热按钮	2分		
			待分油机电流稳定后，按下分油机程序启动按钮	1分		
主机备车并进行机旁盘车、冲车、试车操作	20分	接驾驶台电话通知备车，并按下备车按钮应答		1分		
		手动启动一台副机，检查副机参数，确认正常后，进行并车操作，检查副机参数		3分		
		检查主机膨胀水箱水位，启动缸套预热泵，开启蒸汽阀，对主机进行暖机操作		2分		
		空气瓶放残并开启气瓶出口、主机启动阀及控制空气气瓶出口阀		1分		
		检查柴油日用油柜油位，开启管路阀门，手动启动主机燃油供应泵和循环泵并转为"自动"		2分		
		检查主机滑油循环油柜油位，开启滑油管路阀门，手动启动主机滑油泵、滑油系数压力建立起后，启动凸轮轴油泵并转为"自动"		2分		
		检查气缸油油柜油位并开启气缸油管路阀门		1分		
		打开示功阀（口述），合上盘车机，盘车1~2转并手动注气缸油（口述）		1分		
		主机机旁控制，转换油门控制凸轮至机旁，检查试灯并与驾驶台校对应急车钟		1分		
		启动缸套水泵		1分		
		检查油门控制手轮在零位，车钟打到微速，按下启动按钮进行冲车检查		1分		
		关闭示功阀（口述），与驾驶台联系，启动辅助风机，进行正、倒车试车		1分		
		到舵机房进行对舵操作		2分		
		试车完毕，控制转遥控位，转换油门控制凸轮至遥控		1分		
在集控台进行有关主机试车的操作	3分	集控台试灯，并检查各指示灯状态，检查集控台上主机遥控系统是否处于正常状态，试车钟		1分		
		电话通知驾驶台"试车"，按驾驶台给出的车令，手动启动辅助鼓风机后试车		1分		
		试车完毕，将辅助鼓风机转为"自动"，将主机操作部位转换到驾驶台		1分		
驾驶台启动主机	1分	在驾驶台进行正倒车试验并进行主机启动操作		1分		
定速航行	6分	待驾驶台开车后，根据主机工况及时关闭暖缸阀，停止暖缸泵，港口淡水泵转主淡水泵，港口海水泵转主海水泵，并视情况转换海底门		5分		
		待海上定速后，按下集控室海上定速按钮应答，备车过程结束		1分		

(续)

比武内容	分值	评分细则	配分	得分	备注
主机故障诊断、分析和排除	40 分	故障现象观察准确，15 分，每漏一处扣 5 分，扣完为止	15 分		
		故障原因判断正确，10 分，错误一次扣 5 分，扣完为止	10 分		
		故障处理方法正确，15 分，错漏一次扣 5 分，扣完为止	15 分		
		故障设置： （1）主机增压器喘振；（2）扫气箱着火；（3）主机气缸套破裂（单缸）；（4）主机活塞环严重磨损（单缸）；（5）高压油泵磨损（单缸）；（6）喷油定时太早（单缸）；（7）喷油定时太晚（单缸）；（8）喷油器严重磨损——漏油（单缸）；（9）增压器空气滤清器特脏；（10）主机中冷器低温水边堵塞	—		
合计得分					
裁判签名					

计分说明：在操作过程中出现发电机跳闸一次扣 10 分，最多扣 20 分。

项目三　铁人三项接力

一、基本要求

（一）比武内容

铁人三项接力：①游泳 50m；②拖带溺水人员回游 50m；③攀越 3m 高的救生绳网。

（二）主要要求

动作正确、配合默契、接力标准、行动迅速。

（三）参赛选手

每队 5 名选手，专业不限。

（四）比武地点

浙江国际海运职业技术学院室外游泳场地。

二、比武流程

1）参赛选手穿好救生衣，在各自赛道处列队待命。

2）出发状态：第一名选手站到各自起跳台，做好出发准备。发令并同时开始计时，选手由各自赛道出发，入水姿势不限。

3）游泳 50m（见铁人三项竞赛场地示意图，游泳姿势不限），游到对面，开始拖带溺水人员（模拟人）洄游 50m（游泳姿势不限），至起跳台边缘，手触碰池壁后松开溺水人员，攀爬救生绳网，以跨越姿势过顶后，攀爬下网，站在垫子上。

4）第二名选手与第一名选手互相用手触碰交接后，方可接力比武。依此类推，至各队五名选手接力完成"铁人三项"，停止计时，每队成绩为总时间。

5）每次拖带前模拟人的状态：仰卧平躺，放置在泳池对面地上，头朝游泳池，双肩平齐池壁。

6）每队需另安排 2 人搬运模拟人，搬运时须走专用通道。

7）救生绳网附近设置高清视频监控。

三、比武器具规格

（一）模拟人

约 15kg 重，材质为玻璃钢并穿着工作服（比武前模拟人在水中充分浸泡，并在裁判的监督下逐一进行称重）。

（二）救生绳网

高 3m，宽 2m，每泳道对应立柱间留有 0.5m 空间。

（三）救生衣

船用救生衣，型号为 YY5591A。

（四）爬网规格

绳子材质：丙纶，网外圈绳直径 1.8cm，内绳直径 1.4cm；网眼规格：15cm×15cm。

四、比武规则

1）每位选手穿着泳裤（自备）、救生衣（组委会提供）。

2）选手松开模拟人前都必须用手触碰池壁，否则加时 10s。

3）拖带模拟人时需抓住模拟人的衣领，否则加时 10s。

4）拖带过程中必须全程保持模拟人面部朝上；如模拟人翻转，须立即扶正保持其面部朝上。选手违规时，在本队有效成绩基础上另加 10s，实行累计。

5）攀爬、翻越和下网过程，选手必须胸部朝向救生网，且手和脚不得同时离网，直至脚落地。选手违规时，在本队有效成绩基础上另加 30s，实行累计。

6）如选手攀爬救生绳网失败，由领队提出，该选手可以放弃"③攀越 3m 高的救生绳网"环节，但在本队有效成绩基础上另加 60s，实行累计。经裁判示意后，后一位选手开始接力比武。

7）选手之间的交接（用手触碰），只能在前一名队伍的脚接触垫子以后，否则，加时 10s。

附表

铁人三项接力成绩单

组号：

参赛队编号	比武用时	加时	总计时	备注
1				
2				
3				
4				
5				
6				
7				
8				
9				
10				
11				
12				
13				
14				
15				
裁判签名				

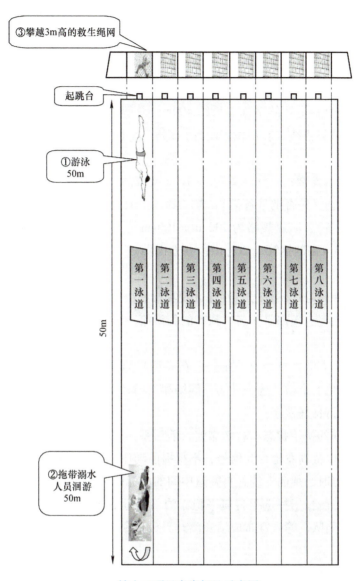

铁人三项目竞赛场地示意图

项目四　水　上　操　艇

一、基本要求

（一）比武内容

裁判发令枪响为信号，艇长带领8名划桨手和1名舵手，从比武起点出发，沿着各自赛道操纵非机动艇划行至折返点后，向左绕过各赛道中央浮标折返回终点线。

（二）主要要求

安全、快速。

（三）参赛选手

每队 10 名选手，其中艇长 1 名、舵手 1 名、划桨手 8 名，各参赛队统一着装。

（四）比武地点

长峙岛揽月湖。

（五）场地设置

设五个赛道，每个赛道宽约 20m，长约 400m，总赛程约 800m，赛道边界、折返位置（赛道终点处）和比武终点线（在出发点附近）都有专门的浮标标示。

（六）比武设备

非机动救生艇技术参数：$7.5m \times 2.5m \times 1.05m$，配备 8 支木桨，另配有 1 支备桨（各队在登艇前可以自行选择是否携带备桨），桨长约 3.8m；一只撑篙，长约 3m；艇上必须悬挂参赛队的队旗（自备），队旗规格为 $100cm \times 100cm$（各队严格控制队旗规格，超标准的不得悬挂）；旗杆为 3m 高的钢管（旗杆由主办方提供）。

二、比武流程

1）比武的组别和艇号（赛道号）在比武现场抽签决定。

2）各队组参加决赛名额都是 5 名，预赛的每组第一名进入决赛，剩余决赛名额按预赛成绩排名依次选取。

3）各参赛队统一着装，每个选手穿救生衣（型号为 YY5591A）、划桨选手戴红色安全帽，艇长和舵手戴白色安全帽。选手进场、候场和离场必须遵从规定路线和区域地点，服从现场指挥的指令，保持良好秩序。

4）救生艇出发前的初始状态：右舷靠泊，前后系回头缆，前后紧贴码头。选手登艇后根据裁判指令立桨，以裁判发枪令为信号，不得提前动作，艇长和舵手不得参与划桨。

5）划行到折返点时必须向左绕各自赛道中间的浮标调头，然后沿原赛道返回。

6）完成比武后，艇长指挥选手将艇平稳靠泊（右舷靠泊），带好首尾缆绳，整理好撑篙和桨，离艇在码头列队，等候宣布成绩和离开码头指令。

三、比武规则

1）比武中出现下列行为之一的，取消本项目比武资格和成绩：

① 不听从裁判指令或不服从裁判指挥的。

② 裁判发令前动作（抢划）的。

③ 故意用桨或其他方式阻碍其他艇行动的。

④ 艇长或舵手参与划桨的。

⑤ 比武开始后选手变换位置的。

2）比武中出现下列行为之一的，比武成绩加时 20s：

① 出发时使用桨撑浮码头的。

② 向右绕过赛道中央浮标的。

③ 进入其他参赛队的赛道且影响到其他艇行动的。

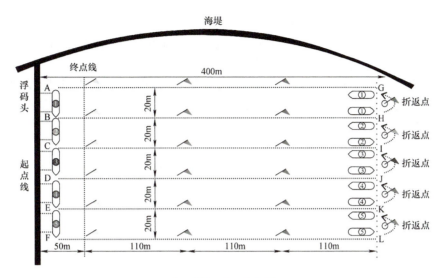

水上操艇项目示意图

项目五 撇 缆 操 作

一、基本要求

（一）比武内容

在规定的弧形范围内，进行撇缆。

（二）主要要求

精度高、距离远，整体实力强。

（三）参赛选手

每队 5 名选手，限驾驶专业。

（四）比武地点

浙江海洋大学田径场。

撇缆限制区域为直径 2m 的圆，限制区域正前方设置高 1m 的栏杆，栏杆与限制圆相切，撇缆区域是以限制区域中心为圆心的一个弧形区域（半径 25m 处的弦长为 5m），从距离栏杆 25m 处开始每隔 5m 或 10m 画一条标志线。

（五）比武器材

采用丙纶编织绳，直径 6mm，长度有 50m、60m 和 75m 三种规格，撇缆头采用约 450g 橡胶材质标准撇缆头。

组委会为每个参赛队提供 50m 和 60m 撇缆绳各一套。每个场地另备 75m 长撇缆绳三套，参赛队需要时可向现场工作人员领取。

二、比武流程

1）比武采用循环赛制，共 5 轮。每轮每个参赛队派 1 名选手参加，每位选手撇三次，一次撇好后再撇下一次，第一支队伍的第一名选手完成第一撇后，第二支队伍的第一名选手撇缆，直到全部队伍的第一名选手完成第一撇后，第一支队伍的第一个选手开始第二撇，如此类推，直到所有队伍的第一个选手的三次撇缆完成后，开始第二轮，即每个队的第二个选手开始撇缆，以此类推，直到全部队伍的 5 名选手完成撇缆，取每个选手的最好有效成绩作为该选手的最终成绩。

2）撒缆距离测量采用电子测距。

3）距离计量：撒缆头第一着地点 E 到直线 AB 的垂直距离，距离 25m 及以上方为有效距离。每次撒缆前，选手应将撒缆头沾上石灰，便于准确定位第一着地点。

4）以各队 5 名选手的有效最远距离总和进行排名。如距离总和相同时，以各队第一距离的远近决定两队的前后排名，如第一距离相同，以第二距离的远近决定排名，以此类推，直至排出顺序。

三、比武规则

1）比武中只能使用组委会提供的撒缆绳，不得使用自带撒缆绳，否则取消该队该项目资格和成绩。

2）检录完成后不得更换选手，每位选手只参加一轮，不得重复参加，否则取消该队该项成绩。

3）每名选手的每次撒缆操作必须在裁判示意开始后的 2min 内完成，超过时间则该次撒缆成绩记零。

4）撒缆姿势自定，但有下列行为之一的，成绩无效：

① 采用头顶旋转式撒缆的。

② 撒缆绳缠绕在身体上的。

③ 撒缆时脚踩线的。

④ 身体的任何部位（包括衣服）触碰栏杆的。

5）撒缆头第一着地点必须在有效区域内，撒缆头着地点压边界标线和 25m 标线成绩无效。撒缆距离 25m 及以上方为有效成绩。

附图

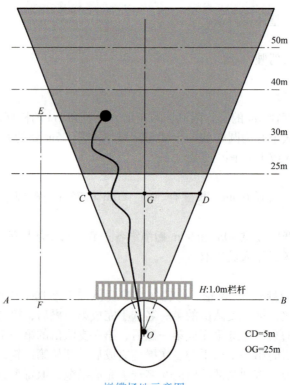

撒缆场地示意图

附表

撇缆操作记分表

参赛队编号：　　　　　　　　　　　　　　　　　　　　　　　　　　　项目：撇缆操作

参赛选手	选手1	选手2	选手3	选手4	选手5
第1撇					
第2撇					
第3撇					
最好成绩					
累计成绩	（m）				
裁判签名					

备注：1. 有效成绩距离为撇缆头第一着地点到 AB 连线的垂直距离即撇缆场地示意图中 EF 线段的长度（单位：m）。
　　　2. 撇缆距离 25m 及以上方为有效成绩。

项目六　金　工　工　艺

一、基本要求

（一）比武内容

利用车、钳、焊工艺加工一块带孔盲板和一只带管子的法兰。

（二）主要要求

安全操作、符合规范、工艺良好、分工协作、动作迅速。

（三）参赛选手

每队 5 人，限轮机专业，气割、车工、焊工、钳工、组装各 1 人，每人只能做一项。

（四）比武地点

浙江国际海运职业技术学院船舶实训楼。

（五）比武时间

不超过 150min，到规定时间即强制结束，按完成程度给分。

（六）操作过程

按评分标准设定的顺序进行，完工时向裁判组举手报告结束。

（七）比武器材

工具、量具由参赛队自带，但不得携带方案中禁止和自制的器具。电焊条统一由组委会提供。电焊条规格为：J422 焊条，直径为 $\phi 2.5mm$ 和 $\phi 3.2mm$。

（八）示意图

提供件、加工件示意图如下。

1. 提供件

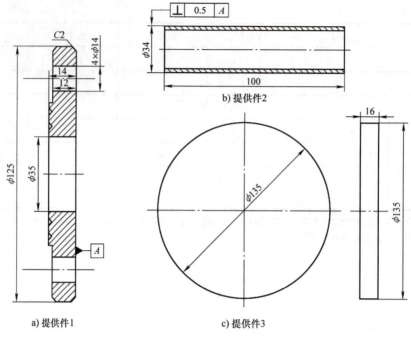

a) 提供件1　　b) 提供件2　　c) 提供件3

提供件示意图

2. 加工件

（1）气割（直径135mm 圆，见加工件1）。

（2）车工（见加工件2）。

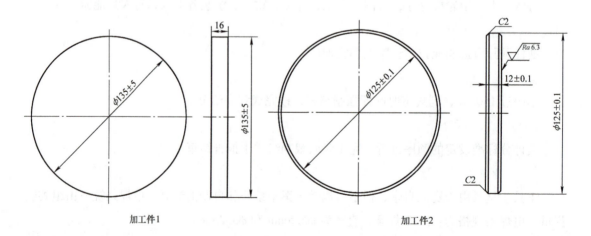

加工件1　　加工件2

(3) 焊工（管子角焊，见加工件3）。

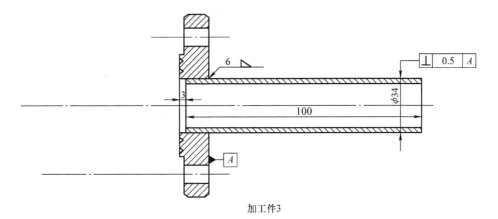

加工件3

(4) 钳工（划线、钻孔，见加工件4）。

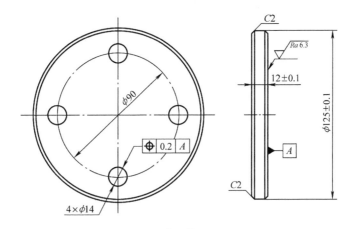

加工件4

(5) 组装（对接法兰安装，见加工件5）。

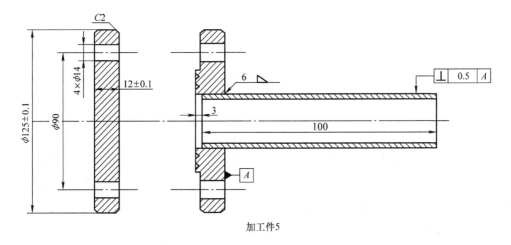

加工件5

二、比武流程

1）各队选手具体分工：气割、车工、焊工、钳工、组装由各队赛前自行安排。

2）第一阶段，各队选手在气割设备边就位，由裁判长宣布比武开始，并由计时员开始计时。各队完成第一道工序，选手向裁判长举手报告完毕，计时员暂停计时。第二阶段，各队选手在车床边就位，由裁判长宣布比武开始，并由计时员开始累积计时，后续四道工序全部完成后，选手向裁判长举手报告完毕，计时员停止计时。

3）第一道工序：安装器材，气割圆盘。比武材料：钢板为 Q235 钢，尺寸为 200mm×200mm，厚度为 16mm。气割设备（由组委会提供）检查、安装与气瓶压力调整由选手完成，选手在指定区域完成比武任务。气割设备包括：氧气瓶，乙炔瓶（含减压阀、回火保护器），气管（内径 8mm），工件架（约 25cm 高）。

注意：禁止使用割规。

4）第二道工序：安装器材，车工操作，车外圆、两端面。比武材料见提供件 3（每队只提供一个，材料为 Q235 钢）。车床由组委会提供，车床型号为 CA6140，自定心卡盘。

注意：禁止使用"靠模"。

5）第三道工序：安装器材，电焊操作。比武材料见提供件 1、提供件 2（管子壁厚 4.5mm）。电焊设备由组委会提供，焊机型号为直流脉冲氩弧焊机 WSM-400（PNE60-400P），北京时代科技股份有限公司生产。

6）第四道工序：安装器材，钳工操作。钳工设备由组委会提供，具体器材包括钻床（型号：西菱 Z516B），机用平口钳（136mm），划线平台（400mm×600mm），专用扳手。

注意：禁止使用分度盘。

7）第五道工序：工件组装。比武材料：3mm 橡胶密封垫，M12 螺栓副 4 套。由选手剪好橡胶垫片，连接法兰管及盲板，完毕后向裁判长举手报告结束。

8）车床、钻床、电焊机、气割设备、钳工设备及提供件已编号，各参赛队按抽得的编号就位。

9）计时由第一道工序和后续四道工序累计，规定时间为 150min。到规定时间即强制结束，按完成程度给分。

10）各队名次以得分高低排序，得分相同时，以用时短者为先。

三、评分标准

本项目裁判组由 7 名裁判组成，其中 2 名裁判负责过程监控，主要评判操作的安全性，并给参赛队打安全操作分；另外 5 名裁判主要负责工艺评分，评分采用盲评。气割阶段结束时，现场工作人员随机给每个工件赋号，填写工件赋号确认表，并由参赛选手确认，然后由工作人员将工件送至评判室，由裁判对其进行评分。最终完工时，现场由工作人员随机给每个工件赋号，填入工件赋号确认表，并由参赛选手确认，然后工作人员将工件送至评判室，由工作人员进行水压试验，试验压力为 0.3MPa，手动试压泵型号为 SB-2.5，裁判对其进行评分。每队的安全操作分和工艺分累加为该队最终得分。

具体评分标准见下表。

安全操作部分评分表

参赛队编号：

序号	项目（16分）	评分标准	实值	得分	备注
气割	安全操作（4分）	1. 点火前检查、安装不到位扣2分			气割器材的安装不得超过10min，如选手无法在规定的时间内完成安装，可申请工作人员安装，但须扣4分
		2. 工作服不符合作业要求扣1分			
		3. 点火、熄火操作不正确扣1分			
车工	安全操作（4分）	1. 戴手套操作扣1分			
		2. 未佩戴防护眼镜扣1分			
		3. 违规使用工具扣1分			
		4. 违规使用量具扣1分			
焊工	安全操作（4分）	1. 电焊工作服不符合作业要求扣1分			
		2. 防护手套、鞋套不符合作业要求扣1分			
		3. 不正确使用面罩扣1分			
		4. 焊渣敲击方法不正确扣1分			
钳工	安全操作（4分）	1. 操作钻床未佩戴防护眼镜扣1分			
		2. 操作钻床戴手套扣1分			
		3. 用手清理铁屑扣1分			
		4. 违规使用工具、量具扣1分			
		合计			

气割部分评分表

工件赋号：

工序	项目（15分）	评分标准	实值	得分	备注
气割	气割 $\phi135\pm5$mm（8分）	超差（0分）			
		气割 $\phi135\pm2$mm（8分）			
		气割 $\phi135\pm3$mm（7分）			
		气割 $\phi135\pm4$mm（6分）			
		气割 $\phi135\pm5$mm（5分）			
	割缝与钢板平面垂直（7分）	偏移量>5mm（0分）			
		偏移量<1mm（7分）			
		偏移量<3mm（5分）			
		偏移量<5mm（3分）			
		合计			

车工、焊工、钳工、组装部分评分表

工件赋号：

工序	项目（69分）	评分标准	实值	得分	备注
车工	$\phi125\pm0.1$mm（8分）	超差（0分） $\phi125\pm0.1$mm（4分） $\phi125\pm0.05$mm（8分）			
	厚度 12 ± 0.1mm（7分）	超差（0分） 12 ± 0.1mm（5分） 12 ± 0.05mm（7分）			
	倒角 $C2$（1分）	—			
	两端面平行度 ±0.1mm（3分）	超差（0分） ±0.1mm（1分） ±0.05mm（3分）			
	表面粗糙度 $Ra6.3\mu$m（2分）	—			
焊工	焊脚高度 6 ± 2mm（8分）	超差（0分） 焊脚高度 6 ± 2mm（8分）			
	焊缝形状均匀（10分）	明显单边（有一边 $K<3$）焊缝占10%（8分） 明显单边（有一边 $K<3$）焊缝占30%（6分） 明显单边（有一边 $K<3$）焊缝占40%（4分） 明显单边（有一边 $K<3$）焊缝占50%（2分） 焊缝均匀（10分）			
钳工	钻孔 $\phi14\pm0.2$mm（5分）	超差（0分） $\phi14\pm0.2$mm（3分） $\phi14\pm0.10$mm（5分）			
	孔距 90 ± 0.3mm（5分）	超差（0分） 90 ± 0.3mm（1分） 90 ± 0.2mm（3分） 90 ± 0.1mm（5分）			
	相邻孔距 63.6 ± 0.3mm（5分）	超差（0分） 63.6 ± 0.3mm（1分） 63.6 ± 0.2mm（3分） 63.6 ± 0.1mm（5分）			
	孔对基准 A 的垂直度 $\perp\leq0.15$mm（5分）	超差（0分） $\perp\leq0.15$（3分） $\perp\leq0.1$（5分）			
安装	制作垫床（5分）	形状和尺寸符合使用要求（5分）			
	组装及注水实验（5分）	组装方法不正确扣2分 漏水扣5分			
	合计				

工件赋号确认表（气割部分）

比武队名	工件赋号	比武选手签名	工作人员签名

工件赋号确认表（车工、焊工、钳工、组装部分）

比武队名	工件赋号	比武选手签名	工作人员签名

项目七　航 行 避 碰

一、基本要求

（一）比武内容

模拟船舶在内河水域航行，参赛队伍完成船舶操纵、避碰和应急处置。

（二）比武要求

合理选择航线，操作船舶操纵模拟器正确操纵船舶，避让及应急措施合理、正确、有效。

（三）比武场景

1）船舶操纵模拟器型号：瓦锡兰–Navi–Trainer Professional–5000 版，180°视景。

2）船舶参数（双车双舵）如下表所示。

船型	散货船
排水量（t）	3510
最大航速（kts）	11.1
船长（m）	95.0
船宽（m）	13.2
首吃水（m）	3.7
尾吃水（m）	3.7
主机型号	柴油机
主机功率	2×640kW
双艏锚	2×11 节

3）比武水域如下表所示。

序号	航段名称	航段位置	航段里程	电子江图版本
1	苏通大桥	吴淞口 55~85km	30km	20221230
2	江阴水道	吴淞口 155~165km	10km	20230206
3	尹公洲航段	吴淞口 245~265km	20km	20230117
4	南京水道	吴淞口 325~345km	20km	20230206
里程合计			80km	

4）图书资料：配备比武水域纸质江图，有关的船舶定线制、航行规则、航行日志。

（四）比武选手

每队 2 名，内河船舶船长、驾驶员各 1 名，船长指挥，驾驶员操舵并协助瞭望。

（五）比武地点

浙江国际海运职业技术学院国际海员培训楼。

二、比武流程

（一）航行准备

根据题卡内容，熟悉设备使用方法、航行规则等，拟定航行计划，时间 20min。

（二）模拟器操作

根据裁判员发令，开始比武计时，比武时长 30min，超时自动终止。

三、评分标准

（一）计分说明

1）每队选手的参赛顺序由领队抽签决定，参赛选手不得以任何方式透露个人身份或所属公司信息。

2）分值分布：航行准备 10 分，航行操作 70 分，航行完成情况 20 分。

3）名次以得分高低排序，得分相同时，先后以避让行动、应急处置、船舶操纵和瞭望得分确定名次。

（二）评分要素

1. 航行准备

航线设计，航行注意事项，应急预案。

2. 航行操作

① 瞭望：局面判断，助航仪器的正确使用。

② 航道引航：点向的结合使用，船位的控制。

③ 船舶操纵：车令、舵令，航行记录，内部通信，外部通信，航速控制。

④ 避让行动：避让时机，避让行动的合理性，车、舵、锚的合理使用，避让行动的有效性。

3. 完成情况

实际航程占计划航程比例。

（三）评分细则

1. 航行准备（10分）

参赛选手根据具体题卡内容，拟定航行计划。

1）航线设计（3分）：航路点的选择，安全水深的确定，危险物的避离，正确进行相关数据及警示的标注等。

2）航行注意事项（3分）：列明航程中的注意事项。

3）应急预案（4分）：对风险的识别、评估及应对。

2. 航行操作（70分）

1）瞭望（15分）

瞭望手段的合理性；局面判断的准确性；助航仪器（雷达、测深仪、AIS、电子江图、望远镜等）操作的正确性；应对能见度不良时采取措施的完整性。

保持正规的瞭望得10分（瞭望手段的合理性4分，局面判断的准确性3分，助航仪器操作的正确性3分）。能见度不良时采取措施的完整性5分。

2）航道引航（5分）

① 未遵守定线制等航行规则扣3分。

② 船位控制合理。船位离危险物标或他船过近，或富裕水深不够，导致不安全，扣2分。

3）船舶操纵（10分）

① 车舵使用（2分）。车令、舵令不正确扣1分，车舵使用不合理扣1分。

② 航行记录（2分）。规范记录航行日志和车钟记录簿等，如有错漏项，扣1分，扣完为止。

③ 内外部通信（1分）。内部通信，使用简短准确的船舶工作语言，通信畅通、交流及时。外部通信及时充分，并使用简短准确的标准用语。

④ 风流影响下对船位的控制（2分）。风流影响下，不能控制船位，扣2分。

⑤ 航速控制（3分）。保持安全航速得3分，未使用安全航速1次扣1分；超过规定限速一次扣1分，直至扣完为止。

4）避让行动（30分）

① 避让行动的及时性（8分）。未能及早采取避碰行动造成紧迫局面扣4分；造成紧迫危险，此项不得分。

② 避让行动的合理性（8分）。避让行动不符合内河避碰规则扣4分；避让行动不易被他船所察觉扣4分；因参赛选手不当操作造成另一紧迫局面扣4分；造成紧迫危险，此项不

得分。

③ 车、舵、锚的合理使用（6分）。

④ 避让行动有效性（8分）。采取的避让行动应能导致船舶在安全距离驶过。

注意：比武过程中出现碰撞、搁浅等事故，直接扣掉本项目的30分。

5）应急处置（10分）

舵机失灵、主机故障、全船失电三种特殊情况选考其一。该项得分由应急处置基础分和应急处置专项分构成。

① 应急处置基础分（7分）

A. 内部通信：联系机舱、船头、全船（如有必要）(1分)。

B. 外部通信：联系公司（如有必要）、他船、交管，发布动态（1分）。

C. 车（包括侧推器）或舵、锚（如有必要）的使用（2分）。

D. 船位、船首向的保持（2分）。

E. 船舶信号（声号、旗号、号灯、号型等）的显示（1分）。

② 应急处置专项分（三选一）(3分)

A. 舵机失灵

a. 立即停车（1分）。

b. 更换另外舵机或应急舵使用，报告船长和通知机舱人员（1分）。

c. 运用良好的船艺紧急操纵。必要时果断用车、锚把船停住（1分）。

B. 主机故障

a. 利用余速，保持航向、控制船位（1分）。

b. 运用良好的船艺紧急操纵，必要时抛锚制动或避开航道、选择安全水域抛锚（2分）。

C. 全船失电

a. 紧急启动备用电源（1分）。

b. 正常供电前，运用良好的船艺紧急操纵，必要时抛锚制动或避开航道、选择安全水域抛锚（2分）。

3. 完成情况（20分）

总得分 = 满分 × 实际航程/计划航程，实际航程指从起点到比武结束时船位点之间对照计划航线上的有效航程，如实际航程为67km，而计划航程为80km，则本项得分为 20 × 67/80 = 17分（四舍五入取整数）。

（四）成绩确定

1）团队排名：按该项目比武得分高低排序。

2）个人排名：按该项目比武得分高低排序，记为该队参赛的船长或驾驶员的个人成绩。

（五）附表

见航行避让比武项目成绩表。

（六）说明

航行日志等其他记录表格，由工作人员现场提供。

附表

航行避碰比武项目成绩表

参赛队编号：

项目	分值	评分项目			配分	得分	备注
航行准备	10 分	航线设计			3 分		
		航行注意事项			3 分		
		应急预案			4 分		
航行	70 分	瞭望 （15 分）	瞭望手段的合理性		4 分		
			局面判断的准确性		3 分		
			助航仪器操作的正确性		3 分		
			能见度不良时采取措施的完整性		5 分		
		航道引航 （5 分）	遵守定线制等航行规则		2 分		
			船位控制		3 分		
		船舶操纵 （10 分）	车舵使用		2 分		
			航行记录		2 分		
			内外部通信		1 分		
			风流影响下对船位的控制		2 分		
			航速控制		3 分		
		避让行动 （30 分）	避让行动的及时性		8 分		造成碰撞、搁浅事故，直接扣 30 分
			避让行动的合理性		8 分		
			车、舵、锚的合理使用		6 分		
			避让行动的有效性		8 分		
		基础分 （7 分）	内部通信		1 分		
			外部通信		1 分		
			车或舵、锚的使用		2 分		
			船位、船首向的保持		2 分		
			船舶信号的显示		1 分		
		应急处置 （3 分）	专项分 （3 分） （三选一）	舵机失灵	3 分		
				主机故障	3 分		
				全船失电	3 分		
完成情况	20 分	实际航程占计划航程比例			20 分		
合计得分							
裁判员签名							

项目八　动力设备维护和操作

一、基本要求

（一）比武内容

参赛队根据赛场提供的场地、设施设备等条件在规定的时间（60min）内完成"4100 柴油机"第二缸相关部件的拆卸、检查、测量和装复,进行各缸喷油器调试、气阀间隙调整,启动电源接线并进行柴油机启动试验。具体工作任务如下。

1)拆卸柴油机第二缸(从自由端开始编号)活塞连杆组件,对活塞外径进行测量检查。

2)装复柴油机第二缸相关部件。

要求:连杆螺栓上紧力矩:100~120N·m。

气缸盖螺母(螺栓)上紧力矩:160~180N·m。

3)调整柴油机各缸气阀间隙。

要求:进、排气阀的气阀间隙0.35~0.45mm。

4)校验各缸喷油器,进行检查、调整和雾化试验。

要求:喷油器启阀压力12MPa,雾化质量良好。

5)启动电源接线,启动试验柴油机。

要求:启动电源接线正确,每次启动柴油机的时间不超过10s,如需连续启动,应停歇2min后再次启动;柴油机启动后自行发火工作15s以上算启动成功。

(二)主要要求

动作迅速熟练,拆卸、检查、装复、调试程序规范,柴油机启动试验正常。

(三)比武场景

具备启动和运行条件的柴油机两台(型号:K4100D,31kW,1500r/min;生产厂家:山东华博动力设备有限公司)。另备用两台同型号的柴油机系统。

(四)参赛队

每队2名选手,轮机长、轮机员各1名。

比武现场由二名熟悉柴油机的工作人员予以协助,但不得指导或代为操作。

(五)比武地点

浙江国际海运职业技术学院综合实训楼。

(六)注意事项

1)比赛时间为60min,本项目比赛按照参赛队完成时间长短进行排序并赋予相应的时间分值。参赛队可以提前结束比赛,计时员计算耗时;或者比赛时间到,裁判长告知参赛队,确认比赛结束。

2)工具、量具、仪表和比赛操作记录表由组委会统一提供,量具和仪表均校验合格。

3)选手不得自带任何纸质资料和通信工具;比赛结束后不得将草稿纸等与比赛相关的物品带离比赛现场。

4)选手应严格遵守安全操作规程和工艺要求,服从裁判组的监督和统一指挥,保证人身和设备安全。如发生意外情况需要暂停比赛的,经裁判组同意可以暂停比赛,待意外情况排除后可以继续进行比赛。因选手操作不当导致设备严重损坏不能正常使用,或发生人身安全事故不能继续进行比赛等特殊情况,裁判组有权终止比赛。

5)"动力设备维护和操作记录表"中备注需要报告裁判确认的地方,在记录表中已明确标出,参赛选手须举手报告,经裁判确认后方可进行下一步操作。数据记录用黑色水笔填写，记录的数据不得再做任何修改。

6）柴油机装复时，所有零部件应安装完整，若有漏装，裁判组有权要求重新安装。

7）启动试验柴油机前，参赛选手应举手报告，经裁判长同意后方可启动柴油机。

（七）工作人员

该部分比赛设裁判员三人，其中裁判长一人，助理裁判两人（进行检录、抽签及待考室引导），熟悉柴油机系统的辅助工作人员两人，柴油机技术服务人员一人，引导员两人，计时员两人，统分员一人。

（八）比武现场

设检录及一次加密区一间，候赛及二次加密区一间，裁判休息室一间。

二、比武流程

1）参赛队检录并上交通信工具等物品，抽取一次加密号码，了解比赛规则；该项由助理裁判1负责实施，加封签名后由项目负责人保管。

2）参赛队进入候赛区，抽取二次加密号码；该项由助理裁判2负责实施，加封签名后由项目负责人保管。

3）助理裁判2按照二次加密号码的顺序安排一组参赛队进入比赛场地（按抽签顺序二个参赛队同时进行比赛）。

4）裁判长宣布比赛开始，计时员开始计时。

5）参赛队选用合适的工具进行柴油机第二缸相关部件的拆卸、检查、测量和装复；进行柴油机各缸气阀间隙调整、各缸喷油器调试；启动电源接线，启动系统检查，进行柴油机启动试验；对设备和场地进行清洁、恢复，工具、量具整理归位。

6）本项目比赛按照参赛队完成时间长短进行排序并赋予相应的时间分值。参赛队可以提前结束比赛，计时员计算耗时或者比赛时间到，裁判长告知参赛队，确认比赛结束。

7）经裁判长同意后，参赛队方可离场，发还个人物品等。

8）裁判员对参赛队的操作过程、完成程度及综合表现进行打分，三名裁判员的平均值作为该参赛队的最终得分。

9）工作人员进行场地和设备设施检查，为下一组参赛队比赛做好准备。

三、评分标准

柴油机部件拆检（25分）

序号	内容	分值	备注
1	柴油机盘车检查，油、水泄放操作	4分	做好油、水回收，不得污染场地
2	拆卸气缸盖螺栓，取下气缸盖	5分	记录拆卸力矩（N·m），缸盖整体取下进、排气阀不拆
3	连杆螺栓拆卸	5分	记录拆卸力矩（N·m）
4	活塞连杆组件拆卸	5分	活塞连杆组件整体从缸套取出，活塞环不从活塞上取下
5	活塞外径的测量	6分	选取合适的位置进行活塞外径的测量

（续）

柴油机部件装复、气阀间隙调整和喷油器调试（45 分）

序号	内容	分值	备注
1	活塞连杆组件安装 a. 活塞环位置调整 b. 活塞连杆组件装入气缸套 c. 连杆大端端盖安装正确 d. 连杆螺栓的上紧力适宜 e. 活塞连杆组件安装后的检查	10 分	活塞装入气缸前需向裁判组报告 完成整个单项后需向裁判组报告，裁判员检查结束后示意方可进行下一步操作
2	气缸盖组件安装 a. 气缸垫、润滑油道密封圈安装 b. 缸盖螺栓的上紧力适宜 c. 缸盖螺栓上紧顺序正确 d. 摇臂轴螺栓上紧顺序正确	10 分	气缸盖螺栓上紧后需向裁判组报告，裁判员检查结束后示意方可进行下一步操作 进行上紧力矩的记录
3	各缸气阀间隙测量调整 a. 气阀间隙测量 b. 气阀间隙调整 c. 气阀间隙调整顺序	10 分	气阀间隙调整前需向裁判组报告，裁判跟踪此步调整（备注：进、排气阀气阀间隙为 0.35 ~ 0.45mm）
4	喷油器调试 a. 喷油器与实验台连接驱气 b. 喷油器密封性检查 c. 启阀压力检查调整 d. 喷油器雾化试验质量检查	15 分	喷油器启阀压力为 12MPa 按说明书要求进行喷油器调试 完成此项后需向裁判组报告，裁判检查结束示意方可进行下一步操作

柴油机启动试验（10 分）

序号	内容	分值	备注
1	柴油机启动的准备 a. 柴油机各系统的检查 b. 启动电源接线	3 分	冷却水、燃油、润滑油和周边场地的检查 启动电源正确接线
2	柴油机启动试验	7 分	一次性启动成功得 7 分 第二次启动成功得 5 分 第三次启动成功得 3 分 启动成功，但声响与排气烟色不正常得 2 分 三次启动失败得 0 分

（续）

整体规范分（12 分）

序号	内容	分值	备注
1	安全防护措施	2 分	安全防护措施不当一次扣 1 分，发生人身伤害扣 2 分，扣完为止
2	工具仪表的使用	2 分	不合理使用工具仪表一次扣 1 分，损坏工具仪表一次扣 1 分，扣完为止
3	全程操作安全规范	4 分	操作不当造成零部件损坏一次扣 2 分，发生零件漏装（或缺失）一个扣 2 分，扣完为止
4	团队协作配合	2 分	团队协作有序，分工明确，配合不当一次扣 1 分，扣完为止
5	工作场地整洁	2 分	比赛过程中场地凌乱扣 1 分，比赛结束后未清点工具和整理场地扣 1 分

时间分（8 分）

序号	内容	分值	备注
1	比赛时间 60min，12 支队伍按照完成时间进行排名，用时最短的参赛队得 8 分，其余参赛队按排名顺序依次扣 0.5 分	8 分	参赛队可以提前结束比赛，计时员计算耗时；或者计时时间到，裁判长告知参赛队，确认比赛结束

附表

动力设备维护和操作记录见下表。

表 1　柴油机部件拆卸记录表（第二缸）

序号	内容	结果记录	备注
1	柴油机盘车检查		确认请打"√"
2	气缸盖螺栓拆卸力矩（N·m）		记录数据
3	连杆螺栓拆卸力矩（N·m）		记录数据

表 2　柴油机部件检查、调试、装复记录表

序号	内容	结果记录	备注
1	活塞外径的测量		记录数据
2	活塞环搭口错开，并避开活塞销孔方向		此项完成后报告裁判
3	连杆大端端盖轴瓦检查		完成请打"√"
4	活塞连杆组件放入缸套		完成请打"√"
5	连杆大端端盖安装方向		确认请打"√"
6	连杆螺栓上紧力矩（N·m）		此项完成后报告裁判
7	活塞连杆组件安装完成后盘车检查		完成请打"√"
8	气缸垫、润滑油道密封圈安装		完成请打"√"
9	气缸盖螺栓上紧力矩（N·m）		此项完成后报告裁判

表3　气阀间隙调整和喷油器调试记录表

序号	内容	结果记录		备注
1	气阀间隙（mm）	第1缸进气阀		全部调整完成后报告裁判
		第1缸排气阀		
		第2缸进气阀		
		第2缸排气阀		
		第3缸进气阀		
		第3缸排气阀		
		第4缸进气阀		
		第4缸排气阀		
2	喷油器调试	第1缸		完成请打"√"
		第2缸		
		第3缸		
		第4缸		

表4　发动柴油机记录表

序号	内容	结果记录		备注
1	启动柴油机前的准备	油底壳油位检查		全部检查完成后报告裁判
		燃油系统检查		
		冷却水箱检查		
		启动电源接线		
2	启动试验柴油机			按要求进行
3	停车操作			按要求进行

项目九　综合技能

一、基本要求

（一）比武内容

综合技能由常用绳结（20分）、八股化纤缆琵琶头（索眼）插接（30分）、抛缆套桩（20分）、水上救生（30分）四个子项目组成。

（二）参赛选手

适用于内河航运企业队组，每队2名选手，限普通船员。第一个子项目检录后，之后的子项目不得换人，每名选手须完成全部子项目。

（三）成绩评定

四个子项目的得分之和为个人得分；同队2名选手的得分之和为团队得分。

附表

综合技能项目个人成绩汇总表

序号	姓名	各子项目得分				总分	排名
		常用绳结	八股化纤缆琵琶头（索眼）插接	抛缆套桩	水上救生		

各子项目裁判签名：

综合技能项目裁判长签名：

总裁判长签名：

综合技能项目参赛队成绩汇总表

序号	参赛队	选手1得分	选手2得分	总分	排名

各子项目裁判签名：

综合技能项目裁判长签名：

总裁判长签名：

二、常用绳结（20分）

（一）基本要求

1）比武内容：按题卡顺序依次制作10个绳结：（1）平结；（2）水手结；（3）丁香结；（4）缩短结；（5）拖木结；（6）单索花结；（7）压缆活结；（8）单套结；（9）"8"形结；（10）撇缆活结。

2）主要要求：动作迅速，绳结正确，结形美观。

3）比武场景：绳结操作架，每人10根丙纶编织绳（直径6mm，长1.5m），全部参赛选手同时操作。

4）比武地点：浙江国际海运职业技术学院体育馆。

5）比武时长：2min。

（二）比武流程

1）参赛选手按照比武时间安排，到达检录点检录，抽取工位号。

2）参赛选手到达工位后检查器材并确认，做好赛前准备工作。

3）同组参赛选手准备就绪，裁判员下令比武开始，选手5s内自行按下计时器后方可翻阅题卡、开始操作；比武开始后，超过5s不按计时器，视为放弃比武；未按计时器即翻阅题卡、开始操作或按下计时器停止后继续操作视为违规，本项成绩为0分。

4）参赛队员完成绳结作业后，自行按下计时器向裁判员报告，裁判员记录时间，参赛队员退出比武场地。

（三）相关说明

1）比武工位号现场抽签确定。

2）本项目比武根据时间安排一次检录，在规定时间未检录的，视为放弃比武。

3）参赛选手应使用大赛组委会提供的器材，不得自带，否则取消该选手项目资格。

4）必须按照题卡要求的先后顺序依次打绳结，遇有不会打的绳结仍应在原位留下绳子。如果不会打的绳结不留绳子，导致绳结次序与题卡不一致的，则判所改结及其后绳结错误。

（四）评分标准

比武阶段	评价要素	评价标准	备注
绳结操作（10分）	绳结正确性	每少打一个或打错一个绳结扣2分	若选手最终得分相同时，以绳结的美观度排序；绳结尽可能打在横杆上，绳结打完后，结形紧凑美观，绳头长度适宜。绳结美观级别按1~10级评判，最美观的打10级。绳结美观因素包括： ① 牢固程度：绳结牢固、不松散； ② 绳头余留长度：绳头余留长度应在5~15cm之间
操作用时（10分）	在规定时间内完成10个绳结	按时间长短排序，第一名10分，第二名8分，第三名7分，从第四名往后，每名次间隔0.3分，以此类推，直至0分	
	未在规定时间内完成10个绳结	本项不得分	

附表

"综合技能"第一部分
"常用绳结"比武成绩记录表

序号	组别/工位	绳结正确性得分	操作用时	操作用时得分	得分

裁判员签名：

三、八股化纤缆琵琶头（索眼）插接（30分）

（一）基本要求

1）比武内容：利用给定的八股化纤缆（丙纶长丝，直径50mm，长度5m）完成琵琶头（索眼）双股起头，双花顺插作业（起头4笔，双花顺插三花）。

2）主要要求：起头正确、琵琶头绳圈大小精准（周长1.5m，量取内径为准）、插接规范、结构紧凑、平整美观。

3）比武场景：丙纶长丝八股化纤缆，直径为50mm，长度为5m；八股化纤缆散股长度为0.7m，由八股化纤缆绳端开始量取插接工具：大木笔（直径约40mm，长度约310mm）、小木笔（直径约30mm，长度约175mm）、木槌（直径约90mm）、剪刀、钢卷尺、电工胶带；劳保用品：安全帽、手套；每位选手在划定的2m×2m的区域内操作，全部参赛选手同时操作。

4）比武地点：浙江国际海运职业技术学院体育馆。

5）比武时长：30min（包括准备工作）。

6）选手独立完成八股化纤缆琵琶头（索眼）插接的整个过程。

（二）比武流程

1）参赛选手按照比武时间安排，到达检录点检录，抽取工位号。参赛选手到达工位检查缆绳和工具并确认，做好赛前准备工作。

2）同组参赛选手准备就绪，裁判员下令比武开始，选手5s内自行按下计时器后开始操作；超过5s不按计时器，视为放弃比武；未按计时器即开始操作视为违规，本项成绩为0分。

3）参赛选手完成插接作业后，自行按下计时器向裁判员报告，裁判员记录时间，参赛选手退出比武场地。

（三）相关说明

1）比武工位号现场抽签确定。

2）本项目比武根据时间安排一次检录，在规定时间未检录的，视为放弃比武。

3）参赛选手应使用大赛组委会提供的器材，不得自带，否则取消该选手项目资格。

4）比武中途更换工具计时不停止。

5）插接用的化纤缆绳中途不得更换。

（四）评分标准

比武阶段	评价要素	评价标准	备注
准备阶段（5分）	安全帽佩戴（1分）	比武过程中未正确佩戴安全帽扣0.5分，作业过程中安全帽每脱落一次扣0.5分，直至扣完	未佩戴安全帽扣5分
	散股分组（2分）	散股分组错误一组扣0.5分	
	八股化纤缆琵琶头（索眼）周长（2分）	量取琵琶头（索眼）内径，琵琶头（索眼）周长大于或小于规定周长6cm，扣2分	
插接阶段（15分）	八股化纤缆琵琶头（索眼）插接起头（4分）	起头错误，每错一组扣1分，起头未收紧，间距超过2cm扣1分	
	美观程度（2分）	未收紧一处扣0.2分，直至2分扣完。出现起头错误或插接过程中出现错误，美观程度为0分	
	八股化纤缆琵琶头（索眼）顺插过程（9分）	八股化纤缆琵琶头（索眼）插接过程中，每插错一笔、少插一笔或多插一笔，扣1分	
操作时间（10分）	在规定时间内完成16笔插接的	按时间长短排序，第一名10分，第二名9分，第三名8.5分，从第三名往后，每名次间隔0.3分，以此类推，直至0分	
	未在规定时间内完成16笔插接的	总时间超过规定时间终止比武，操作时间得0分	

附表

"综合技能"项目第二部分
"八股化纤缆琵琶头(索眼)插接"比武成绩记录表

序号	组别/工位号	准备阶段得分	插接阶段得分	操作用时	操作用时得分	得分

裁判员签名:

四、抛缆套桩(20分)

(一)基本要求

1)比武内容:抛缆套桩。

2)主要要求:在规定的限制区域内,尽可能快且多地套上缆桩,每位选手5次抛投,限时3min。

3)比武场景:缆绳(3股丙纶长丝化纤绳,直径32mm,长15m,琵琶头周长2.5m);单柱缆桩,直径25cm,高度60cm(自底部量起),位于限制区域前方中轴线上;抛、收缆限制区域为2m×2m的正方形,抛缆距离为6m(自限制区域中轴线最前沿点至缆桩中心)。

4)比武地点:浙江国际海运职业技术学院体育馆。

5)每位选手提供1根比武用缆,1顶安全帽,1副棉手套。

(二)比武流程

1)参赛选手按照比武时间安排,到达检录点检录,抽取顺序号。

2)参赛选手按顺序号进入比武场地,领取与比武序号一致的缆绳,在2min内做好赛前准备工作。

3）每位选手在规定的时间内连续抛投缆绳5次，选手做好准备后，裁判下令开始并计时，选手连续抛投5次，每次套中后由选手自行将套中的缆绳琵琶头甩脱出缆桩，第5次抛出后，选手向裁判报告"完毕"，裁判停止计时。裁判员记录套中次数、用时。参赛选手将缆绳放回指定位置后退出比武场地。

（三）相关说明

1）比武中选手应使用组委会提供的缆绳，不得使用自带缆绳，否则取消该选手该项目资格和成绩。

2）缆绳按照选手数量事先编号并贴上标签，选手根据抽签号获取比武用的缆绳，不得自行选取缆绳。

3）选手取缆后的抛投准备必须在裁判示意开始准备后的2min内完成，否则计入比武用时。

4）抛投缆绳姿势自定，但是比赛期间选手的脚不得踩碰限制区域前沿线（线内有效），也不得超出限制区（区域内有效），否则当次抛投成绩无效。

5）绳根越过限制区前沿的，此次抛投成绩无效，该选手的比武终止。

6）缆绳琵琶头完全套住缆桩方为有效。

（四）评分标准

比武阶段	评价要素	评价标准	备注
准备阶段（2分）	佩戴安全帽（0.5分）	比武过程中未正确佩戴安全帽扣0.5分，作业过程中安全帽每脱落一次扣0.5分	
	佩戴手套（0.5分）	不戴手套扣0.5分	
	穿着救生衣（1分）	不穿救生衣扣1分，穿错救生衣扣0.5分	
抛套操作（15分）	操作得分	1）套中次数得点，根据得点值统计排名：第一次套中得15点，第二次套中得10点，第三次套中得7点，第4次套中得5点，第5次套中得4点。2）根据得点值排名计算分值（排名相同的，以先套中者为先），排名可以并列，第一名15分，第二名12分，第三名10分，第四名9分，第四名开始每间隔一名减少0.5分	
操作时间（3分）	在规定时间内完成5次抛投的	1）按时间长短排序，第一名3分，第二名2.5分，第三名2.2分，从第四名往后，每名次间隔0.1分，以此类推，直至0分。2）5次抛投一次未中的，得0分	
	未在规定时间内完成5次抛投的	总时间超过规定时间终止比武，操作时间得0分	

附表

"综合技能"项目第三部分
"抛缆套桩"比武成绩记录表

序号	准备阶段得分	操作得分							用时得分			本项目总得分
		1	2	3	4	5	排名	得分	用时	排名	得分	

裁判员签名：

五、水上救生（30分）

（一）基本要求

1）比武内容：水中拖带模拟落水人员返回，并对心肺复苏模拟人进行心肺复苏。

2）主要要求：跳入水中并游泳50m，将"落水人员"快速拖回出发处，正确进行心肺复苏。

3）比武场景：

①"落水人员"为半身模拟人（重15kg），船用工作救生衣（型号：YY5591A）。

②心肺复苏模拟人（型号：YX/CPR590）。

③游泳池规格：泳道长度50m。

④比武地点：浙江国际海运职业技术学院游泳池。

（二）比武流程

1）参赛选手按照比武时间安排，到达检录点检录，抽取工位号。

2）参赛选手按抽取的泳道号，到指定工位穿妥救生衣，做好准备工作。

3）准备完毕后立即登上出发台，听到裁判发令后（计时开始），跳入游泳池游至对岸拖带落水模拟人返回，单手触壁后计时停止。选手全部返回上岸后脱去救生衣，检查心肺复苏模拟人，做好心肺复苏操作准备，待裁判下令后进行心肺复苏操作。

4）参赛选手完成五组心肺复苏操作后，参赛队员退出比武场地。

（三）相关说明

1）比武时间由赛前抽取的顺序号确定，泳道号现场抽签确定。

2）本项目根据规定时间安排检录、分组比武，在规定时间未检录的，视为放弃比武。

3）参赛选手应使用组委会提供的器材，不得使用自带器材，否则取消该选手该项目资格和成绩。

（四）评分标准

1）拖带落水人员评分标准（总分50分）：

选手着救生衣自出发台跳入水中游50m，拖带落水模拟人返回，单手触壁后，方可放开落水模拟人。游泳过程中站立在游泳池底每次扣1分，游泳过程中抓靠隔离带、游泳池边每次扣1分，拖带模拟人时未能保持始终紧抓模拟人扣5分，拖带过程中未能保持模拟人面部朝上者（立即纠正者除外）扣5分。

根据用时决定名次，第一名50分，第二名47分，第三名45分，第四名开始每名次递减1分。未能完成拖带落水模拟人全过程者得0分。

2）心肺复苏评分标准（总分50分）：

五组开放气道—人工呼吸—胸外按压，由心肺复苏模拟人自带评分系统（百分制）评分，占70%。裁判评分占30%，其中开放气道前未清除异物扣3分，未开放气道扣3分，吹气没有捏鼻扣2分，嘴没有完全包住模拟人嘴扣2分，放气时忘记放松鼻翼扣2分，跪位错误扣3分，按压部位不准确扣3分，双手掌重叠手势不正确扣3分，上半身未前倾、未向下垂直按压扣3分，按压时肘部弯曲扣3分，按压时掌根离开胸壁或冲击式按压扣3分。此项得分为：（机器评分70分+裁判评分30分−扣分项）×0.5。

3）"综合技能"第四部分"水上救生"得分为：（拖带落水人员得分+心肺复苏得分）×0.3。

附表

"综合技能"项目第四部分
"水上救生"比武成绩记录表

序号	组别/泳道号	拖带落水人员（50分）						心肺复苏（50分）（机器评分70分+裁判评分30分−扣分项）×0.5											总成绩	排名
		用时	得分	扣分1项	扣分2项	扣分3项	扣分4项	总分	得分	扣分5项	扣分6项	扣分7项	扣分8项	扣分9项	扣分10项	扣分11项	扣分12项	扣分13项	扣分14项	扣分15项	总分		
扣分项和扣分标准	1. 扣分1项为游泳过程中站立在游泳池底每次扣1分 2. 扣分2项为游泳过程中抓靠隔离带、游泳池边每次扣1分 3. 扣分3项为拖带模拟人时未能保持始终紧抓模拟人扣5分 4. 扣分4项为拖带过程中未能保持模拟人面部朝上者（立即纠正者除外）扣5分							1. 扣分5项为开放气道前未清除异物扣3分 2. 扣分6项为未开放气道扣3分 3. 扣分7项为吹气没有捏鼻2分 4. 扣分8项为嘴没有完全包住模拟人嘴扣2分 5. 扣分9项为放气时忘记放松鼻翼扣2分 6. 扣分10项为跪位错误扣3分 7. 扣分11项为按压部位不准确扣3分							8. 扣分12项为双手掌重叠手势不正确扣3分 9. 扣分13项为上半身未前倾、未向下垂直按压扣3分 10. 扣分14项为按压时肘部弯曲扣3分 11. 扣分15项为按压时掌根离开胸壁或冲击式按压扣3分								

参 考 文 献

[1] 杨忠伟. 体育运动与健康促进[M]. 北京：高等教育出版社，2004.
[2] 李长平. 营养课堂[M]. 北京：作家出版社，2000.
[3] 黄斌. 金牌健康营养[M]. 北京：北京出版社，2005.
[4] 王尔茂. 食品营养与卫生[M]. 北京：中国轻工业出版社，1996.
[5] 孙波. 船员抗眩晕训练理论与实践研究[M]. 大连：大连海事大学出版社，2005.
[6] 孙波，孙德瑞. 船员航海体育技能训练[M]. 大连：大连海事大学出版社，2004.
[7] 王有权. 航海心理学[M]. 大连：大连海事大学出版社，2000.
[8] 中国武术百科全书编撰委员会. 中国武术百科全书[M]. 北京：中国大百科全书出版社，1998.
[9] 滕海颖，陈学德. 航海体育[M]. 哈尔滨：哈尔滨工业大学出版社，2006.
[10] 贺东，贾军. 航海体育与健康[M]. 北京：对外经济贸易大学出版社，2010.
[11] 洪丽敏，等. 旅游服务形体训练[M]. 杭州：浙江大学出版社，2010.